普通高等教育"十二五"高职高专规划教材

现代物流管理

主　编　尚利强
副主编　吴　戈　赵永刚　张璟媛

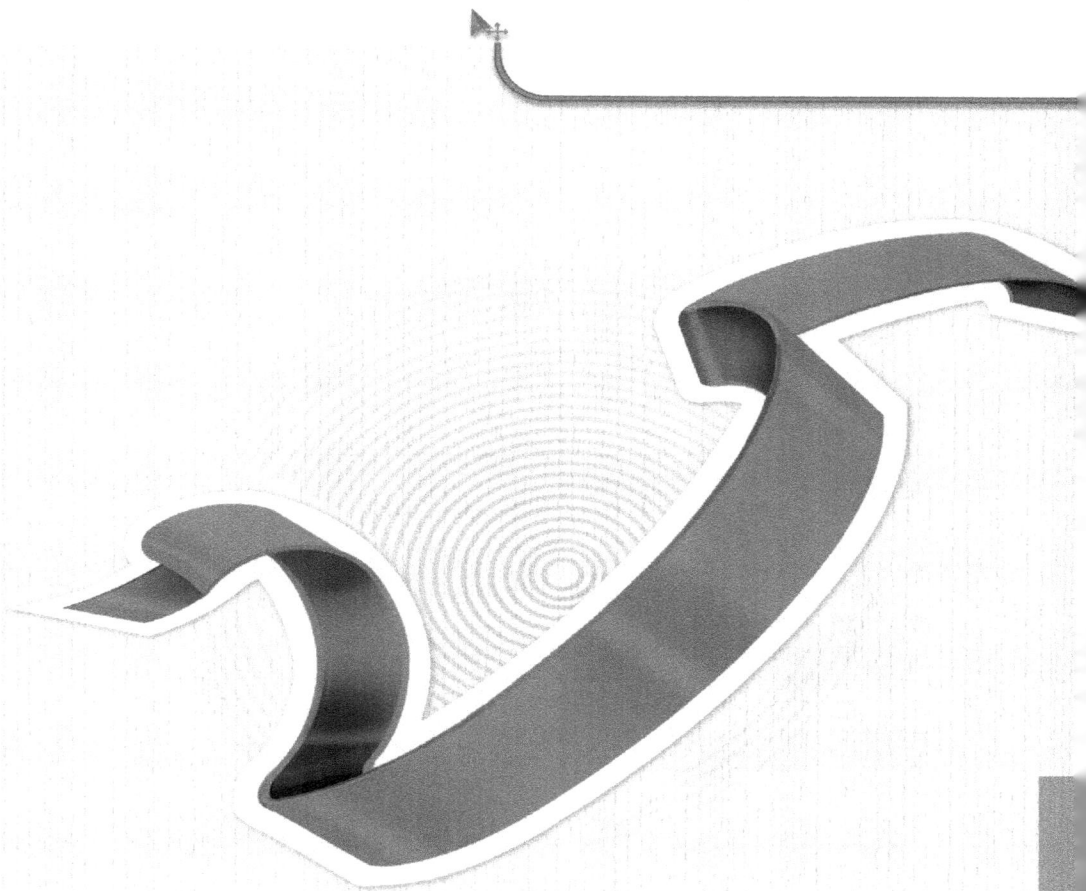

西安交通大学出版社
XI'AN JIAOTONG UNIVERSITY PRESS

内容简介

本书系统介绍了现代物流管理的理论、技术和方法,具体内容包括:现代物流管理概述、物流与供应链管理、运输、仓储、包装、装卸搬运、流通加工、配送、物流信息系统、企业物流、物流成本管理、第三方物流、国际物流、绿色物流、应急物流、物流金融等 16 个方面。本书内容系统紧凑,逻辑性强;具有鲜明的时代特色,突出反映本学科的新知识、新成果,充分体现出现代物流管理理念;与物流实践紧密结合,重视培养学生的操作技能,实现理论与实践的有机结合。

本书可作为高等院校本科、高职高专工商管理类专业、物流工程专业的教学用书,也可作为物流管理从业人员的参考用书。

图书在版编目(CIP)数据

现代物流管理/尚利强主编. —西安:西安交通
大学出版社,2015.1
ISBN 978 - 7 - 5605 - 6923 - 9

Ⅰ.①现…　Ⅱ.①尚…　Ⅲ.①物流-物资管理
Ⅳ.①F252

中国版本图书馆 CIP 数据核字(2014)第 299662 号

书　　名	现代物流管理
主　　编	尚利强
责任编辑	史菲菲
出版发行	西安交通大学出版社
	(西安市兴庆南路 10 号　邮政编码 710049)
网　　址	http://www.xjtupress.com
电　　话	(029)82668357　82667874(发行中心)
	(029)82668315　82669096(总编办)
传　　真	(029)82668280
印　　刷	北京京华虎彩印刷有限公司
开　　本	787mm×1092mm　1/16　印张 14.25　字数 343 千字
版次印次	2015 年 1 月第 1 版　　2015 年 1 月第 1 次印刷
书　　号	ISBN 978 - 7 - 5605 - 6923 - 9/F · 484
定　　价	32.00 元

读者购书、书店添货,如发现印装质量问题,请与本社发行中心联系、调换。
订购热线:(029)82665248　(029)82665249
投稿热线:(029)82668133
读者信箱:xj_rwjg@126.com

前言
FOREWORD

在高职高专物流管理专业的课程体系中,现代物流管理是必修的基础课程,具有指导作用。通过该课程的学习,学生可以初步掌握现代物流的基本理论与方法,了解国内外发展现状和未来发展前景,培养学生在物流行业中的实际操作能力和管理能力。

本书系统介绍了现代物流管理的理论、技术和方法,具体内容包括:现代物流管理概述、物流与供应链管理、运输、仓储、包装、装卸搬运、流通加工、配送、物流信息系统、企业物流、物流成本管理、第三方物流、国际物流、绿色物流、应急物流、物流金融等16个方面。本书在每章设置了知识目标、技能目标和关键概念,使学生在学习知识前明确学习目标;另外,通过案例分析将理论与实践有机结合起来,提高学生的实际动手能力;最后,通过复习思考题强化学生对知识点的深入理解和准确掌握。

本书由山西工程技术学院尚利强担任主编,吴戈教授、赵永刚副教授、张璟媛老师担任副主编。

在本书的编写过程中,采纳了沃尔玛、苏宁、国美、天元等多家企业相关人员的建议,参阅了多本相关教材,并得到了佛山职业技术学院陈平副教授的指导,在此表示最诚挚的谢意!

由于编者水平有限,书中难免有疏漏和不足之外,恳请读者多提宝贵意见。

编　者

2014 年 11 月

目录
CONTENTS

第一章
现代物流管理概述

物流信息化是现代物流的灵魂,是现代物流发展的必然要求和基石。

知识目标

1. 了解物流的概念、分类和特点
2. 掌握物流系统的概念和功能
3. 掌握物流系统的目标
4. 掌握现代物流的概念和特点
5. 熟悉现代物流管理的概念

技能目标

1. 了解物流主要理论的优缺点
2. 掌握物流系统各子系统之间的关联
3. 准确界定传统物流管理与现代物流管理

关键概念

物流;物流系统;现代物流;物流信息化;现代物流管理

第一节　物流概述

▶ 一、物流的概念

1. 物流概念的渊源

对于物流的概念,不同国家、不同机构、不同时期皆有所不同。1915 年,美国的营销学者阿奇·萧(Arch Shaw)在哈佛大学出版社出版的《市场分销中的若干问题》(Some Problems in Market Distribution)一书中首次提出"物流"(physical distribution,PD)一词,也有人将之译为"实体分销"。1924 年,美国另一位营销学者克拉克(F. E. Clerk)在《市场营销原理》(Principle of Marketing)一书中也使用了"物流"这一概念。

1918 年,英国犹尼利弗的哈姆勋爵创立了"即时送货股份有限公司",主营业务是在全国范围内把商品及时送到批发商、零售商或用户手中。1927 年,拉尔夫·布索迪(Ralph Borsodi)在《流通时代》一书中,初次用 logistics 来称呼物流,为物流概念的形成奠定了基础。

二战时期,美国由于战时军火供应的需要,首先提出了"物流管理"(logistics management)这一概念,并对军火的运输、仓储等进行全面管理。二战结束后,"物流"一词被运用到美国企业管理当中,被称为"企业物流"(business logistics),企业物流是指对企业供应、生产、销售等活动进行的综合管理。

1956年,日本为了改进流通领域的生产效率,组成了以伊泽道雄为团长的大型考察团,前往美国学习物流理念和技术,通过与美国企业的交流,认识到日本的流通技术相当于美国的 physical distribution。回国后,该考察团向日本政府提出了重视物流的建议,在产业界掀起了 PD 启蒙运动,并在日本能率协会设立了 PD 研究会,邀请平原直(日本"物流之父")担任会长,日本物流产业得到迅猛发展。1970年日本物流成本学说的权威学者、早稻田大学教授西泽修先生提出物流是"第三利润源泉"(见表1-1),认为物流在降低成本、提高效益、增强企业竞争力等方面都起着极为重要的作用。

表 1-1　三大利润源泉表

第一利润源泉	第二利润源泉	第三利润源泉
资源领域	人力领域	物流

1979年,我国国家物资总局局长李开信和副总局长余啸谷带团出席了日本国际物流会议,首次把"物流"概念引入国内。而物流概念在我国的推广大体经历了三个阶段。

第一阶段:20世纪80年代到90年代初。

我国在这一阶段分别通过欧美和日本引入物流的概念,将物流解释为"物资或商品的实体运动过程",这种解释与"商流"相对应,在相当长的时间里,理论界与实业界都将物资或商品的实体流通称为"物流";物资或商品的价值流通称为"商流"。由于此时中国正处于转轨时期,真正意义上的现代物流尚未形成,被广泛接受的是传统物流。

第二阶段:20世纪90年代中期到90年代末期。

随着我国改革开放逐步深入,许多跨国公司进入国内,将现代物流的理念进行广泛传播。除此之外,一些"三资"企业的生产和制造活动开始推行本地化策略,对现代物流产生了巨大的推动作用。国内一批传统储运企业开始向提供综合物流业务的现代物流企业转型。

第三阶段:20世纪末至今。

加入 WTO 后,我国经济得到令人瞩目的迅猛发展,对国际政治、经济、技术和管理产生深刻的影响。这种国际大背景对我国物流业提出了更高的要求,推动了物流业的快速崛起,我国物流业进入全面发展的新阶段。

2. 物流概念的不同观点

物流是物质资料从供给者到需求者的物理性运动,是实现价值和创造价值的经济活动。其内涵主要有以下几个方面:

(1)物流的主体是供给者和需求者。供给者是指生产者和经营者等,需求者是指消费者、需求者等。

(2)物流的客体是物质资料。物资资料既包括有形的物质资料,也包括以物质为载体的无形资料。

(3)物流是物质资料在质量、数量、时间、空间上的物理性运动。

(4)物流是实现价值和创造价值的经济活动。使用价值是价值的物质承担者,生产过程中创造的价值需要通过物流得以实现。同时物流也具有生产性,通过质量、数量、时间、空间来创造价值。

对于物流的概念有以下几种不同的观点：

(1)美国关于物流的解释：美国物流协会认为，物流是为满足客户需要，对商品、服务及相关信息从生产地到销售地之间的高效(高效率、高效益)正向及反向流动与储存进行的计划、实施与控制的过程。

(2)日本关于物流的解释：日本通商产业省运输综合研究所《物流手册》中认为，物流是将货物由供应者向需求者的物理移动，它由一系列创造时间价值和空间价值的经济活动组成，包括运输、保管、配送、包装、装卸、流动加工及物流信息处理等多项基本活动。

(3)中国关于物流的解释：国家标准《物流术语》(GB/T 18354—2006)中对物流的解释为，"物流是物品从供应向接收地的实体流动过程。根据实际需要，将运输、储存、装卸、搬运、包装、流通加工、配送、信息处理等基本功能实施有机的结合。"

二、物流的主要理论

从 20 世纪中期至今，物流相对于其他学科来说发展时间较短，许多理论还不成熟，处在修正和完善中，对于物流的理论观点加以统一尚需时日。物流的主要理论观点包括以下几种：

1.物流的商物分离说

商物分离是指流通中的商业流通和实物流通各自按照自己的渠道和规律独立运动。任何物品的流通都是由信息流、资金流、商流、物流四个方面构成的有机整体，商流和物流是从商品流通过程中分离和引申出来的两个职能。商流和物流在同一个流通过程中同时发生，如同一个事物的两个方面，既相互依存，又相辅相成。二者之间最大的区别是运动方式不同，商流必须经过一定的经营环节才能进行业务活动，体现不同所有者之间的利益关系；物流则不受经营环节的限制，体现出物品如何按照交通运输条件、保管或储存的方式，以最快的速度、最省的费用、最短的距离送达消费地或客户手中。

2.物流的"黑大陆"学说

1962 年美国管理大师彼得·德鲁克(Peter F. Drucker)在《财富》杂志上发表的《经济的黑暗大陆》一文中提出：消费者在支付的商品价格中，约 50% 是与商品流通有关的费用，所以物流是降低成本的最后领域，但是，由于流通领域中物流活动的模糊性尤其突出，是流通领域中人们认识不清的领域，所以"流通是经济领域里的黑暗大陆"。"黑大陆"说法目前专指物流，物流是"经济的黑暗大陆"，即"黑暗大陆说"。

知识链接

彼得·德鲁克对世人有卓越贡献及深远影响，被尊为"管理大师中的大师"。德鲁克以他建立于广泛实践基础之上的 30 余部著作，奠定了其现代管理学开创者的地位，被誉为"现代管理学之父"。其代表作有：《管理的实践》《创新与企业家精神》《工业人的未来》等。

3.物流的"冰山"说

物流"冰山"说是日本早稻田大学西泽修教授提出的，他在研究物流成本时发现，当时的财务会计制度和会计核算方法都不能掌握物流费用的实际情况，对物流费用的了解一片空白，甚至有很大的虚假性，就像沉在水面下的冰山，露出水面的只是冰山的一角，大部分沉在水面下的都是我们看不到却有很大挖掘潜力的部分。

4. 物流的"第三利润源"说

"第三利润源"也是由日本学者西泽修提出的,他认为从历史发展来看,人类历史上曾经有过两个大量提供利润的领域,第一利润源是物资领域(劳动对象),第二利润源是人力领域(劳动者)。在这两个利润源潜力越来越小、利润开拓越来越困难时,物流领域的潜力逐渐被人们发掘,被称之为"第三利润源"。

5. 物流的"效益背反"说

"效益背反"是指在物流的若干功能要素之间,存在着损益的矛盾,即某一功能要素的优化和利润增加的同时,必然存在另一个或几个功能要素利益的损失,反之亦然。"效益背反"是物流领域中时常发生的现象,是这一领域内部矛盾的反映和表现。

6. 物流"成本中心"说

物流"成本中心"说指出,在物流的整个企业战略中,物流是企业成本的重要组成部分。因此,物流的主要问题就是通过有效的管理活动,降低物流的一系列作业成本。"成本中心"是指物流既是主要成本的来源,又是降低成本的切入点,物流是"降低成本的宝库"。

7. 物流"利润中心"说

物流是形成企业经营利润的主要来源,可以为企业提供大量直接和间接的利润。从国民经济来看,物流能够为国民经济创造巨大的利润。

8. 物流"服务中心"说

物流活动最大的作用,并不仅仅表现在为企业降低了成本、节约了消耗或增加了利润,而且还提高了企业的客户服务水平,从而大大提高了企业的市场竞争力。通过物流的服务保障,企业以其整体能力来压缩成本、节约消耗、增加利润。

9. 物流"战略"说

物流"战略"说目前较为流行,它认为物流具有战略性,属于企业发展战略而不是一项简单的具体操作任务。物流管理应当重视物流整体利益,而不仅仅是物流的某个具体环节。

三、物流的分类

由于物流对象、物流目的、物流范围和范畴的不同,形成了不同的物流类型。

1. 依据研究对象的范围可将物流划分为宏观物流和微观物流

(1)宏观物流是指社会再生产总体的物流活动,是从社会再生产总体角度认识和研究的物流活动。该物流活动的参与者是构成社会总体的大企业、大集团。

(2)微观物流是指由消费者、生产者企业所从事的实际的、具体的物流活动,包括企业物流、供应物流、生产物流、销售物流、回收物流、废弃物物流、生活物流等。微观物流研究的特点是局部性和具体性。

2. 依据物流服务对象的范围可将物流划分为社会物流和企业物流

(1)社会物流是指超越一家一户的,以一个社会为范畴面向社会的物流。它具有社会性很强的特点,物流活动往往是由专门的物流承担人承担的。社会物流的范畴是社会经济的大领域,社会物流研究再生产过程中的物流活动,研究国民经济中的物流活动,研究如何形成服务于社会、面向社会又在社会环境中运行的物流,研究社会中的物流体系结构和运行模式,具有广泛性。

(2)企业物流是指企业内部的物品实体流动。它从企业角度研究与之相关的物流活动,主要指向具体的、微观的物流活动。

3. 依据物流活动涉及的范围可将物流划分为国际物流和区域物流

(1)国际物流是现代物流发展迅速、规模庞大的一个重要物流领域。国际物流伴随和支撑着国际间的经济交往,是在国际交流中所发生的物流活动。由于目前全球经济发展速度加快,促使国际物流成为物流研究的热点问题。

(2)区域物流是指一个国家范围内的物流,一个城市的物流,一个经济区域的物流。它受到同一法律、规章、制度的管理,受相同文化及社会因素的制约,具有区域性的特点。

4. 依据哲学一般和特殊范畴标准可将物流划分为一般物流和特殊物流

(1)一般物流是指物流活动的一般性和共同点。物流活动的一个重要特点是涉及全社会、各企业,具有普遍的适用性,如果其适用性较小,将使其对国民经济和社会的作用大打折扣。

(2)特殊物流是指在特殊行业、专门范围、专门领域的物流活动。特殊物流是在社会分工加深、物流活动精细化和合理化的过程中产生的,在保持一般物流的前提下,形成规模经济效益,凸现出物流的特殊性。

四、物流的特点

1. 保值

物流的一大特点是具有保值作用,也就是说,任何产品从生产到消费,都必须经过一段距离、一段时间,在这段距离和时间中,产品需要经过运输、仓储、包装、装卸搬运、流通加工等多次数、多环节的物流活动。在此过程中,产品可能会生锈、破损、丢失、淋雨受潮、水浸等。物流的作用就是防止这些现象的发生,保证产品从生产地到消费地的移动过程中质量和数量的完好无损,起到对产品的保值作用,即保护产品的使用价值,使该产品在到达消费者手中时使用价值不变。

2. 节约

搞好物流,能够有效节约人力资源、自然资源和能源,同时也能够节约费用。实施集装箱化运输,可以简化产品包装,节省大量包装材料和设备;实施机械化装卸搬运,建立自动化立体仓库,能节省大量工作人员,大幅度降低人员开支。建立物流管理信息系统,可以提高企业内部物流的衔接和效率,同时增强与供应链上下游节点企业之间的合作伙伴关系,加强客户关系管理,实现长远发展战略。

3. 缩短距离

物流可以克服距离间隔、时间间隔和人的间隔。现代物流通过合理选择运输工具、运输线路、车辆调度等克服了产品的距离间隔和时间间隔,同时,国际物流的快速发展使人与人之间的间隔也逐渐消失。

4. 提高服务水平

随着新经济时代的来临,企业之间的竞争愈加激烈。在新经济社会和新世纪,第一利润源和第二利润源已基本没有了挖掘空间,剩下的只有"未开垦的处女地"——物流。搞好物流可以实现零距离、零库存和零流动资金占用,是提高客户服务,实施企业供应链战略,增加企业核心竞争力的重要途径。在经济全球化、资本全球化和信息全球化的21世纪,企业只有建立现代物流体系,才能在激烈的竞争中求得生存和发展。

5.促进商品流通

通过网络技术迅速、及时的信息传递和分析,通过配送中心的高效作业、及时配送,并将信息反馈给供应商和生产商,可以形成一个高效率、高能量的商品流通网络,为企业管理决策提供重要的依据。同时,物流还能够大大加快商品流通的速度,提高消费者的购买欲望,降低商品的零售价格,从而促进经济的快速发展。

6.保护环境

环境保护是当今时代的主题。保护环境、治理污染和节约能源是世界各国的共同目标。政府应重视物流,通过加大力度建设城市道路、车站、码头,缓解城市的交通阻塞问题,改善空气质量,实现保护环境的目标,解决日益严重的环境污染问题,有效地节约自然资源和能源。

7.创造附加价值

实现装卸搬运作业的机械化、自动化、智能化,不仅能有效提高劳动生产率,而且还能解放出更多的生产力,把劳动力从繁重的体力劳动中解放出来,把更多的精力投入产品创新上。同时,简单的流通加工也能为产品带来一定的附加价值,为企业创造收益,同时产生更大的社会效益。

➤ 五、物流在国民经济中的作用

物流是伴随着商品流通而产生的,并且对整个国民经济起到了至关重要的作用。其作用主要有以下几个方面:

1.物流是实现商品价值和使用价值的物质基础

在商品流通中,商流的目的在于变换商品的所有权(包括使用权和支配权),而物流才是商品交换过程中所要解决的社会物质变换过程的具体体现。没有物流过程,就无法完成商品的流通过程,包含在商品中的价值和使用价值就无法实现。物流能力的大小,包括运输、储存、包装、装卸、配送等能力的大小强弱,直接决定着商品流通的速度和规模。如果物流能力太小,整个商品流通就不会顺畅,流通过程就不能适应整个经济发展的客观要求,进而大大影响国民经济的稳定、协调以及可持续增长。

2.物流是开拓市场的物质基础

纵观市场发展史,由于商品运输方式的变革为近代世界市场的开拓创造了物质前提,在16世纪前的很长一段时间,原始的商品运输工具和运输方式,阻碍着国内贸易,使其难以发展,海上贸易很难进行,从而增加了国际市场的拓展难度。16世纪后,商品运输工具的提高和新船线的发现,促进了世界市场的迅速发展。在当代,任何一个国家在日益激烈的世界市场竞争中扩大自己的市场开拓能力,都必须重视物流,否则,就会在竞争中遭受失败。从国内市场来看,物流状况直接影响着市场中的商品供应状况,并且制约着人民群众消费需求的满足程度。

3.物流影响着社会资源的配置

可以说,物流在很大程度上决定着产品的商品化程度和商品生产的发展。由于商品具有二重性,使用价值是价值的物质承担者这一基本特征,使商品的流通时间和流通范围在很大程度上受到商品使用价值本身特性的制约,从而反过来对商品生产的增长速度和产品的商品过程起着决定性作用。

4.物流状况如何对宏微观经济效益具有直接制约作用

在当前市场经济条件下,用于物流的费用支出已越来越大,越来越成为决定生产成本和流通成本高低的重要因素。一些发达国家如美国、日本等,通过对各种产品物流费用及其在零售价格构成中的比重的分析,看到了物流中存在的巨大潜力。物流被视为同人力、物力这两个利润来源并列的"第三利润源",被视为"降低成本的最后边界"。

总之,物流在国民经济中占有非常重要的位置,更好地发挥物流的职能,对加速现代化建设有着重要的作用。

第二节　物流系统

一、系统概述

(一)系统的概念

系统是指由内部相互依赖和相互作用的若干组成部分(常称为子系统)结合而成的具有特定功能的有机整体,而且这个整体本身又是它所从属的更大系统的组成部分。可以从四个方面理解系统的概念:

(1)系统是由若干要素(部分)组成的。这些要素可以是一些个体、元件、零件,也可以其本身就是一个系统(或称之为子系统)。

(2)系统有一定的功能。系统的功能是指系统与外部环境相互联系和相互作用中表现出来的功能、性质和能力。

(3)系统都具有一定的结构。功能与结构有着非常紧密的关系。结构是从内部来说的系统存在的方式,说明系统各要素相互联系的本质;功能是从外部来表述有目的地组织起来的系统活动的作用和功效;系统的内部结构决定了表现在外部的系统功能,同时系统的功能制约着系统的结构,两者相互作用,不可分割。

(4)环境的制约是系统形成和存在的条件。在自然界和人类社会中,任何事物和过程都可以视为一个系统,只不过它们有繁简、大小之分。系统不同,其功能、形态、组成要素、结构和运动形式也有所不同。系统是相对于环境而言的,环境是系统存在的外部条件,任何系统都处于一定的环境之中。环境是系统的输入和输出库,系统需要与环境保持信息、能量和物质的交换,进而不断输出其产品。

(二)系统的特点

1.整体性

整体性是指要素和系统的不可分割,以及整体功能大于部分功能之和。系统是由若干相互联系又相互作用的要素构成的整体。系统的整体功能依赖于要素的相互作用,要素的功能必须服从整体功能的要求,整体的功能并不是各部分要素功能的简单相加。

2.相关性

相关性是指系统各要素之间相互制约、相互依存、相互影响的关系。系统不是若干要素的机械堆砌,而是有机结合体。在系统内各元素之间存在密不可分的关系,这些联系使各元素形成一个有机整体,具备一定的功能。

3.层次性

系统结构具有层次性,一个系统由众多的子系统、子子系统组成,系统本身也从属于更高层次的大系统。系统的层次性,决定了构成系统的各要素在系统中的不同地位,决定了系统中的一些子系统为高层子系统,决定了一些子系统处于支配地位,而另一些则处于从属地位。

4.目的性

任何一个人造系统都有明确的目的,而且往往不止一个目的,没有明确目的的系统是不应当存在的。目的不明确的系统,必然导致系统的无序和混乱。

5.环境适应性

任何一个系统都存在于一定的物质环境中,必然会与外部环境产生物质、能量和信息的交换,因此必须适应外部环境的变化。能够始终与外部环境保持最佳适应状态的系统,是理想的系统,不能适应外部环境变化的系统是没有生命力的系统。

➤ 二、物流系统概述

(一)物流系统的概念

物流系统是指在一定的时间和空间里,由所需输送的物料和包括输送工具、仓储设备、人员以及通信联系等若干相互制约的动态要素构成的具有特定功能的有机整体。

物流系统是由彼此之间存在有机联系的各种要素所组成的。物流系统是社会经济大系统的一个子系统或组成部分。物流系统和一般系统一样,具有输入、转换和输出三大功能,通过输入和输出使系统与社会环境进行交换,使系统和环境相依而存,而转换则是这个系统带有特点的系统功能。

物流系统的目的是实现物资的空间和时间效益,在保证社会再生产顺利进行的前提条件下,实现各种物流环节的有效衔接,并取得最佳的经济效益。

(二)物流系统的特点与内容

1.物流系统的特点

物流系统的特点主要有以下几个方面:

(1)物流系统是一个大跨度系统,主要表现在两个方面:一是地域跨度大;二是时间跨度大。

(2)物流系统稳定性较差但动态性很强。

(3)物流系统属于中间层次系统范围,本身具有可分性,可以进一步分解成若干个子系统。

(4)物流系统的复杂性使系统结构的要素间有非常强的效益背反,处理时稍有不慎便会出现系统总体恶化。

2.物流系统的内容

通常情况下,物流系统具有输入、处理(转换)、输出、限制(制约)和反馈等内容,其具体内容因物流系统的性质不同而有所不同。

(1)输入。输入包括原材料、劳动力、能源、设备等,就是提供资源、能源、劳动力、设备等手段对某一系统产生作用,统称为外部环境对物流系统的输入。

(2)处理(转换)。处理(转换)是指物流本身的转换过程。从输入到输出之间所进行的供应、生产、销售等活动中的物流业务活动称为物流系统的处理或转换。具体内容包括:物流设施的建设和设备购买;物流业务活动,如运输、储存、包装、装卸搬运、流通加工等;信息处理及管理工作。

（3）输出。物流系统的输出是指物流系统与其本身所具有的各种手段和功能,对环境的输入进行各种处理后所提供的物流服务。具体内容有:产品时间和空间上的转移;能源与信息。

（4）限制（制约）。外部环境对物流系统施加一定的约束称之为外部环境对物流系统的限制或制约。具体内容有:价格影响,需求变化;仓库容量;装卸与运输的能力;资源条件,能源限制,资金与生产能力的限制;政策变化等。

（5）反馈。物流系统在把输入转化为输出的过程中,由于受系统各种因素的限制,不能按原计划实现,需要把输出结果重新返回到输入,进行调整,即使按原计划实现,也要把信息返回,以此为基础对工作作出评价,整个过程称为信息反馈。信息反馈的活动包括:各种物流活动分析报告;典型调查;各种统计报告数据;国内外市场信息与有关动态等。

（三）物流系统的功能

1.运输功能

运输是物流的核心业务之一,也是物流系统的一个重要功能。选择何种运输方式对于物流效率具有十分重要的意义,对运输方式进行决策时,必须权衡运输系统要求的运输成本和运输服务,可以运输设施与设备的服务特性作为判断的基准:货物的安全性、时间的准确性、运费、运输时间、频度、运输能力、适用性、伸缩性、网络性和信息等。

2.仓储功能

在物流系统中,仓储和运输是同样重要的构成因素。仓储功能包括了对进入物流系统的货物进行堆存、管理、保养、保管、维护等一系列活动。仓储的作用主要表现为两个方面:一是完好地保证货物的价值和使用价值;二是为将货物配送给客户,在物流中心进行必要的加工而进行的保存。随着经济快速发展,物流由大批量、少品种物流进入小批量、多品种的物流时代,仓储功能从重视保管效率逐渐演变为重视如何才能有效地进行发货和配送作业。仓库作为物流仓储功能的服务据点,在流通作业中发挥着极为重要的作用,它不再以储存保管为主要目的。

物流系统现代化仓储功能的设置,以生产支持仓库的形式,为有关企业提供稳定的零部件和材料供给,将企业独自承担的安全储备逐步转为社会承担的公共储备,减少了企业经营的风险,降低了物流成本,促使企业逐步形成零库存的生产物资管理模式。

3.包装功能

为使物流过程中的货物完好地运送到用户手中,并满足用户的要求,需要对大多数商品进行不同程度、不同方式的包装。包装的功能体现在保护商品、方便储运、促进销售三个方面。前两项属物流功能,第三项属营销功能。

4.装卸搬运功能

装卸搬运是随运输和仓储而产生的物流活动,是对运输、仓储、包装、流通加工等物流活动进行衔接的中间环节,以及在运输、仓储等活动中对商品进行检验、保养、维护所进行的装卸搬运活动。在物流活动的整个过程中,装卸搬运活动是频繁发生的,因而是产品损毁的重要原因之一。对装卸搬运的管理,主要是对装卸搬运方式、装卸搬运机械设备的选择和合理配置;使装卸搬运合理化,尽可能减少装卸搬运次数,从而节约物流费用,获得更好的经济效益。

5. 流通加工功能

流通加工功能是在物品从生产地到消费地流动的过程中,为了维护产品质量、促进产品销售和实现物流效率化,对产品进行加工处理,使产品发生物理或化学性变化的功能。这种在流通过程中对产品进一步的辅助性加工,可以弥补企业在生产过程中加工程度的不足,更加有效地满足用户的需求,更好地衔接生产和需求环节,使流通过程更加合理化。这是物流活动中的一项重要增值服务,也是现代物流发展的一个必然趋势。

流通加工的内容有装袋、定量化小包装、拴牌子、贴标签、配货、挑选、混装、刷标记等。流通加工功能的主要作用表现在:进行初级加工,方便用户;提高原材料利用率;提高加工效率及设备利用率;充分发挥各种运输手段的最高效率;改变品质,提高收益。

6. 配送功能

物流的配送功能,可以采取物流中心集中库存、共同配货的形式,使用户实现零库存,依靠物流中心的准时配送,用户无需保持自己的库存或只需保持少量的安全库存,可以大大减少物流成本的投入。配送是现代物流的一个最重要的特征。

7. 信息服务功能

现代物流需要依靠信息技术来保证物流体系的正常运作。物流系统的信息服务功能,包括进行与上述各项功能有关的计划、预测,以及与之有密切联系的情报活动。物流情报活动的管理,要求建立情报渠道和情报系统,正确选定情报科目和情报的收集、汇总、统计、分析、决策、反馈,以保证其及时性和可靠性。

(四)物流系统的三大要素

1. 功能要素

物流系统的功能要素指的是物流系统所具有的基本能力,这些基本能力有效地联结在一起,构成了物流的总功能,可以更加合理、有效地实现物流系统的总目标。物流系统的功能要素一般认为有运输、仓储、包装、装卸搬运、配送、流通加工、物流信息等,如果从物流活动的实际工作环节来分析,物流由上述七项具体工作构成。

2. 支撑要素

物流系统的建立需要有许多支撑要素,尤其是处于复杂的社会经济系统中,要确定物流系统的地位,要协调与其他系统的关系,这些要素显得尤为重要。支撑要素主要包括:体制、制度;法律、规章;行政命令和标准化。

3. 物资基础要素

物流系统的建立和运行,需要有大量技术装备手段,这些技术装备的有机联系对物流系统的运行有着决定意义。这些要素对实现物流某一方面的功能也是必不可少的。物资基础要素主要有:①物流设施;②物流装备;③物流工具;④信息技术及网络;⑤组织及管理。

(五)物流系统的目标

物流系统是社会经济系统的重要组成部分,其目标是获得宏观和微观经济效益。

1. 服务目标(service)

物流系统是整个社会大系统的一部分,它在生产与再生产、生产与消费之间承担着桥梁和纽带的作用,因此有很强的服务性。物流系统采取配送、送货等形式,就是其服务性的体现。在技术方面,近年来出现的"柔性供货方式""准时供货方式"等,也是其服务性的表现。

2.快速目标（speed）

物流系统的快速目标是指按用户指定的时间和地点将产品迅速送达客户手中。快速性不仅是服务性的延伸，也是经济社会对物流提出的要求。快速不仅是一个传统目标，更是一个现代目标。

3.节约目标（space saving）

节约是经济领域的重要规律，在物流领域中除流通时间的节约外，由于物流过程中的消耗大而又不增加或很少增加商品的使用价值。因此，利用节约来降低投入，是提高相对产出的重要手段。

4.规模优化目标（scale optimization）

物流系统往往以增加物流规模作为其战略目标之一，并以此来追求"规模效益"。生产领域的规模效益是早已被社会所接受的。但由于物流系统相对于生产系统来说稳定性较差，因而难以形成标准的规模化形态。在物流领域以分散或集中等不同方式建立物流系统，进而研究物流集约化的程度，就是规模优化这一目标的体现。

5.库存调节目标（stock control）

库存调节是服务性的延伸，也是宏观调控的要求，当然，也涉及物流系统本身的经济效益。在物流领域中正确确定库存方式、库存分布、库存结构、库存数量就是这一目标的体现。

（六）物流系统的设计原则

为建立科学、合理、有效的物流系统，在物流系统设计中应尽可能实现物流系统的合理化，主要包括以下几个原则：

知识链接

物流系统合理化：即适合的质量（right quality）、适合的数量（right quantity）、适合的时间（right time）、适合的地点（right place）、适合的成本（right cost）、适合的顾客（right customer）、适合的产品或服务（right product or service）。

1.规模化

物流系统以规模化为基础，通过对数量庞大的产品进行集约化管理，达到降低物流成本的目的。这就要求不断提高物流设施设备的使用效率和劳动生产率。只有规模化，才能推动物流自动化、信息化、智能化的进程。

2.标准化

标准化是实现物流系统各子系统、各要素、各环节之间紧密配合的基础，如托盘标准化、集装箱标准化等。

3.信息化

通过物流系统内外部信息的传递和共享，使物流系统中各子系统、各要素、各环节有机结合起来，方便有效控制物流系统的各项作业活动。

第三节　现代物流管理

➤一、现代物流的概念及特点

目前，全球经济已进入电子商务时代，物流产业随之也具有了新的发展趋势。现代物流的核心目标转变成为在物流全过程中以最小的综合成本来最大程度满足顾客的需求。

现代物流（modern logistics）指的是将运输、仓储、包装、配送、装卸搬运、流通加工、信息处理等物流活动综合起来的一种新型的集成式管理，其任务是尽可能降低物流的总成本，为顾客提供最好的服务。

现代物流的特点，主要包括以下几点：

1. 服务性

现代物流通过各种服务实现降低成本和费用的目标，创造时间效应和空间效应，促使生产经营过程中的商品在流通领域实现价值增值。现代物流在提供服务中，"以需求为导向，以顾客为中心"，实现柔性化管理，灵活安排物流作业，有效提高了物流的服务质量。

2. 技术性

随着现代网络技术、通信技术、信息技术的迅猛发展，物流通过积极采用现代科学技术不断提升其技术能力，实现物流的自动化、信息化、智能化。

知识链接

物流自动化是指物流作业中的设施和设备自动化，包括运输、仓储、装卸搬运、配送等过程，如自动识别系统、自动跟踪系统、自动存取系统、自动检测系统、自动分拣系统等。

物流信息化是指物流企业运用现代信息技术对物流活动中的信息进行采集、分类、传递、汇总、跟踪、识别、查询等内容进行处理，以实现对商品流动的控制、降低成本、提高效益。现代物流信息化建设主要包括基础环境建设和物流公共信息平台建设。

物流智能化是以物流自动化和信息化为基础，借助大量现代管理技术对库存水平的确定、自动导向车的运行轨迹、运输路线的选择、自动分拣系统的运行等活动进行决策，实现物流智能化。

3. 系统性

物流活动需要以系统的思想来进行设计和安排，把各种物流资源和物流功能要素有机结合起来，形成一个高效的有机整体。同时，物流系统应以系统优化为目标，以现代供应链管理思想为指导，全面整合各种物流资源，实现物流系统的管理。

4. 协作性

物流系统各部门、各环节和各功能要素之间为了实现共同的目标需要进行高度的协作，任何一个节点出现问题都会影响整个物流系统的运行。从供应链管理角度上看，物流系统只是整个供应链中的一部分，为了实现整个供应链的利益，需要供应链的节点企业相互配合、相互支持，实现供应链的最终目标。

5. 生态性

现代物流以绿色环保思想为主导，广泛使用绿色技术设备，对绿色商品进行绿色运输、绿色储存、绿色包装等，严格控制物流系统对大自然的污染和破坏，建立起一套科学、合理的可循环、可持续发展的绿色物流系统。

二、现代物流管理的概念及特征

（一）现代物流管理的概念

中华人民共和国国家标准《物流术语》中物流管理是指："为以合适的物流成本达到用户满

012

意的服务水平,对正向及反向的物流过程及相关信息进行的计划、组织、协调与控制"。现代物流管理的概念可以从以下三个方面进行深层次的理解:

(1)现代物流管理既要实现最低化的成本管理,又要为客户提供优质的物流服务。可见,降低成本和提高物流服务是现代物流管理的侧重点。

(2)现代物流管理不仅是对单个构成要素的管理,更是一个动态的、全要素、全过程的管理过程。

(3)现代物流管理通过有效的计划、组织、协调和控制等管理手段,合理地整合各种资源,实现整体优化。

(二)现代物流管理的特征

1.以实现顾客满意为首要目标

现代物流管理以顾客需求为出发点,从顾客服务目标的设定开始,追求顾客服务的差异化战略,以满足顾客的个性化需求。通过提供顾客所期望的服务,实现与竞争对手在顾客服务方面的差异化,努力提高顾客的满意度。在现代物流管理中,提供优质的顾客服务优先于其他各项物流活动,并且为了使物流顾客服务能够有效地进行,在物流体系的建设上,要求具备并完善物流中心、作业系统、信息系统和组织构成等条件。

2.关注整个流通渠道的商品流动

传统物流是从生产阶段到消费阶段的商品流动,即物流管理的主要对象是"生产物流"和"销售物流",而现代物流管理的范围不仅包括生产物流和销售物流,还包括供应物流、回收物流以及废弃物物流,而且现代物流管理还突破了企业内物流的局限,开始从整个供应链的角度构建现代物流管理系统,强调节点企业之间的双赢式合作,提高整个供应链的物流效率,降低整个供应链的物流成本,从而使各节点企业都能从中受益。

3.追求整体最优

充分的分工与合作是当今市场的发展趋势,如果物流企业仅仅追求"部分最优"或"部门最优",根本不可能整合自身拥有的内外资源,也无法在日益激烈的市场竞争中获得竞争优势。因此,现代物流管理所追求的费用、效益,是针对采购、生产、销售等整体最优而言,跨越了各部门的差异与分歧。

4.效果重于效率

现代物流管理从原来重视物流的设施设备等硬件要素转向重视信息等软件要素;从原来以运输和储存为主的活动过渡为物流的全过程;从原来的作业层次过渡为管理层次;从原来强调运力、降低成本等企业内需求的对应,过渡为强调提高物流服务水平等市场需求的对应,并且进一步发展到重视环境等社会需求的对应。现代物流管理不仅重视效率,更强调整个流通过程的物流效果。从结果来看,有些物流活动虽然成本上升,但如能实现整个企业的最优战略,这种物流活动仍然是可行的。

5.满足市场实际需要

现代物流管理活动已不是单个生产、销售部门或企业的事,而是包括供应商、生产商、批发商、零售商等有相关企业在内的整个供应链的共同活动,因而现代物流管理通过这种供应链强化了节点企业之间的关系。如果说部门间的采购、生产、销售相结合追求的是企业内经营最优,那么供应链管理则是通过所有节点企业的合作追求全过程效率的提高,这种供应链管理模式带来的产需的结合在时空上比以前任何时候都要紧密,并且带来了经营方式的改变,即从原来的投机型经营转向实需型经营,同时伴随着经营方式的改变,信息成为物流管理的中心,没有高度发达的信息支撑和信息网络,实需型经营是无法实现的。

6. 实现商品运动的一元化管理

伴随着商品实体的移动,必然会出现"时间推移"和"场所移动"这种物流现象。在当今产销紧密联系、流通一体化、网络化的过程中,"时间推移"和"场所移动"已成为一种重要的经营资源。因为现代经营的实需型发展模式,不仅要求物流活动能实现顾客服务化和经济效率化,还必须及时了解和反映市场需求,并及时反馈到供应链的各个环节,以保证经营决策的正确和再生产的顺利进行。因此,缩短物流时间,不仅降低了商品成本,提高了顾客满意程度,同时通过有效的商品运动为生产提供全面准确的市场信息。

➤ 三、现代物流管理的过程

按照现代物流管理的流程,可以将其划分为三个阶段:计划阶段、实施阶段和评价阶段。

1. 物流计划阶段

物流计划是为了实现预期目标所做的准备工作。它分为三个步骤:首先,要确定所要达到的目标,以及为实现这个目标所进行的各项物流活动的先后次序。其次,要研究在物流目标实现的过程中,可能发生的各种影响,以及造成这些影响的主要因素,并确定对付这些不利因素的解决方案。最后,要提出实现物流目标的人力、物力、财力的具体措施。

2. 物流实施阶段

物流计划确定以后,要把物流计划付诸实施。物流的实施管理就是对正在进行的各项物流活动进行管理。物流实施包括对物流活动的计划、组织、协调和指挥,对物流活动的监督和检查,对物流活动的调节等活动,因而在物流各阶段的管理中有突出地位。

3. 物流评价阶段

物流评价是将物流实施后的结果与原计划的物流目标进行比较、分析的过程。其可分为专门性评价和综合性评价。专门性评价是对物流活动中某一方面或具体活动作出的分析;综合性评价是对某一管理部门或机构物流管理水平的全面分析。

案例

联想物流信息化建设

在我国 IT 行业,联想是当之无愧的龙头企业。自 1996 年以来,联想电脑一直位居国内市场销量第一。IT 行业特点及联想的快速发展,促使联想不断加强和完善物流信息系统的建设,以信息流带动物流。高效的物流系统不仅为联想带来实际效益,更成为同类企业学习模仿的典范。

联想物流的整体架构是将代理商、分销商、专卖店、客户整合起来,通过电子商务网站下订单后,将订单交由综合计划系统处理。该系统首先把整机拆散成零件,计算出完成订单所需的零件总数,然后进入 ERP 系统中查找数据,计算库存零件能否生产出客户需要的产品。在原材料采购、生产制造、产品配送的整个物流过程中,信息流贯穿始终,指引物流的各项活动,物流系统构建在信息系统之上,物流的每个环节都在信息系统的掌控之下。信息流与物流紧密结合是联想物流系统的最大特点,也是物流系统高效运作的前提条件。

经过多年努力,联想信息化建设不断趋于完善,通过信息技术手段实现了全面企业管理。

联想率先实现了办公自动化,实施了 ERP 系统,使整个公司所有不同地点的产、供、销的财务信息在同一个数据平台上实现了集成管理。

联想通过 ERP 系统与高效率的供应链管理系统,利用自动化仓储设备、柔性自动化生产线等设施,在采购、生产、配送、销售等环节实现了物流与信息流的实时互动,实现了无缝对接。供应商按联想综合计划系统提出的供货系统备货后,送达联想生产厂的自动化立体仓库,由立体仓库自动收货、入库、保管、出库。

联想参照国际企业的做法对供应商不断提出新的要求,使之更加系统化、科学化、信息化。一般联想每周或每两周都会为供应商提供未来 12 至 16 周的滚动订货计划,协助供应商按此计划备货。联想已从过去只关心自己的库存、原材料和产成品的内部控制,转向现在的供应链控制、协同工作,关心上下游企业,如供应商的库存变化、代理商的库存与销售情况等,并通过信息技术手段得到详尽的数据,这使联想能够及时掌握上下游企业的变化,提前准确地预测到市场的波动。

电子产品的价格下降速度非常快,一个月前采购的价格与一周前的价格有很大的差别。为了使供应商的供货及时并且价格合理,联想采用严格的供应商考评法,除了产品价格、质量、交货弹性等指标外,供应商对产品趋势、技术趋势和价格变化是否能够及时、准确地通报给联想,也是极为重要的考评项目。联想定期给供应商打分,该得分轻则决定其供货比例,重则影响到供应商的合作关系。

联想对产品价格下降是否正常有自己的分析。联想追求的是系统最优,即成本与风险平衡。从系统最优的角度控制采购,不需要过分追求某个环节的得失,市场占有率与产品销售带来的利润价值远远大于在原材料供应上的节省。

复习思考题

一、填空题

1.依据研究对象的范围可将物流划分为:宏观物流和_____。

2.1962 年美国管理大师_____在《财富》杂志上发表了《经济的黑暗大陆》一文。

3._____是指在一定的时间和空间里,由所需输送的物料和包括输送工具、仓储设备、人员以及通信联系等若干相互制约的动态要素构成的具有特定功能的有机整体。

4.按照现代物流管理的流程,可以将其划分为三个阶段:计划阶段、实施阶段和_____。

二、单项选择题

1.物流系统的三大要素中不包括:_____。

A.功能要素 　B.支撑要素 　C.资本要素 　D.物资基础要素

2.物流系统的设计原则中不包括:_____。

A.规模化 　B.标准化 　C.信息化 　D.智能化

三、简答题

1.简述物流在国民经济中的作用。

2.简述物流系统的目标。

3.简述现代物流的特点。

4.简述现代物流管理的特征。

5.简述现代物流管理的过程。

第二章
物流与供应链管理

21世纪的竞争不再是企业和企业之间的竞争,而是供应链与供应链之间的竞争。

——马丁·克里斯托弗

知识目标

1. 了解供应链的概念和形成背景
2. 了解供应链管理的概念、特点、方法
3. 掌握供应链的设计原则
4. 掌握供应链的设计步骤
5. 掌握供应链管理的管理原理

技能目标

1. 掌握供应链的各种协同模式的特点及区别
2. 掌握实施供应链管理各步骤的要点
3. 熟悉物流管理与供应链管理之间的联系与区别

关键概念

供应链;供应链管理;QR;ECR;CAO;CRP;交接运输;产品、价格和促销数据库;ERP;精益生产;敏捷制造

第一节　供应链概述

➤一、供应链的概念

供应链最早来源于彼得·德鲁克提出的"经济链",后来发展成为迈克尔·波特的"价值链",最终演变成为"供应链"。

知识链接

迈克尔·波特(Michael E. Porter),哈佛商学院的大学教授,在世界管理思想界被称为"活着的传奇"。他是当今全球第一战略权威,是商业管理界公认的"竞争战略之父"。在2005年世界管理思想家50强排行榜上,他位居第一。

供应链(supply chain)是指商品到达消费者手中之前各相关者的连接或业务的衔接,是围

绕核心企业,通过对信息流、物流、知识流、资金流的控制,从采购原材料开始,制成中间产品以及最终产品,最后由销售网络把产品送到消费者手中的将供应商、制造商、分销商、零售商,直到最终用户连成一个整体的功能网链结构。

国家标准《物流术语》中对供应链的定义为:"供应链是生产及流通过程中,涉及将产品或服务提供给最终用户活动的上游与下游企业所形成的网链结构。"整合是物流管理的灵魂,从产品物流的整合到物流在企业中的整合,供应链管理的理念是物流管理发展的新高度。

供应链管理的实质是在更大的系统(整个供应链)中,考虑物流、资金流与信息流的协调配合,以在更大范围内、更高层次上,提高物流过程的效益和效率。供应链是一个比物流范围更广泛的企业结构模式,它包含所有处于供应链中的节点企业,从原材料供应开始,经过链中各种企业的加工制造、组装、分销等过程直到最终用户。它不仅是一条连接供应商到用户的物料链、信息链、资金链,而且是一条增值链,物料在供应链上因运输、包装、加工等过程而增加其价值,给企业都带来效益。

供应链由外部供应链和内部供应链两个部分组成。外部供应链是指企业外部的与企业相关的产品生产和流通过程中所涉及的供应商、生产商、批发商、零售商及最终消费者组成的供需网络。内部供应链是指企业内部产品生产和流通过程中所涉及的采购部门、仓储部门、生产部门、销售部门等组成的供需网络。外部供应链和内部供应链共同组成了企业产品从原材料到成品再到消费者的供应链。

随着4G移动网络的部署,供应链已经进入了移动时代。移动供应链,是利用无线网络实现供应链的技术。它将原有供应链系统上的客户关系管理功能移到手机上。移动供应链系统具有传统供应链系统无法比拟的优越性,使各项业务摆脱了时间和场所的局限,随时随地与公司业务平台沟通,有效地提高管理效率,拉动企业效益增长。

知识链接

4G移动网络即第四代移动电话行动通信标准,该技术包括TD-LTE和FDD-LTE两种制式。4G是集3G和WLAN于一体,并能够传输高质量的视频图像,它的图像质量与高清晰度和电视相同。4G系统能够以100Mbps的速度下载,比目前的拨号上网快200倍,并能够满足几乎所有用户的无线服务要求。4G可以在DSL和有线电视调制解调器没有覆盖的地方部署,然后扩展到整个地区,具有不可比拟的优越性。

二、供应链的形成背景

20世纪80年代,全球经济一体化的浪潮不断推进,资本国际化、跨国界生产与流通、在消费地生产和组装产品成为一种新的经济发展趋势。由于全球采购、全球生产、全球销售的格局已经形成,加之新经济和信息时代的到来,国际专业分工日趋明显,同时还因为国际市场竞争日益激烈,企业为了降低成本,强化竞争力,采取加强核心业务,甩掉多余包袱的做法。他们将生产、流通和销售等多种业务外包给合作伙伴,自己只做最专业、最擅长的部分。这样做既维持了国际贸易份额,又与贸易对象国紧紧地融合在一起,增强了抗风险的能力,减少了外界干扰。供应链的管理和决策者能够选择世界任何一个地区的最积极、最可靠、最热情服务、最佳质量、最低廉费用的合作者,并可以做到随时筛选、随时更换,主动权完全掌握在供应链决策者手中。供应链形成后,他们既达到了预想的目的,又节省费用,稳定度加强,风险降低。

三、供应链的流程

供应链一般包括物资流通、商业流通、信息流通、资金流通四个流程。四个流程具有不同的功能以及不同的流通方向。

1. 物资流通

该流程主要是物资的流通过程,是一个发送货物的程序。其流程的方向是由供应商经由生产商、批发商、零售商等流向消费者。由于长期以来企业理论都是围绕产品实物展开的,因此物资流程被人们广泛重视。许多物流理论都涉及如何在物资流通过程中以最短的时间、最低的成本将货物送出去。

2. 商业流通

该流程主要是买卖的流通过程,是接受订货、签订合同等的商业流程。其流程的方向是在供应商与消费者之间双向流动。商业流通形式趋于多元化:既有传统的实体店销售、电视销售、电话销售、邮购等方式,也有通过互联网等新兴媒体进行网上购物的电子商务形式。

3. 信息流通

该流程是商品及交易信息的流程。其流程的方向也是在供应商与消费者之间双向流动。人们过去往往把重点放到实物上,因而信息流通一直被忽视。甚至有人认为,国家的物流落后同资金过分投入物资流程而忽视信息流通有着很大关系。

4. 资金流通

该流程就是货币的流通,为了保障企业的正常运作,必须确保资金的及时回收,否则企业根本无法建立完善的经营体系。其流程的方向是由消费者经由零售商、批发商、生产商等流向供应商。

四、供应链协同模式

目前,全球的供应链协同模式主要有三种,分别为:战略伙伴模式、重要伙伴模式、大众市场模式。

1. 战略伙伴模式

该模式适用于与少数战略供应伙伴的多层次深度合作。一般情况下,战略伙伴模式适用于涉及专利技术的单一资源关系,由于参与供应链的双方投资金额巨大,转型成本相对高昂。支持及维持这种合作关系,需要双方投入巨额资金建立基础设施设备和先进的业务实践。在特定环境下,战略伙伴还需要建立客户化业务流程和IT基础设施以支持这种合作关系。

2. 重要伙伴模式

该模式适用于处在中等水平的供应伙伴之间的合作,主要体现在业务和IT基础设施等领域的适度投资,持续地对合作伙伴进行评估,并将其与市场上可替代的其他供应商进行比较,共同投资决策具有短期效益的合作项目。

3. 大众市场模式

该模式视成本为建立合作伙伴关系的最重要因素,采用这一模式的企业拥有多个供应商可供选择,合作深度有限。是否建立和维持合作伙伴关系,主要取决于能否降低物料和交易成本。在双方的合作过程中无需投入大量资金,通常合作项目较为简单且易转型。

五、供应链的发展阶段

1. 物流管理阶段

早期的观点认为供应链是指将采购的原材料和零部件,通过生产转换和销售等活动传递到客户的过程。因此,供应链仅仅被视为企业内部的一个物流过程,它所涉及的主要是物料采购、库存、生产和销售等部门的职能协调问题,最终目的是为了优化企业内部的业务流程、降低物流成本,从而提高经营收益。

2. 价值增值链阶段

20世纪90年代,人们对供应链的理解发生了变化。由于需求环境的变化,原来被排斥在供应链之外的最终用户、消费者的地位得到了前所未有的重视,从而被纳入到了供应链的范围。供应链不再只是一条企业内部生产链,而是一个涵盖了整个产品运动过程的增值链。

3. 网链阶段

随着信息技术的发展和产业不确定因素的影响,企业间的关系正呈现日益明显的网络化趋势。与此同时,人们对供应链的认识也正在从线性的单链转向非线性的网链,供应链的概念更加注重围绕核心企业的网链关系,即核心企业与供应商、供应商的供应商的一切向前关系,与用户、用户的用户及一切向后的关系。供应链的概念已经不同于传统的销售链,它跨越了企业界限,从扩展企业的新思维出发,并且从全局和整体的角度来考虑产品的市场竞争力,使供应链从一种运作工具上升为一种管理思想、一种运营管理思维和模式。

六、供应链的设计原则

1. 自顶向下和自底向上相结合的设计原则

在系统设计中存在两种设计方法:自顶向下和自底向上的方法。自顶向下的方法是从全局走向局部的方法,自底向上的方法是从局部走向全局的方法;自顶向下是系统分解的过程,自底向上则是一种集成的过程。在设计一个供应链系统时,往往是先由高层主管作出战略规划与决策,其决策的依据来源于基层的信息收集和分析,然后由下层部门实施,因此供应链的设计是自顶向下和自底向上的综合。

2. 简洁性原则

简洁性是供应链的一个重要原则,为了能使供应链具有灵活、快速响应市场的能力,供应链的每个节点都应是简洁的、具有活力的、能实现业务流程的快速组合。

3. 集优原则

供应链的各个节点的选择应遵循强强联合的原则,实现资源外用的目的,每个企业只集中精力致力于各自的核心业务,具有自我组织、自我优化、面向目标、动态运行和充满活力的特点,能够实现供应链业务的快速重组。

4. 协调性原则

供应链业绩好坏取决于供应链中的合作伙伴关系是否和谐,因此建立战略伙伴关系的合作企业关系模型是实现供应链最佳效能的保证。只有和谐而协调的供应链系统才能发挥最佳的效能。

5. 动态性原则

由于不确定性的存在,导致市场需求的信息时常发生扭曲。因此,要预见各种不确定性因素对供应链运作的影响,减少信息传递过程中的信息延迟或失真。增加透明度,减少不必要的中间环节,提高预测的精度和时效性对降低不确定性的影响都是极为重要的。

6.创新性原则

创新设计是系统设计的重要原则,没有创新性思维,就不可能有创新的管理模式。要产生一个创新的系统,就要敢于打破各种陈旧的思维,用新角度、新视野审视原有的管理模式和体系,并且进行大胆设计和创新。

7.战略性原则

供应链应有战略性观点,通过战略性观点减少不确定影响。从供应链战略管理的角度考虑,供应链的战略性原则还体现在供应链发展的长远规划和预见性上,供应链的系统结构发展应和企业的战略规划保持高度一致,并在既定战略指导下进行。

▶七、供应链的设计步骤

1.分析市场竞争环境

根据自身产品的特点和类型,分析市场竞争环境。向供应商、用户和竞争对手开展调查,了解供应商的供货特点、用户对产品的购买需求、竞争对手的经营理念和生产的替代产品等。

2.提出供应链的设计目标

主要目标在于获取高顾客满意度和低库存成本两个目标之间的平衡,同时还应包括以下目标:进入新市场;开发新分销渠道;开发新产品;改善售后服务水平;提高用户满意程度等。

3.构建供应链的基本框架

供应链中的成员组成分析主要包括供应商、生产商、批发商、零售商和消费者的选择及其定位,以及确定选择与评价的标准。

4.分析供应链设计的技术可行性

结合企业自身的实际情况分析供应链设计的技术可行性,这是一个决策的过程,如果认为方案可行,直接进入下面的设计;如果不可行,就要重新进行设计。

5.总结企业现状

主要分析企业供需管理的现状,其目的不是评价供应链设计策略的重要性,而是着重于研究供应链开发的方向。分析、总结企业存在的问题及影响供应链设计的阻力等各种因素,并针对存在的问题提出解决方法。

6.分析主要解决的问题

(1)供应链的成员组成结构和数量。

(2)原材料的来源问题。

(3)生产设计。

(4)分销任务与能力设计。

(5)信息管理系统设计。

(6)物流管理系统设计。

7.检验供应链

供应链设计完成以后,应通过一定的方法、技术进行测试检验或试运行,如果一切正常,即可实施供应链管理。

第二节　供应链管理

▷一、供应链管理的概念

供应链管理(supply chain management,SCM),就是指在满足一定的客户服务水平的条件下,为了使整个供应链系统成本达到最小而把供应商、制造商、仓库、配送中心和渠道商等有效地组织在一起进行的产品制造、转运、分销及销售的管理方法。供应链管理包括计划、采购、制造、配送、退货五大基本内容。

(1)计划。这是 SCM 的策略性部分。供应链需要一个策略来管理所有的资源,以满足客户对产品的需求。好的计划是建立一系列的方法监控供应链,使之能够高效、便捷地为顾客递送高质量和高价值的产品或服务。

(2)采购。选择优质的供应商,并且与供应商建立一套定价、配送和付款流程并监控和改善管理,把管理流程结合起来,包括提货、核实货单、转送货物到制造部门等。

(3)制造。供应链中生产商的生产过程应在主生产计划的指导下,结合各节点企业提供的原材料、信息等资源,重组业务流程,提高生产效率,加速整个生产过程。

(4)配送。调整用户的订单收据,建立仓库网络,派递送人员提货并送货到顾客手中,建立货品计价系统。

(5)退货。建立网络接收客户退回的次品和多余产品,并在客户应用产品出问题时提供支持。

供应链管理的主要发展阶段包括三部分,随着人们对供应链管理的认知不断提高,其研究方向和重点也发生了变化,如表 2-1 所示。

表 2-1　供应链管理的主要发展阶段

阶段	时间	研究方向和重点
第一阶段	20 世纪 60 至 70 年代	分离的物流配送和物流成本管理
第二阶段	20 世纪 70 至 80 年代	整合内外部物流管理和企业间关系管理
第三阶段	20 世纪 90 年代至今	整体价值链效率和价值增值的提高

▷二、供应链管理的特点

1. 复杂性

供应链节点企业的组成跨度(层次)不同,造成它们之间的关系错综复杂,既相互影响、相互促进,又相互作用、相辅相成。

2. 面向用户需求

供应链的形成、发展、重构,都是基于一定的市场需求而发生的,用户的需求是供应链物流、信息流、商流、资金流运作的原动力。

3. 动态性

因企业战略和适应市场需求变化的需要,供应链中的节点企业需要动态地更新和调整,以满足不断变化的环境和需求。

4.创新性

供应链的整个运作过程受到各种因素的影响,停滞不前往往会造成自身链条的断裂或竞争对手的超越,因此,创新是供应链管理中至关重要的工作,通过管理理念创新、客户关系管理创新、产品创新、技术创新等创新活动,才能使供应链管理不断完善,立于不败之地。

5.交叉性

供应链当中的节点企业可以同时处于不同的供应链中,扮演供应商、生产商、批发商、零售商等不同的角色。同时,不同的供应链也会由于产品同质、业务往来、技术合作、战略联盟等原因而产生交集,体现出了供应链的交叉特性。

➤ 三、供应链管理的方法

供应链管理的方法是提高客户服务水平和保持市场竞争力的有效方法,是缩短交货周期,减少库存的有效措施。

(一)快速反应

1.快速反应的概念

快速反应(quick response,QR),是美国纺织服装业发展起来的一种供应链管理方法。它是指物流企业面对多品种、小批量的买方市场,不是储备了"产品",而是准备了各种"要素",当用户提出要求时,能以最快速度提取"要素",及时"组装",提供所需产品或服务。

2.快速反应的优点

(1)快速反应对厂商来说体现出的优点。

①快速反应零售商可为店铺提供更好的服务,最终为顾客提供更好的店内服务。由于生产商送来的货物与承诺的货物相符,因此能够良好地协调与零售商之间的关系,而长期的良好顾客服务会增加市场份额。

②降低流通费用。由于集成了对顾客消费水平的预测和生产规划,大大提高了库存周转速度,需要处理和盘点的库存量减少了,从而降低了流通费用。

③降低管理费用。因为不需要手工输入订单,因此采购订单的准确率不断提高,额外发货的减少也降低了管理费用;货物发出之前,仓库对运输标签进行扫描并向零售商发出提前运输通知,也同样起到降低管理费用的效果。

④生产计划准确。由于对销售进行预测并能够得到准确的销售信息,生产商可以准确安排生产计划。

(2)快速反应对零售商来说体现出的优点。

①提高了销售额。条形码和POS扫描使零售商能够跟踪各种商品的销售和库存情况,从而准确掌握存货情况。在库存真正降低时发出订单,极大地缩短了订货周期,并且实施自动补货系统,使用库存模型来确定什么情况下需要采购,以保证在顾客需要商品时不会发生缺货现象。

②降低了采购成本。商品采购成本是企业完成采购职能时发生的费用,具体职能包括订单创建、订单发送、订单跟踪等。实施快速反应后,采购流程大大简化,降低了采购成本。

③减少了削价的损失。由于具有更准确的顾客需求信息,店铺可以更多地储存顾客需要的商品,减少顾客不需要的商品,减少削价的损失。

④降低了流通费用。生产商使用物流条形码标签后,零售商可以扫描标签,减少手工检查

到货所发生的成本。物流条形码支持商品的直接出货,即配送中心收到货物后不需要检查,可立即将货物送到零售商的店铺。生产商发来的提前发货通知可使配送中心在货物到达之前有效地调度人员和库存空间。不需进行异常情况处理,因为零售商准确掌握生产商的发货信息。

⑤加快了库存周转。零售商能够根据顾客的需要频繁地小批量订货,也降低了库存投资和相应的运输成本。

⑥降低了管理成本。管理成本包括接收发票、发票输入和发票例外处理时所发生的费用,由于采用了电子发票及预先发货清单技术,管理费用大幅度降低。

(二)有效客户反应

1.有效客户反应的概念

有效客户反应(efficient consumer response,ECR),是1992年从美国的食品杂货业发展起来的一种供应链管理策略。它是一个由生产商、批发商和零售商等供应链成员组成的,各方相互协调和合作,更好、更快并以更低的成本满足消费者需要的供应链管理解决方案。

2.QR与ECR的比较

(1)QR与ECR的差异(见表2-2)。

ECR主要以食品行业为对象,其主要目标是降低供应链各环节的成本,提高效率。QR主要集中在一般商品和纺织行业,其主要目标是对客户的需求作出快速反应,并快速补货。

表2-2　QR与ECR的差异表

	QR	ECR
管理目标	缩短交货提前期,快速响应客户需求	减少或消除供应链中的浪费,提高供应链运行的效率
管理方法	借助信息技术实现快速补货,通过联合产品开发缩短产品上市时间	新产品快速有效引入,实行有效商品管理
适用行业	单位价值高,季节性强,可替代性差,购买频率低的行业	产品单位价值低,库存周转率高,毛利少,可替代性强,购买频率高的行业
改革重点	补货和订货的速度,目的是最大程度地消除缺货,并且只在商品需求时才去采购	效率和成本

(2)QR与ECR的共同特征。

QR与ECR的共同特征表现为超越企业之间的界限,通过合作追求物流效率化。其具体表现在以下三个方面:①贸易伙伴间的商业信息实现共享;②供应商涉足零售业,提供高质量的物流服务;③企业间订货、发货业务全部通过EDI进行,实现订货数据或出货数据的无纸化传送。

3.实施ECR的原则

(1)以较少的成本,向食品杂货供应链客户提供更加优质的产品和更加便利的服务。

(2)ECR必须由带头人启动,该商业带头人应通过建立代表共同利益的企业联盟取代旧式的贸易关系而达到共同获利的目的。

(3)必须利用准确、适时的信息以支持有效的市场、生产及后勤决策。这些信息将以EDI的方式在贸易伙伴间自由流动。它将影响以计算机信息为基础的系统信息的有效利用。

（4）产品必须随其不断增值的过程，从生产至包装，直至流动到最终客户，确保客户能随时获得所需产品。

（5）必须采用通用一致的工作措施和回报系统。该系统注重整个系统的有效性，清晰地标识出潜在的回报，促进对回报的公平分享。

4. ECR 的主要策略

（1）计算机辅助订货（computer assisted ordering，CAO）。

CAO 是指通过计算机对有关产品转移、实际库存、影响需求的外在因素、产品接收和可接受的安全库存等信息进行集成而实现的订单准确工作。CAO 是一个由零售商建立的"有效客户反应"工具。应用计算机辅助订货使得企业能够满足客户的需求，控制商品的流动，达到最佳库存管理。

（2）连续补货程序（continuous replenishment programme，CRP）。

CRP 改变了零售商向贸易伙伴生成订单的传统补货方式，它是由供应商根据客户的库存和销售方面的信息，决定补货的数量。在库存系统中，订货点与最低库存之差主要取决于从订货到交货的时间、产品价格、产品周转时间、供销变化以及其他变量。订货点与最低库存保持一定的距离是为了防止产品出现脱销等特殊情况。最高库存与订货点之差主要取决于产品周转时间、交货的频率、供销变化等。为了快速反应客户、降低库存的要求，供应商通过与零售商缔结合作伙伴关系，主动向零售商补货，并缩短从订货到交货之间的时间间隔。这样可以降低整个补货过程，尽量满足客户的需求，同时减轻存货的波动给企业带来的巨大库存成本压力。

（3）交接运输（cross docking）。

交接运输是指将仓库或配送中心接到的货物不作为存货，而是为紧接着的下一次货物发送作准备的一种分销系统。交接运输要求所有的归港和出港运输尽可能同时进行。交接运输的成功实施取决于三个因素：交付至仓库或配送中心的货物是否能够预先通知；无论交付包装的尺寸或原产地如何，仓库或配送中心是否具备利用自动数据采集（ADC）设备对所有交付包装的有效识别能力；是否具备交货接收的自动确认能力。

（4）产品、价格和促销数据库（item、price and promotion databases）。

当大多数 ECR 概念都强调实物供应链的问题时，应注意的是，要想成功地改善供应链关系的效率，必须着眼于供应商和零售商最初所关注的问题，即产品、价格和促销数据库。将信息存取到产品、价格和促销数据库中对 ECR 的有效运作起着至关重要的作用。

（三）企业资源计划

1. 企业资源计划的含义

企业资源计划（enterprise resources planning，ERP），是从 MRP（物料资源计划）发展而来的新一代集成化管理信息系统，它扩展了 MRP 的功能，其核心思想是供应链管理，摆脱传统企业边界，从供应链角度优化企业资源，是基于网络技术的新一代信息系统。它对于改善企业业务流程、提高企业核心竞争力的作用是显而易见的。

ERP 是指建立在信息技术基础上，以系统化的管理理念，为企业决策层及员工提供决策的管理平台。ERP 系统汇集了信息技术与先进的管理理念，成为现代企业的经营运行模式，促使企业合理配置资源，最大程度地创造社会财富，成为企业在信息时代生存、发展的基石。

2. ERP 功能标准

（1）超越 MRP Ⅱ 范围的集成功能。包括质量管理、试验室管理、流程作业管理、产品数据管理、维护管理、配方管理、管制报告和仓库管理。

（2）支持混合方式的制造环境。支持离散或连续的制造环境，具有按照面向对象的业务模型组合业务过程的能力和国际范围内的应用。

（3）支持能动的监控能力，提高业务绩效。在整个企业内采用控制和工程方法、决策支持、模拟功能和用于生产及分析的图形能力。

（4）支持开放的客户机/服务器计算环境。包括客户机/服务器体系结构、内部集成的工程系统、商业系统、图形用户界面（GUI）、使用 SQL 对关系数据库查询、计算机辅助设计工程、面向对象技术、数据采集和外部集成。

3.ERP 系统的管理思想

（1）管理整个供应链资源的思想。随着全球经济一体化的进程不断加快，企业仅仅依靠自身的资源不可能有效地参与激烈的市场竞争，必须把经营过程中的相关企业如供应商、生产商、分销商、客户等纳入一个紧密的供应链中，有效地安排企业的产、供、销活动，满足企业利用全社会一切资源快速、高效地进行生产经营的需求，以期进一步提高效率和在市场上获得竞争优势。

（2）精益生产、同步工程和敏捷制造的思想。ERP 系统支持对混合型生产方式的管理，其管理思想表现在两个方面。其一是"精益生产（lean production，LP）"的思想，它是由美国麻省理工学院（MIT）提出的一种企业经营战略体系。LP 是指企业按大批量生产方式组织生产时，把客户、销售代理商、供应商、协作单位纳入生产体系，企业同其销售代理、客户和供应商的关系，已不再是简单的业务往来关系，而是利益共享的合作伙伴关系，这种合作伙伴关系组成了一个企业的供应链。其二是"敏捷制造（agile manufacturing）"的思想。当市场发生变化，企业面对特定的市场和产品需求时，企业的合作伙伴不一定能满足新产品开发生产的各种需求，此时企业可以组织一个由特定的供应商和销售渠道组成的短期或一次性供应链，形成"虚拟工厂"，把供应商和协作单位看成是企业的一个组成部分，运用"同步工程（SE）"，组织生产，用最短的时间将新产品打入市场，时刻保持产品的灵活性、高质量和多样化，这是"敏捷制造"的核心思想。

（3）事先计划与事中控制的思想。ERP 系统中的计划体系主要包括主生产计划、物料需求计划、采购计划、能力计划、利润计划、销售执行计划、财务预算和人力资源计划等，而且这些计划功能与价值功能已完全集成到整个供应链系统中。

四、供应链管理的管理原理

1.资源横向集成原理

资源横向集成原理是新经济形势下的一种新思维。该原理认为：在经济全球化迅速发展的今天，企业仅靠原有的管理模式和自身的资源，已经不能满足快速变化的市场要求。因此，企业必须放弃传统的基于纵向思维的管理模式，朝着新型的基于横向集成的管理模式转变。企业必须横向集成外部的相关资源，形成"强强联合，优势互补"的战略联盟，结成利益共同体参与市场竞争，以实现提高服务质量、降低成本、快速响应顾客需求的目的。

2.系统原理

供应链是一个系统，是相互影响、相互作用、相互制约、相互依赖的若干要素或子系统组成的具有特定功能的有机整体。供应链是围绕核心企业，通过对信息流、物流、资金流、商流的控制,把供应商、生产商、批发商、零售商直到最终用户连成一个整体的功能型网链结构模式。

供应链的系统特征首先体现在其整体功能上,这一功能是供应链合作伙伴间的功能集成,而不是简单叠加。供应链系统的整体功能集中表现在供应链的综合竞争能力上,这是任何一个单独的供应链成员企业都不具有的。其次,体现在供应链系统的目的性上,供应链系统有着明确的目的,以最快的速度、最低的成本、最好的质量为用户提供最满意的产品和服务。最后,体现在供应链基于共同利益下的合作伙伴关系,供应链系统目的的实现,受益的不只是一家企业,而是整个供应链中的所有节点企业。

3.多赢互惠原理

供应链是相关企业为了适应新的竞争环境而组成的一个利益共同体,其合作伙伴关系建立在共同利益的基础上,供应链各节点企业之间是通过一种协商机制来谋求多赢互惠的目标。供应链管理改变了企业的竞争模式,将企业之间的竞争转变为供应链之间的竞争,强调核心企业与供应链中的上下游企业建立战略伙伴关系,实现强强联合,使每个节点企业都能发挥各自的优势,在价值增值链上达到多赢互惠的目标。

4.合作共享原理

由于任何企业所拥有的资源都是有限的,不可能在所有的业务领域都具有竞争优势。因此企业要想在竞争中获胜,就必须将有限的资源集中在核心业务上,并且将本企业的非核心业务交由合作企业来完成,充分发挥各自独特的竞争优势,从而提高供应链系统整体的竞争能力。实施供应链合作关系意味着管理思想与方法的共享、市场机会的共享、信息的共享、资源的共享、先进技术的共享以及风险的共担。

5.需求驱动原理

供应链的形成、存在、构建都是基于一定的市场需求而产生的,在供应链的运作过程中,用户的需求是供应链中信息流、物流、资金流、商流运作的原动力。在供应链管理模式下,供应链的运作是以订单驱动方式进行的,商品采购订单是在用户需求订单的驱动下产生的,商品采购订单驱动产品制造订单,产品制造订单又驱动原材料(零部件)采购订单,原材料(零部件)采购订单再驱动供应商。这种逐级驱动的订单驱动模式,使供应链系统得以快速响应用户的需求,大大降低了库存成本,提高了物流的速度和库存周转率。

➤五、实施供应链管理的步骤

1.分析市场竞争环境

竞争环境分析是为了识别企业所面对的市场机会和市场特征。根据波特模型提供的原理和方法,通过调查、分析等手段,对供应商、用户、现有竞争者及潜在竞争者进行深入研究,掌握第一手准确的资料和数据。该步骤的运作取决于企业经营管理人员的素质和对市场和敏感性,另外企业还需要建立一套市场信息采集监控系统,并开发对复杂信息的分析和决策技术。

2.分析顾客价值

供应链管理的目标在于提高顾客满意度和降低总的交易成本,管理人员要从顾客满意的角度来重新审视产品或服务,并在不断提高顾客满意的情况下,寻求最低的交易成本。

3.确定竞争战略

从顾客满意出发找到企业产品或服务的定位后,管理人员要确定相应的竞争战略。竞争战略形式的确定可使企业清楚认识到选择什么样的合作伙伴以及合作伙伴的联盟方式。根据波特的竞争理论,企业获得竞争优势有三种基本战略形式:总成本领先战略、差别化战略以及专一化战略。

4.分析本企业的核心竞争力

核心竞争力是指企业在设计、研发、制造、营销、服务等某一个环节上明显优于并且不易被竞争对手模仿的、能够满足客户需求的特有能力。供应链管理注重的是企业核心竞争力,企业把自身有限的资源集中到具备核心竞争优势的业务上,将剩余的其他业务活动交给在该业务上有竞争优势的其他企业,从而使整个供应链具有竞争优势。

5.评估、选择合作伙伴

供应链的建立过程实际上是一个供应商的评估、选择过程,选择合适的对象作为供应链中的合作伙伴,是加强供应链管理最重要的一个步骤,企业需要从产品的价格、交货时间、供货质量、售后服务等方面全面考核合作伙伴。如果企业选择合作伙伴不当,不仅会导致企业利润的流失,还会使企业失去与其他企业合作的机会,从而无形中抑制企业竞争力的提高。

知识链接

对于供应链中合作伙伴的选择,可以遵循以下原则:

①合作伙伴必须拥有各自的核心竞争力。只有合作伙伴拥有各自的核心竞争力,并使各自的核心竞争力相结合,才能提高整条供应链的运作效率,从而为企业带来可观的贡献。这些贡献包括及时、准确的市场信息,快速高效的物流,快速的新产品研制,高质量的消费者服务,成本的降低等。

②拥有相同的企业价值观及战略思想。企业价值观的差异表现在:是否存在官僚作风;是否强调投资的快速回收;是否采取长期的观点等。战略思想的差异表现在:市场策略是否一致;注重质量还是注重价格等。可见,若价值观点及战略思想差距过大,合作必定以失败而告终。

③合作伙伴必须少而精。若选择合作伙伴的目的性和针对性不强,过于泛滥的合作可能导致过多的资源、机会与成本的浪费。

6.供应链的运作

供应链的运作是以信息流、物流、资金流、商流为主的动态过程,在实施过程中要注意以下几点:

(1)从局部性思维转换为整体性的系统思维。

在观念上,需要管理人员从以往竞争中所采取的"非此即彼""你死我活"式的竞争方式,转变为相互协作产生的"双赢"或"多赢"的合作方式。

(2)建立互信关系。

在传统的企业经营模式中,企业都是从自身的角度和利益出发,尽可能将成本、责任、风险等转嫁给其他企业,将所有利益归为己有。实施供应链管理时,企业要改变传统的思维模式,与合作企业共担成本、责任与风险,同时共享成果与收益,这是企业间建立长期合作关系的有效途径。企业间只有建立了信任关系,供应链的运作效率才能得到保证,企业才能赢得长久的竞争优势。

(3)建设物质技术。

它包括企业的知识库、外部网、内部网、电子数据库及电子数据交换系统等。物质技术基础设施的建设,有助于供应链中的节点企业迅速、准确地收集和传递相关数据和信息,实现企业间和合作伙伴之间的信息共享,以便更好地为顾客提供满意服务。

第三节　物流管理与供应链管理的联系与区别

➤一、物流管理与供应链管理的联系

物流贯穿于整个供应链,它连接供应链的各个节点企业,是企业间相互合作的桥梁和纽带。从时间上看物流管理的产生早于供应链管理,现代物流管理也呈现出一体化的趋势,在纵向上要求企业将提供产品或运输服务等供应商和用户纳入管理范围中,并作为物流管理的一项中心内容。在横向上通过同一行业中多个企业在物流方面的合作而获得规模经济效益和物流效率;同时在网络技术的支持下与生产企业和物流企业之间形成多方位、深层次、互相渗透的协作有机体即实现垂直一体化、水平一体化和网络化。供应链管理正是物流垂直一体化管理的扩展和延伸,同时供应链管理的范围更为广泛,它涵盖了信息流、物流、资金流、商流等,而且它的目标是将多个具有供需关系的企业通过合作协调机制集成一个共同对应市场的有机整体,这种供需关系不仅涉及产品需求,而且还有资金需求、服务需求以及信息需求。总之,供应链管理比物流管理涉及的内容更复杂、范围更广、层次更高。

➤二、物流管理与供应链管理的区别

一般而言,供应链管理涉及制造问题和物流问题等方面,物流管理涉及的是企业的非制造领域问题。两者的主要区别表现在:

(1)物流涉及原材料、零部件在企业之间的流动,而不涉及生产制造过程的活动。供应链管理则包括制造活动和物流活动。

(2)供应链管理涉及从原材料到产品交付给最终用户的整个物流增值过程。物流涉及企业之间的价值流过程,是企业之间的衔接管理活动。

(3)供应链管理注重结果,物流管理注重过程;物流管理对物流的各个环节都要实时跟踪、监控,而供应链管理更注重各节点企业自身情况。总之,供应链管理更偏向管理,而物流管理更偏向技术。

案例

Zara 的竞争优势——供应链

阿尔泰霍(Arteixo)是西班牙西北部的一个小镇,是 Zara 的总部。Zara 在 20 世纪推出"快时尚"理念,随后开发出一个经常成为研究对象但很少被复制的高度集中化的设计、生产和销售体系。

"立方"是 Zara 这个时装帝国的司令部,它是 Zara 的"中枢"。而这个帝国是建立在一个非常规的理念之上,即速度与快速响应能力比成本更为重要。Zara 以小批量、快速在门店发布新产品而闻名。门店管理人员每周两次准时下单订购,新款服装也是每周两次按时发到门店。为了实现这一目标,Zara 对生产过程的控制超过大多数零售商。对 Zara 来说,供应链就是它的竞争优势所在。

西班牙一直是 Zara 最大的市场,到 2013 年,Zara 在中国的门店数(142 间)超过法国,使中国成为其第二大市场。所有的零售商在中国扩张都会面临挑战,这家西班牙服装厂商在中国也面临独特的困难。Zara 是一家全球性公司,并且没有进行本地化运营,但这正是 Zara 成功的秘诀,即集中化,在阿尔泰霍就能控制库存的能力是其商业模式的关键部分。

"立方"的外面就是该公司占地超过 46 万平方米的主配送中心。该公司每年为其分布在 86 个国家的 1770 间门店生产大约 4.5 亿件商品。大约 1.5 亿件服装在这个配送中心接受检验并被分类。无论这件衬衫是在葡萄牙、摩洛哥、中国或是孟加拉国生产,都会先运回西班牙,然后才发往门店。配送中心以外是 11 个 Zara 的下属工厂。这些工厂所生产的每一件衬衫、针织衫和裙装都直接通过自动的地下轨道被送到配送中心。这个轨道有将近 200 公里长。

Zara 的管理人员一直投资于高科技设备和额外产能,让旗下工厂能应对产量的突然增加或变化。在一季开始的时候,普通零售商已经至少为 80% 的即将销售的服装下了订单。但 Zara 只有 50% 的设计提前这么久。

Zara 能够承担额外的人力和运输成本,原因是它无需像竞争对手一样大幅打折促销。Zara 也不做广告,服装的平均售价为全价的 8.5 折,而行业平均水平为 6 折到 7 折。未售出的商品占其库存的比例不到 10%,行业平均水平为 17% 至 20%。Zara 深知,如果他们无需推出那么大的折扣,就可以在其他方面花钱。他们能看到供应链的这种确定性和节奏带来的好处。

3 复习思考题

一、填空题

1.全球的供应链协同模式主要有三种,分别为:＿＿＿＿＿＿＿＿、重要伙伴模式、大众市场模式。

2.供应链的发展阶段主要包括物流管理阶段、＿＿＿＿＿＿＿＿、网链阶段。

3.供应链管理包括计划、采购、制造、＿＿＿＿＿＿＿＿、退货五大基本内容。

4.企业获得竞争优势有三种基本战略形式:＿＿＿＿＿＿＿＿、差别化战略以及专一化战略。

二、单项选择题

1.快速反应(QR),是美国＿＿＿＿＿＿＿＿发展起来的一种供应链管理方法。

A.纺织服装业　　B.零售业　　C.制造业　　D.餐饮业

2.有效客户反应是 1992 年从美国的＿＿＿＿＿＿＿＿发展起来的一种供应链管理策略。

A.服装业　　B.零售业　　C.食品杂货业　　D.制造业

三、简答题

1.简述供应链的流程。

2.简述供应链的发展阶段。

3.简述供应链的设计原则。

4.简述供应链的设计步骤。

5.简述供应链管理的特点。

6.简述供应链管理的管理原理。

7.简述实施供应链管理的步骤。

第三章

运 输

运输过程是生产过程的前导与后续,是沟通产销部门的重要桥梁。

知识目标

1. 了解运输的概念、特点、功能
2. 掌握公路运输的概念、种类
3. 掌握水路运输的概念和优缺点
4. 掌握航空和管道运输的概念和优缺点
5. 掌握运输路线的决策方法
6. 掌握不合理运输的主要形式

技能目标

1. 掌握各种运输方式的概念和优缺点
2. 熟悉运输路线的选择原则
3. 掌握运输合理化的有效途径

关键概念

运输;公路运输;铁路运输;运输合理化

第一节 运输概述

➤一、运输的概念

物流的运输(transportation)专指"物"的载运及输送,它是在不同地域范围间(如两个城市、两个工厂之间),以改变"物"的空间位置为目的的活动,是对"物"的空间位移。

国家标准《物流术语》对运输的定义是:"用专用运输设备将物品从一地点向另一地点运送。其中包括集货、分配、搬运、中转、装入、卸下、分散等一系列操作。"

在物流系统中,运输处于核心地位。运输虽不产生新的物质产品,但却能实现物品在时间上和空间上的转移,创造物品的"时间效用"和"空间效用"。因此,运输是物流过程中最主要的增值活动。

二、运输的特点

1. 空间位移

运输的生产过程是以一定的生产关系联系起来的,具有劳动能力的人们使用劳动工具和劳动对象进行生产,并创造产品的生产过程。运输的产品,对旅客运输来说,是人的空间位移;对货物运输来说,是货物的空间位移。显然,运输是以改变"人和物"的空间位置为目的的生产活动。运输只改变劳动对象的空间位置,并不创造新的实物形态产品。因此,在满足社会运输需求的情况下,多余的运输产品或运输支出,都是一种浪费。

2. 非储存性

由于运输产品是无形的,不具有物质实体,又由于它的边生产边消费属性,因此运输产品既不能调拨,也不能存储,具有显著的非储存性。

3. 同一性

对不同的运输方式来说,虽然它们使用的运输工具不同,具有不同的技术特征,选择不同的线路进行运输生产活动,但它们对社会具有相同的效用,即都实现了物品的空间位移。运输的同一性使得各种运输方式之间可以相互补充、协调,形成一个有效的综合运输系统。

三、运输的功能

产品的生产目的是为了满足社会的各种需求,从经济学的角度分析,产品具有价值和使用价值。但是,其使用价值只在社会消费或最终消费过程中才能实现。产品在未进入消费领域之前,它的使用价值只是一种潜在的可能性,一般情况下,物质产品的生产地与消费地是不一致的,即存在位置背离,只有消除这种位置背离,产品的使用价值才能实现。产品只有通过运输,才能进入消费,从而实现产品的使用价值,满足社会各种需求的目的。运输有两大功能:

1. 产品转移

运输可以实现产品的空间位移。无论产品处于哪种形式,是材料、零部件、装配件、配件,还是在制品或是流通中的商品,运输都是必不可少的,运输的主要功能就是使产品在价值链中进行移动。通过改变产品的地点与位置,消除产品生产与消费之间在空间位置上的背离,或将产品从效用价值低的地方转移到效用价值高的地方,创造出产品的"空间效用",使产品的使用价值得到更好的体现。除此之外,运输的主要目的是以最少的时间完成产品从生产地到消费地的转移,创造出产品的"时间效用"。可以说,运输过程是一个增值过程,是通过创造"空间效用"和"时间效用"来提高产品价值的。

2. 产品储存

如果转移中的产品需要储存,并且在短时间内又将重新转移,卸货和装货的成本也许会超过储存在运输工具中的费用,此时可将运输工具作为暂时储存场所,运输也就具有了临时的储存功能。通常以下几种情况,需要将运输工具作为临时储存场所,一是货物处于转移中,运输的目的地发生改变时,产品需要临时储存;二是目的地的仓库储存能力有限,可将货物装上运输工具,采用迂回线路或用间接线路运往目的地。对于迂回线路来说,转移时间通常大于比较直接的线路,迂回线路运输实际上是将运输工具当做产品的临时储存场所,只是此时的产品处于转移状态,而不是闲置状态。

四、运输的分类

现代运输方式的分类可按运输工具、运输线路、运输作用、运输协作程度以及运输中途是否换载进行分类。

（一）按运输工具分类

1.公路运输

公路运输是指主要使用汽车或其他运输工具（如拖拉机、人力车等）在公路上载运货物的一种运输方式。公路运输是陆上运输的两个基本运输方式之一，主要承担近距离、小批量的货物运输，也承担铁路运输难以到达地区的长途运输，以及大批量货运及铁路、水路优势难以发挥的短途运输。

2.铁路运输

铁路运输是指在铁路上以车辆组编成列车载运货物的另一种陆上运输方式，它是现代最重要的货物运输方式之一。铁路运输主要承担长距离、大批量的长途货运，在没有水路运输条件的地区，几乎所有大批量的货物运输都是依靠铁路进行运输的，它是干线运输中起主力作用的重要运输方式。

3.水路运输

水路运输是指使用船舶及其他航运工具，在江河、湖泊、海洋上载运货物的一种运输方式。水路运输主要承担长距离、大数量的长途运输。在内河及沿海，水路运输也常作为小型运输工具使用，负责补充及衔接大批量干线运输的任务。水路运输也是干线运输中起主力作用的运输方式之一。

4.航空运输

航空运输是指使用飞机或其他航空器进行客货运输的一种运输方式，航空货运不仅提供专门用于货物运输的飞机，即定期和不定期的航空货运航班，而且还利用定期和不定期客运航班进行运输。航空货运的单位成本很高，因此，主要用于以下两类货物的运输：一类是价值高、运费承担能力很强的货物，如贵重设备、精密仪器、高档产品等；另一类是紧急需要的物资，如抢险救灾物资等。

5.管道运输

管道运输是指利用管道输送气体、液体和粉状固体的一种特殊的运输方式，它是随着石油和天然气产量的增长而发展起来的，目前已成为国际油气运输的主要运输方式。近年来，利用管道输送粉状固体（如煤、精矿）也有长足的发展。管道运输主要靠物体在管道内顺着压力方向移动实现运送目的，它和其他运输方式的重要区别在于管道设备是静止不动的。

（二）按运输线路分类

1.干线运输

干线运输是指利用公路、铁路的干线以及大型船舶的固定航线进行的长距离、大数量的运输。干线运输是运输的主体，是进行远距离空间位移的重要运输方式，其运输速度较同种工具的其他运输要快，成本相对较低。

2.支线运输

支线运输是指与干线相接的分支线路上的运输。支线运输是干线运输与收发货地点之间的补充性运输方式,路程较短,运输量相对较小。因为支线建设水平往往低于干线,运输工具也往往落后于干线,所以运输速度也比干线运输慢。

3.二次运输

二次运输是指干线、支线运输到站后,站与用户仓库或指定地点之间的运输。由于这是一种补充性的、以满足个体单位需要的运输方式,所以运输量相对较小。

4.厂内运输

厂内运输是指在工业企业范围内,直接为生产服务的运输方式。厂内运输一般在车间与车间之间、小企业内部及大企业车间内部进行。

(三)按运输作用分类

1.集货运输

集货运输是指将分散的货物集聚起来集中运输的一种方式。货物集中后可以利用干线进行远距离、大批量的运输。因此,集货运输是干线运输的一种补充性运输,多是短距离、小批量的运输。

2.配送运输

配送运输是指将节点中已经按用户要求配送好的货物分头送到各个目的地的运输方式。这种运输一般发生在干线运输之后,是干线运输的补充和完善,且由于发生在末端,所以多是短距离、小批量的运输。

(四)按运输协作程度分类

1.一般运输

一般运输是指孤立地采用不同运输工具或同类运输工具,没有形成有机协作关系的运输方式,如单纯的汽车运输、铁路运输、航空运输等。

2.联合运输

联合运输是指使用同一运输凭证,由不同的运输方式或不同的运输企业进行有机衔接运输货物,利用每种运输方式的优势,发挥不同运输工具效率的一种运输方式。联合运输的方式有公铁联运、公海联运、铁海联运等。进行联合运输可以加快运输速度,简化托运手续,节约运费。

3.多式联运

多式联运是指根据实际要求,将不同的运输方式组合成综合性的一体化运输,通过一次计费、一次托运、一张单证、一次保险,由各运输区段的承运人共同完成货物的全过程运输,即将全过程运输作为一个完整的单一运输过程来安排的一种运输方式。多式联运是联合运输的一种现代形式,通常在国内大范围物流和国际物流领域中广泛使用。

(五)按运输中途是否换载分类

1.直达运输

直达运输是指利用一种运输工具从起运站、港一直到达终点站、港,中途不经过换载,不入库存储的运输方式。直达运输不仅可以避免中途换载所出现的运输速度减缓、货损增多、费用增高等一系列问题,而且还能缩短运输时间、加快车船周转、降低运输费用。

2.中转运输

中转运输是指在货物运往目的地的过程中,在途中的车站、港口、仓库进行转运换装的一种运输方式。中转运输可以将干线、支线运输有效地衔接起来,可以化整为零或集零为整,方便用户,提高运输效率。

五、运输的作用

1. 实现商品保值

任何商品从生产地到消费地,都需要经过一段距离、一段时间,在这段距离和时间内,都要经过运输、仓储、包装、装卸搬运、流通加工、配送等环节。在整个过程中,货物可能遇到淋雨受潮、生锈、破损、水浸、丢失等问题。运输的职能就是防止这些现象的发生,保证货物从生产地到消费地移动过程中的数量和质量完好无损,实现运输对货物的保值功能。

2. 扩大商品经营范围

随着各种运输工具的发展和运输方式的改进,企业可以通过运输将商品销售到世界各地,特别是电子信息技术的不断更新使企业的市场范围无限扩大。为了将这种趋势进一步转化为企业的市场竞争力,就需要借助运输,为企业的全球化战略打下坚实的基础。

3. 保证商品价格稳定

各国、各地区的地理条件不同,导致企业可利用的资源也有所不同,如果运输体系不顺畅,其他地区的商品就不能保证及时对本地市场需求的供应,供给需求不平衡的直接后果就是商品价格的不稳定,对本地消费者造成一定程度上的不便或经济损失。而完整的运输体系则可以避免这种情况的出现,从而保持供求商品价格的相对稳定。

4. 促进社会分工

社会发展需要分工的细化,对于商品的生产和销售来说,分工的程度受到运输水平的影响。运输是商品生产和商品销售之间不可或缺的桥梁和纽带,健全的运输体系能够真正地实现生产和销售的分离,促进社会分工的发展。

第二节 现代运输方式

一、公路运输

(一)公路运输的概念

公路运输(highway transportation)是在公路上运送旅客和货物的运输方式,是交通运输系统的重要组成部分,主要承担短途客货运输。现代运输工具主要是汽车,因此,公路运输一般即指汽车运输。在人烟稀少、地势崎岖、铁路和水路等运输不发达的地区,公路是主要的运输方式,起着干线运输的作用。

(二)公路运输的优缺点

1. 公路运输的主要优点

(1)机动灵活、速度快,货物损毁少,可以实现"门到门"的运输。

(2)投资少,公路建设的材料和技术相对门槛较低,易在全社会广泛发展,这也是公路运输的最大优点。

(3)可以有效衔接其他各种运输方式,解决其他运输方式在周转过程中的弊端。

（4）各种公路运输工具的驾驶技术比较容易掌握。

2.公路运输的主要缺点

（1）运输能力小。每辆普通载重汽车每次运送的货物以及长途客车运送的旅客数相对于其他运输方式有着明显的差距。

（2）运输能耗高。公路运输在能耗上比铁路运输、水路运输、管道运输要高,比航空运输能耗低。

（3）运输成本高。公路运输的运输成本比铁路运输、水路运输、管道运输要高,比航空运输低。

（4）劳动生产率低。由于公路运输所使用的运输工具体积较小,无法运送大件物资,不适宜运输大宗和长距离货物,对运输的商品有较严格的要求,同时公路建设占地多,环境污染严重,投入产出比不高,劳动生产率较其他运输方式明显偏低。

因此,公路运输比较适合在内陆地区运输短途旅客、货物,通过与铁路、水路联运,为铁路、港口运送旅客和物资,深入山区及偏僻的农村进行旅客和货物运输;在远离铁路的区域从事干线运输,充分发挥自身优势。

（三）公路运输的种类

1.按托运批量大小可分为整车运输与零担运输

（1）整车运输是指托运方每次托运货物都在 3t 及 3t 以上,托运的货物通常是煤炭、粮食、木材、钢材、矿石、建筑材料等,一般都是大宗货物,货源的构成、装卸地点、流向和流量等相对稳定。整车运输多为单边运输,应充分利用全车行程,提高经济效益。

（2）零担运输是指托运一批次货物数量较少时,装不足或者占用一节车皮进行运输在经济上不合算,而由运输部门安排和其他托运货物拼装后进行的运输。运输的货物具有品种繁杂、小批量、多批次、时间紧、地点分散等特点。零担运输弥补了整车运输和其他运输方式在运输零星货物上的不足。

2.按运送距离可分为长途运输与短途运输

（1）长途运输是指行程在 10 小时以上的运输。长途运输与铁路货运相比,长途运输具有直达、迅速、简便的特点;与短途运输相比,具有运输距离长、周转时间长、行驶线路固定等特点。

（2）短途运输是指行程在 4 小时以内的运输。短途运输具有以下特点:运输距离短,装卸次数多,车辆利用效率低;点多面广,时间紧;货物零星,种类繁杂,数量不确定。

3.按货物的性质及对运输条件的要求可分为普通货物运输与特种货物运输

（1）普通货物(general cargo)运输是指被运输的货物普通,在运输、仓储、装卸、配送、流通加工等方面没有特殊要求。

（2）特种货物(special cargo)运输是指被运输的货物较为特殊,在运输、仓储、装卸、配送、流通加工等方面需要特定条件、特殊设备来保证其完整无损。

4.按运输的组织特征可分为集装化运输与联合运输

（1）集装化运输也称为成组运输或规格化运输,是指以集装单元作为运输单位,保证货物在整个运输过程中不会遭受损失,而且便于使用各种机械设备装卸、搬运的货运方式。集装化运输主要有托盘运输和集装箱运输。

（2）联合运输是指两个或两个以上的运输企业,根据同一运输计划,遵守共同的联运规章或签订的共同协议,使用共同的运输票据或通过代办业务,组织两种或两种以上的运输工具,相互接力、联合,实现货物的全程运输。

知识链接

公路运输按运输速度可分为普通货物运输和快件货物运输;按运输车辆可分为普通车辆运输和特种车辆运输;按经营方式可分为公共货物运输、契约货物运输、自用货物运输和汽车货运代理经营的货物运输;按货物装卸责任分为由托运人或收货人自理(或负责)装卸车的货物运输和由承运人负责装卸车的货物运输;按货物是否参加了保价运输或运输保险分为:货物保价运输、货物保险运输和既未保价也未保险的货物运输。

二、铁路运输

铁路运输是指利用机车、车辆等技术设备沿铺设轨道运行的运输方式。铁路运输的优点主要包括技术性能和经济性能两方面。

(1)从技术性能上看,铁路运输的优点有:

①运行速度快,在五种运输方式中平均车速仅次于航空运输。

②运输能力大,适合运输大批量低值货物的长距离运输。

③受自然条件限制较小,连续性强,能保证全年运行。

④客货运输到发时间准确性较高。

⑤火车运行比较平稳,安全可靠。

(2)从经济指标上看,铁路运输的优点有:

①铁路运输成本较低,相对于航空和公路运输来说,铁路运输的成本更低。

②能耗较低,相对于航空和公路运输能源消耗较低,大大节约了能源,保护了环境。

铁路运输的缺点主要表现在投资大和建设周期长。因此,在选择上应该考虑长距离、大运量、时间性强、可靠性要求高的一般货物和特种货物,充分发挥铁路运输的优势。

三、水路运输

水路运输是指利用船舶、排筏和其他浮运工具,在江、河、湖泊、人工水道以及海洋上运送旅客和货物的一种运输方式。水路运输的优点也可以从技术性能和经济性能上来分析。

(1)从技术性能看,水路运输的优点有:

①运输能力大。在五种运输方式中,水路运输能力最大。

②在运输条件良好的航道,通过能力几乎不受限制。

③水路运输通用性好,既可运客,也可运货,可以运送各种货物,尤其是大件货物。

(2)从经济技术指标上看,水路运输的优点有:

①水运建设投资费用少,只需利用江河湖海等自然水利资源,除投资购买船舶、建设港口以外,沿海航道几乎不需任何投资。

②运输成本低。

③劳动生产率高。

④平均运距长。

(3)水路运输的主要缺点有:

①受自然条件影响较大,内河航道和某些港口受季节影响较大,冬季结冰,枯水期水位变低,难以保证全年通航。

②运送速度慢,会影响货主的流动资金周转率。

总之,水路运输综合优势较为突出,适宜于运量大、运距长、时间要求不太强的各种大宗物资运输。

四、航空运输

航空运输简称空运,是使用飞机运送客货的运输方式。

(1)航空运输的优点有:

①运行速度快,大大缩短了运输时间。

②机动性能好,几乎可以飞越各种天然障碍,可以到达其他运输方式难以到达的地方。

(2)航空运输的缺点有:飞机造价高、运输能力小、能耗大、成本高、技术复杂。因此,只适宜长途旅客运输、体积小价值高的物资、鲜活产品及邮件等货物运输。

五、管道运输

管道运输是利用运输管道,通过一定的压力差而完成气体、液体和粉状固体运输的一种现代运输方式。

(1)管道运输的优点有:

①管道建设工程量小,占地少。只需要铺设管线、修建泵站,土石方工程量比修建铁路小得多。而且在平原地区大多埋在地下,不占用农田。

②安全可靠,无污染,成本低。

③不受气候影响,可以全天候运输,送达货物的可靠性高。

④实现封闭运输,损耗少。

(2)管道运输的缺点有:

①专用性强,只能运输石油、天然气及固体料浆,如煤炭。

②管道起输量与最高运输量间的幅度小。因此,在油田开发初期,采用管道运输困难时,还要以公路、铁路、水陆运输作为过渡。

管道运输按照运输对象可分为天然气管道运输、原油管道运输、成品油管道运输、煤浆管道运输等。

第三节　运输决策

一、运输方式的选择

运输的主要方式为公路、铁路、水路、航空和管道五种。企业根据对送货速度、频率、可靠性、运载能力和成本的考虑及不同运输方式的可用性作出选择。各种运输方式的对比见表3-1。

表 3 - 1　各种运输方式对比表

运输方式	技术经济特点	运输对象
公路	机动灵活,适应性强,短途运输速度快,能源消耗大,成本高,空气污染严重,占用的土地多	适合于短途、零担运输,门到门的运输
铁路	初始投资大,运输容量大,成本低廉,占用的土地多,连续性强,可靠性好	适合于大宗货物、小件杂货等的中长途运输
水路	运输能力大,成本低廉,速度慢,连续性差,能源消耗及土地占用都较少	适合于中长途大宗货物运输,海运,国际货物运输
航空	速度快,成本高,空气和噪声污染重	中长途及贵重货物运输,保鲜货物运输
管道	运输能力大,占用土地少,成本低廉,连续输送	适合于长期稳定的流体、气体及浆化固体物运输

二、运输路线的选择

选择合理的运输路线对于产品流通范围广、用户分散的企业具有非常重要的意义,在区域内短途、多用户的频繁运输业务方面更是一项重要决策。

(一)运输路线的选择原则

(1)应保证把货物运抵顾客处的时间最短。

(2)应能减少总的运输里程。

(3)应首先保证重要用户得到较好的服务。

(二)运输路线的决策方法

运输路线的决策优化方法主要有:起止点不同的单一问题使用最短路径法;多起点问题使用表上作业法、图上作业法、节约里程法等。

1.最短路径法

对分离的、单个始发点和终点的网络运输路线选择问题,最简单和直观的方法是最短路径法。网络由节点和线组成,点与点之间由线连接,线代表点与点之间运行的成本(距离、时间或时间和距离加权的组合)。初始,除始发点外,所有节点都被认为是未解的,即均未确定是否在选定的运输路线上。始发点作为已解的点,计算从原点开始。

计算方法是:

(1)第 n 次迭代的目标。寻求第 n 次最近始发点的节点,重复 $n = 1, 2, \cdots$,直到最近的节点是终点为止。

(2)第 n 次迭代的输入值。$(n-1)$ 个最近始发点的节点是由以前的迭代根据离始发点最短路线和距离计算而得的。这些节点以及始发点称为已解的节点,其余的节点是尚未解的点。

(3)第 n 个最近节点的候选点。每个已解的节点由线路分支通向一个或多个尚未解的节点,这些未解的节点中有一个以最短路线分支连接的是候选点。

(4)第 n 个最近的节点的计算。将每个已解节点及其候选点之间的距离和从始发点到该已解节点之间的距离加起来,总距离最短的候选点即是第 n 个最近的节点。也就是始发点到达该点最短距离的路径。

2.表上作业法

表上作业法是指用列表的方法求解线性规划问题中运输模型的计算方法。表上作业法的迭代步骤分为：

(1)按某种规则找出一个初始基本可行解。

(2)对现行解作最优性判断，即求各非基本变量的检验数，判别是否达到最优解，如已是最优解，则停止计算，如不是最优解，则进行下一步骤。

(3)在表上对初始方案进行改进，找出新的基本可行解，再按第二步进行判别，直至找出最优解。

3.图上作业法

图上作业法是一种在运输图上求解线性规划运输模型的方法，它是在一张运输交通图上通过一定步骤的规划和计算来完成物资调运计划的编制工作，以便使物资运行的总吨一公里数最小，使物资运费最低，并缩短运输时间的方法。图上作业法的步骤如下：

(1)编制物资平衡表。

(2)根据物资平衡表和收、发点间的相互位置绘制交通图。

(3)交通图绘制好后，即可在其上面进行物资调运，找出初始调运方案，作物资调运流向图。

4.节约里程法

节约里程法又称节约算法或节约法，是用来解决运输车辆数目不确定的问题中最有名的启发式算法。它的核心思想是依次将运输问题中的两个回路合并为一个回路，每次使合并后的总运输距离减小的幅度最大，直到达到一辆车的装载限制时，再进行下一辆车的优化。

节约里程法的步骤如下：

(1)作运输里程表，列出配送中心到用户的最短距离。

(2)按节约里程公式求得相应的节约里程数。

(3)将节约里程按从大到小的顺序排列。

(4)根据载重量约束与节约里程大小，按顺序连接各客户结点，形成两个配送线。

第四节　运输合理化

➤ 一、不合理运输

不合理运输是在现有条件下可以达到的运输水平而未达到，从而造成了运力浪费、运费超支、运输时间增加等问题的运输形式。不合理运输的主要形式有：

1.返程或起程空驶

空驶是指空车无货载行驶，是不合理运输最严重的形式。在实际运输过程中，有时必须调运空车，从管理上不能将其看成不合理运输。但由于调运不当、货源计划不周、不采用运输合理化而形成的空驶，是不合理运输的表现。造成空驶的不合理运输主要有以下几种原因：

(1)能利用社会化的运输体系而不利用，依靠企业的运输车辆送货提货，造成单程空驶的不合理运输。

(2)由于工作失误或计划不周,造成货源不实,车辆空去空回,形成双程空驶。

(3)由于车辆过分专用,没有合理搭运回程货,出现单程回空周转。

2.对流运输

对流运输,也称为"相向运输""交错运输",是指同一种货物,或彼此间可以相互替代而又不影响管理、技术和效益的货物,在同一线路上或平行线路上作相对方向的运送,而与对方运送的全部或一部分货物发生重叠交错的运输。

3.迂回运输

迂回运输是一种舍近取远的运输,本可以选取短距离运输,却选择路程较长路线进行运输的一种不合理形式。迂回运输有一定的复杂性,只有由于计划不周、组织不当、地理不熟而发生的迂回,才属于不合理运输。如果最短距离有道路情况不好、交通阻塞或有对排气、噪音等特殊限制时发生的迂回,不能称为不合理运输。

4.重复运输

重复运输是指原本可以直接将货物运到目的地,但是在未达目的地之处,或目的地之外的其他场所将货卸下,再重复装运送达目的地,或同品种货物在同一地点一面运进,同时又向外运出。重复运输的最大弊病是增加了非必要的中间环节,延缓了流通速度,增加了费用,造成了货损。

5.倒流运输

倒流运输是指货物从消费地或中转地向生产地或起运地回流的一种运输现象。其不合理程度要甚于对流运输,原因在于往返两程的运输都是不必要的,形成了双程的浪费。倒流运输也可以看成是隐蔽对流的一种特殊形式。

6.过远运输

过远运输是指调运物资舍近求远,近处有资源不调而从远处调运,可采取近程运输而未采取,拉长了货物运距的浪费现象。过远运输占用运力时间长、运输工具周转慢、物资占压资金时间长,远距离自然条件相差大又易出现货损,增加了费用支出。

7.运力选择不当

运力选择不当是指没有合理分析各种运输工具的优势,而不正确地利用运输工具造成的不合理现象。其常见有以下若干形式:

(1)弃水走陆。

在同时可以利用水运及陆运时,不利用成本较低的水运或水陆联运,而选择成本较高的公路运输或铁路运输,使水运优势不能发挥,成本增加,收益减少。

(2)铁路、大型船舶的过近运输。

铁路及大型船舶的经济运行里程较长,若采用这些运输方式却进行过近运输,难以发挥其长距离运输降低成本的优势,属于不合理做法。主要不合理之处在于火车及大型船舶起运及到达目的地的准备、装卸时间长,且机动灵活性不足,在过近距离中利用,发挥不了运速快的优势。相反,由于装卸时间长,反而会延长运输时间。另外,和小型运输设备比较,火车及大型船舶装卸难度大、费用也较高。

(3)运输工具承载能力选择不当。

不根据承运货物数量及重量选择,而盲目决定运输工具,造成过分超载、损坏车辆及货物不满载、浪费运力的现象。尤其是"大马拉小车"现象发生较多。由于装货量小,单位货物运输成本必然增加。

8. 托运方式选择不当

托运方式选择不当是指对于货主而言,可以选择最好的托运方式而未选择,造成运力浪费及费用支出加大的一种不合理运输。

9. 超限运输

超过规定的长度、高度、宽度和重量的运输,容易引起货损、车损、公路路面及公路设施的损坏,还会造成严重的事故。

上述的各种不合理运输都是在特定的条件下表现出来的,在进行判断时必须注意其不合理的前提条件,否则就容易出现判断的失误。在实践操作中,应该将各种不合理运输方式放在整个物流系统中作综合判断。在不作系统分析和综合判断时,很可能出现"效益背反"现象。单从一种情况来看,避免了不合理,做到了合理,但它的合理却使其他部分出现不合理。只有从系统角度,综合进行判断才能有效避免"效益背反"现象,从而优化整个物流系统。

二、运输合理化的"五要素"

运输合理化是指按照货物流通规律,组织货物运输,力求用最少的消耗,得到最大的经济效益。即在有利于生产和市场供应及节约流通费用、运力以及劳动力的前提下,使货物运输里程最短、环节最少、速度最快,以最小的损耗和最低的成本,把货物从供给地运送到需求地。

影响物流运输合理化的因素很多,起决定作用的有以下五个方面,称为合理化运输的"五要素"。

1. 运输距离

运输过程中,运输时间、运输费用等若干经济技术指标都与运输距离有一定的关系,运输距离是衡量运输是否合理的一个最基本的因素。

2. 运输环节

每增加一个运输环节,都会增加运输的附属活动,如装卸搬运、包装、流通加工、配送等,各项经济技术指标也会因此发生变化,因此减少运输环节有一定的促进作用。

3. 运输工具

各种运输工具都有其优势和劣势,对运输工具进行优化选择、最大限度地发挥运输工具的特点和作用,是运输合理化的重要环节。

4. 运输时间

在全部物流时间中,运输时间占据着绝大部分,尤其是远距离运输。因此,运输时间的缩短对整个流通时间的缩短起着决定性的作用。此外,运输时间缩短,还有助于加速运输工具的周转,提高运输线路通过能力,充分发挥运力效能,不同程度地改善不合理。

5. 运输费用

运费在全部物流费用中占很大的比例,运费高低在很大程度上决定着整个物流系统的竞争能力。实际上,运费的相对高低,无论对货主还是对物流企业都是运输合理化的一个重要的标志。运费的高低也是各种合理化措施是否行之有效的最重要判断依据之一。

三、运输合理化的有效途径

（一）提高运输工具实载率

实载率有两个含义：一是单车实际载重与运距之乘积和标定载重与行驶里程之乘积的比率，在安排单车、单船运输时，实载率是作为判断装载合理与否的重要指标；二是车船的统计指标，即一定时期内车船实际完成的货物周转量占车船载重吨位与行驶公里之乘积的百分比。

提高实载率可以充分利用运输工具的额定能力，减少车船空驶和不满载行驶的情况，减少浪费，从而实现运输的合理化。

（二）增加单位货物的运输能力

运输应该尽量做到少投入、多产出，走高效益之路。运输的投入主要是能耗和基础设施的建设，在设施建设完成的情况下，尽量减少能源投入，节约运费，降低单位货物的运输成本，达到合理化的目的。

1.满载超轴

采取加长列车、多挂车皮等办法，在不增加机车情况下增加运输量。

2.水运拖排和拖带法

竹、木等物资的运输，利用竹、木本身浮力，不用运输工具载运，采取拖带法运输，省去运输工具本身的动力消耗从而实现合理化运输；将无动力驳船编成一定队形，一般是"纵列"，用拖轮拖带行驶，具有比船舶载乘运输运量大的优点，实现合理化运输。

3.顶推法

顶推法是内河货运采取的一种有效方法。它是将内河驳船编成一定队形，由机动船顶推前进的航行方法。其优点是航行阻力小、速度较快、顶推量大、运输成本低。

4.汽车挂车

汽车挂车的原理和船舶拖带、火车加挂基本相同，都是在充分利用动力能力的基础上，增加运输能力。

（三）建立社会运输体系

运输社会化的含义是发挥运输的社会优势，实行专业分工，打破一家一户自成运输体系的状况，充分利用各种社会资源，实现运输的合理化。一家一户的运输小生产，车辆自有，自我服务，不能形成规模，且一家一户的运量和需求有限，难以自我调剂，因而经常容易出现空驶、运力选择不当、不能满载等浪费现象，且配套的接发货设施、装卸搬运设施也很难有效地运行，所以浪费颇大。

实行运输社会化，可以统一安排运输工具，避免空驶、对流倒流、运力选择不当等多种不合理形式，不但可以追求规模效益，而且可以追求组织效益，所以发展社会化的运输体系是运输合理化的重要手段。

（四）开展"以公代铁"的运输途径

该种运输合理化的表现主要有两点：一是对于相对紧张的铁路运输来说，用公路分流后，可以得到一定程度的缓解，从而加大这一区段的运输通过能力；二是充分利用公路的"门到门"运输和在中途运输中速度快且灵活机动的优势，实现铁路运输服务难以达到的水平。

（五）发展直达运输

直达运输是追求运输合理化的重要形式，其对合理化的追求要点是通过减少中转换载，从而提高运输速度，节省装卸费用，降低中转货损。直达的优势，尤其是在一次运输批量和用户一次需求量达到了一整车时表现最为突出。另外，在生产资料、生活资料运输中，通过直达，建立稳定的产销关系和运输系统，也有利于提高运输的效率，考虑用最有效的技术来实现这种稳定运输，从而大大提高运输效率。

特别需要注意的是，如同其他合理化措施一样，直达运输的合理性也是在一定条件下才会表现出来，不能绝对认为直达一定优于中转，这要根据用户的要求，从物流总体出发作综合判断。如果从用户需要量看，批量大到一定程度，直达是合理的，批量较小时中转是合理的。

（六）配载运输

配载运输是充分利用运输工具的载重量和容积，合理安排装载的货物及载运方法，实现合理化的一种运输方式。配载运输也是提高运输工具实载率的一种有效形式。配载运输往往是轻重商品的混合配载，在以重质货物运输为主的情况下，同时搭载一些轻泡货物，在基本不增加运力投入的情况下，在基本不减少重质货物运输的情况下，实现了运输合理化的目标，因而效果显著。

（七）"四就"直拨运输

"四就"直拨是减少中转运输环节，力求以最少的中转次数完成运输任务的一种形式。一般批量到站或到港的货物，首先要进分配部门或批发部门的仓库，然后再按程序分拨或销售给用户。这样一来，往往出现不合理运输。"四就"直拨，首先是由管理机构预先筹划，然后就厂或就站（码头）、就库、就车（船）将货物分送给用户，而不需要再次入库。

（八）发展特殊运输技术和运输工具

依靠科技进步发展运输技术和运输工具是运输合理化的重要途径。"滚装船"解决了车载货的运输问题，集装箱船比一般船能容纳更多的箱体，集装箱高速直达车船加快了运输速度等，都是通过采用先进的科学技术实现合理化。

（九）通过流通加工，使运输合理化

有不少产品，由于产品本身形态及特性问题，很难实现运输的合理化，如果进行适当加工，就能够有效解决合理运输问题。

案例

UPS 的航空运输之路

1929 年 UPS 开办了"联合航空邮件快递"，通过到西海岸的主要城市的飞机，提供包裹递送。但由于 1929 年全球股票市场崩溃和经济危机，航空服务在仅开展了八个月后中断。直到 20 世纪 30 年代才带来了新的增长点。UPS 在西海岸所有主要城市提供递送服务，并在纽约以合并递送服务建立了新的立足点。也在此时，UPS 采用了"联合包裹服务"这个名称。"联合"是因为货运是以合并方式进行的；"服务"是因为"服务是所有我们必须提供的"。UPS所有交通工具的颜色都是在美国很熟悉的火车卧铺车厢的颜色——棕色，这是查理·索得斯特朗（Charlie Soderstrom）选择的，因为这种颜色整洁、可靠并且具有专业性。

20世纪40年代至50年代间的变化趋势,促使UPS对自己重新进行定位。由于二战期间的燃料和橡胶的短缺,零售商开始鼓励顾客自己运送包裹,而不是由零售商运送。因为大批人口移居到郊区,而郊区有着大量新建的购物中心,因为这些购物中心附近有足够的停车位,这就让顾客可以将包裹载回家,战后这种趋势一直持续。直到20世纪50年代的早期,来自零售商的订单服务是很有限的。UPS的管理者开始寻找新的机会。他们决定通过获得"公用货运公司"的权利为所有地址递送包裹,以拓展他们的服务。这一决策将UPS直接置于与"美国邮政服务"竞争的地位。

1953年,UPS重新开始了空运服务,提供东西海岸主要城市间的空运服务。运输机满载包裹,使用固定安排好的航线,称为"UPS蓝色标签航线"的服务迅速增长,直到1978年,包括阿拉斯加和夏威夷在内的所有州都有了这项服务。20世纪80年代,对航空包裹快递业务需求量的增加以及联邦政府对航空业管制的解除为UPS创造了新的机会。为了确保服务的可靠性,UPS开始组建自己的喷气机货运机队,这是同行业中最大的一支。随着需求量的猛增,UPS开始发展昼夜航空递送业,到1985年,UPS在所有48个州和波多黎各实现了次日递送服务,阿拉斯加和夏威夷后来也加入进来。UPS将美国和欧洲六国连接了起来,开始了具有国际性航空包裹及文件递送服务的新纪元。

1988年,UPS得到了来自FAA(联邦飞行管理部门)的授权,允许其经营自己的飞机。这样,UPS便正式成为了一家航空公司。招募到最优秀的人才后,UPS将很多文化和流程整合在一起,建成了衔接紧密、配合默契的UPS航空公司。UPS航空公司是FAA历史上成长最快的航空公司,在短短的一年多时间内,形成具有所有必备技术和支持系统的庞大规模。UPS航空公司以其在世界上最先进的信息系统而闻名,如COMPASS(计算机化操作监视、计划和调度系统),为航班的计划、调度和负荷处理提供信息。该系统能够提前六年设计出最优化的航班调度,是业内独一无二的。

20世纪80年代,UPS在185个国家和地区进行国际性小包裹快递服务,范围跨越大西洋和太平洋。UPS通过国际性的服务,为40亿人提供服务,这个数字是通过电话网络服务人数的两倍。

伴随地面货件的运送,UPS每天平均处理130万航空包裹,包括隔日和次日递送包裹和文件。为满足如此大的递送数量,UPS建立了位于全球的"空中集散中心"系统。在肯塔基州的路易斯维尔市,UPS的主要航空中心,每晚有超过60架次的飞机起飞、着陆。

复习思考题

一、填空题

1. 运输的特点包括:空间位移、非储存性、＿＿＿＿＿＿＿＿。

2. 运输按运输线路分为干线运输、＿＿＿＿＿＿＿、二次运输、厂内运输。

3. ＿＿＿＿＿＿＿,是指同一种货物,或彼此间可以相互替代而又不影响管理、技术和效益的货物,在同一线路上或平行线路上作相对方向的运送,而与对方运送的全部或一部分货物发生重叠交错的运输。

二、单项选择题

1. ＿＿＿＿＿＿＿是在公路上运送旅客和货物的运输方式,是交通运输系统的重要组成部分,主要承担短途客货运输。

    A. 公路运输   B. 铁路运输   C. 水路运输   D. 航空运输

2.合理化运输的五要素中不包括_____。

A.运输距离　　B.运输环节　　C.运输时间　　D.运输效率

三、简答题

1.简述运输的作用。

2.简述运输路线的选择原则。

3.简述运输路线的决策方法。

4.简述运输合理化的有效途径。

第四章

仓储

减少库存,降低库存成本,追求零库存,是仓储管理的理想境界,也是企业挖掘"第三利润源"的重心所在。

知识目标

1. 了解仓储的概念、功能、分类
2. 掌握仓储决策和作业管理的主要内容
3. 掌握库存合理化的主要途径
4. 掌握自动化立体仓库的优缺点

技能目标

1. 掌握仓储的合理化途径
2. 掌握库存管理的管理方式
3. 掌握自动化立体仓库的设计

关键概念

仓储;仓储合理化;仓储决策;仓储作业管理;库存;库存管理;ABC 管理法;定量订货法;定期订货法;JIT;MRP;自动化立体仓库

第一节　仓储概述

➤一、仓储的概念

"仓"即仓库,是存放、保管、储存物品的建筑物和场地的总称,可以是房屋建筑、洞穴、大型容器或特定的场地等,具有存放和储存物品的功能。"储"即储备、储存,表示收存以备使用,具有收存、保管、交付使用的意思。

仓储(warehousing)就是指在特定的场所存储物品的行为,是通过仓库对暂时不用的物品进行储存和保管。储存是指保护、管理、贮藏物品;保管是指对物品进行保存和数量、质量管理控制的活动。

仓储是集中反映工厂物资活动状况的综合场所,是连接供应、生产、销售等环节的中转站,对促进生产提高效率起着重要的辅助作用。

仓储是产品生产、流通过程中因订单前置或市场预测前置而使产品、物品暂时存放的物流活动。它是集中反映工厂物资活动状况的综合场所,是连接供应、生产、销售的中转站。仓储是物流、信息流、单证流的有机结合体。

➤二、仓储的功能

1. 移动功能

移动功能又可被细分成几种活动,具体包括:接收、中转或入库、拣选、交叉收货、装运。

(1)接收:包括从运输工具上卸下产品,更新仓库存货记录,检查产品损坏情况,根据订单核对商品数量和装运记录。

(2)中转或入库:包括将产品移入仓库存储,移动到专业服务区域进行合并,移动到装运指定地点进行装运。

(3)拣选:是主要的移动活动,包括重组产品,满足客户需求。

(4)交叉收货:将产品直接从接收地点转运至装运地点,从而不需要存储,单纯的交叉收货运作可避免存储和拣选。信息传递将因为紧密协调装运而变得极为重要。

(5)装运:作为移动的最后活动,包括将产品集结并移动到运送设备上,调整库存记录,检查装运订单等。它也可能包括为特定客户进行理货包装。产品被放在盒内、箱内或者其他容器内,放在托盘上,并做上必要的装运信息标记,如产地、目的地、托运人、收件人及所含内容。

2. 存储功能

存储是仓储的第二个功能,可被临时或半永久地执行。临时存储强调仓库的移动功能,只存储需要补货的产品。不管实际库存周转率是多少,都需要进行临时存储,临时存储的范围依赖于物流系统的设计和前置期及需求变动性。交叉收货的一个目标就是只利用仓库的临时存储功能。

半永久性存储是对正常补货需求之外的存货进行存储。这些存货被当做缓冲器或者安全库存。导致半永久性存储的最常见的情况有:①季节性需求;②不确定性需求;③投机或提前购买;④水果和肉类的产品;⑤数量折扣等特殊交易。

知识链接

特殊货物仓储

1. 危险品

危险品是指在流通中,由于本身具有的燃烧、爆炸、腐蚀、毒害及放射等性能,或因振动、摩擦、撞击、暴晒或温、湿度等外界的影响,容易造成人身伤亡和财产毁损的特殊货物。主要有化工原料、化学试剂和部分医药、农业杀虫剂及杀菌剂等。危险品的特征是具有危害性从而造成人身伤亡和财产毁损。

2. 油品

油品是指原油、成品油(汽油、柴油、煤油等)和液化石油气等。油的特点是易燃烧、易爆炸、易蒸发、易带电、易膨胀、易流动、易渗透、易漂浮等。油品的这些特征决定了其物理性质很不稳定,从而给油品的储存和运输带来诸多不安全因素。

3. 信息传递功能

仓储的第三个主要功能是信息传递,与移动和存储同时发生,管理者总是需要及时准确的信息,以有效管理仓储活动。库存水平、产量水平、库存位置、输入或输出运输、客户数据、仓库空间的利用等信息对仓库的科学管理起着至关重要的作用。现代企业越来越依赖于用 EDI 和条形码进行信息传递,它们能提高信息传递的速度和精度。

三、仓储的分类

(一)按仓储在社会再生产中的作用分类

1.生产储存

生产储存是指生产企业为了保持生产的正常进行而储备的物资。它一般包括原材料、燃料、零部件储存及半成品储存、产成品储存。

2.流通仓储

流通仓储是指为了保证再生产的进行,而保持在流通领域的物品的暂时停滞。

3.国家储备

国家储备是指国家有关机构代表国家为全国性特殊原因所建立的物资储备。它包括国家的当年储备、国家的战略储备物资(战略储备物资的主要对象是粮食、武器、有色及稀有金属、贵金属等)、国家的防灾保险储备等。

(二)按仓储的集中程度分类

1.集中仓储

集中仓储是指将较大数量的物品集中于一个场所的仓储方式。该方式有利于在仓储中采用自动化、机械化的设施,有利于先进科学技术的运用。集中仓储可以取得规模效益,降低单位仓储费用,增加经济效益,但该方式的投资较大,管理难度也较大。

2.分散仓储

分散仓储是指仓储地点分布较广,每个仓储点的储存数量较低,它往往是生产企业、流通企业自己进行的仓储,不是面向社会的仓储。其特点是,易与需求紧密结合,储存位置离需求很近,但由于库存数量有限,保证供应的能力较小,且无法取得规模经济效益。

四、仓储合理化

1.实行 ABC 管理

由于在仓库中一般储存的物资品种繁多,在管理过程中必须根据具体情况实行重点管理,才能取得确实效果,一般采用 ABC 管理可以达到预期要求。ABC 管理就是把物品分为三类,将占总数 10% 左右的高价值的货物定为 A 类,占总数 70% 左右的价格低的物品定为 C 类,A、C 之间的 20% 则为 B 类。在库存管理中应区别对待各类物品,A 类物品应在不发生缺货条件下尽可能减少库存,实行小批量、多批次订货,每月盘点;C 类则可制定安全库存水平,进行一般管理,订货批量大,年终盘点;对 B 类则在两者之间,半年盘点一次。

除按价值分类外,还可以根据销售难易程度、缺货产生的后果等因素进行 ABC 分类,或者综合几种因素进行分类。总之,要符合仓库管理的目标和仓库本身的具体情况。

2.应用预测技术

市场销量的估计和出库量的估计等都需要正确预测,这是库存管理的关键环节。由于库存量和缺货率是相互制约的因素,因此要在预测的基础上,正确制定库存方针,使库存量和缺货率协调,取得最佳效果。但是在预测过程中不可过分依赖数据,因为预测是以过去的数据为基础进行的,而真正的市场销量具有不确定性,预测计算和实际情况会有一定出入,在预测时应尽可能依据最新的数据和信息。另外,订货周期和供货延迟期要尽量缩短,这样可以提高预测的可靠性。

3. 实施库存控制

库存控制主要是对库存量进行控制,库存量过多将会招致许多问题,如占压过多的流动资金,并为此付出相应的利息。存货过多则仓库的各种费用,如仓储费、保险费、劳务费也会增加;此外,还会导致物品变质、过时、失效等损失。为了避免以上问题,降低库存又会出现缺货率上升的风险。因此,库存控制应综合考虑各种因素,满足以下三个方面的要求:考虑降低采购费和购入价等综合成本;减少流动资金、降低盘点资产;提高服务水平,防止缺货。

五、仓储的作用

1. 仓储是确保社会再生产顺利进行的必要条件

商品从生产领域向消费领域转移过程中,一般都要经过商品的仓储阶段。这主要是由于商品生产和消费在时间、空间以及品种和数量等方面不同步而引起的。尤其在现代化大生产的条件下,随着生产的发展,专业化程度的不断提高,社会分工越来越细,进一步扩大了这种不同步造成的矛盾。因此,不能在仓储活动中采取简单地把商品生产和消费直接联系起来的办法,而需要对复杂的仓储活动进行计划、组织、协调、控制,扩展各部门、各生产单位之间相互交换产品的深度和广度,在流通过程中不断进行商品品种上的组合,在商品数量上不断加以集散,在时间和空间上进行合理安排。搞好仓储活动,能够有效发挥仓储连接生产与消费的桥梁和纽带作用,克服生产者之间、生产者与消费者之间在商品生产与消费地理上的分离,协调商品生产与消费时间上的不一致,调节商品生产与消费在方式上的差异,使社会简单再生产和扩大再生产能建立在一定的商品资源的基础上,保证社会再生产的顺利进行。

2. 仓储是保持库存商品原有使用价值和保证商品合理使用的重要手段

任何一种商品,当它生产出来以后至被消费之前,由于其本身的性质、所处的条件以及自然的、社会的、经济的、技术的因素,都可能在数量上减少、质量上降低,如果不采取必要的措施,就不可避免地使商品受到损害。因此,必须进行科学管理,加强对商品的养护,搞好仓储活动,保护好处于暂时停滞状态的商品,使商品的使用价值尽可能不发生变化。同时,仓库能使商品流向、分配、供料更为合理,提高工作效率,使有限的商品资源发挥最大的效用。

3. 仓储是提高经济效益的有效途径

仓储活动是物品在社会再生产过程中必然会出现的一种形态,对整个社会再生产,对国民经济各部门、各行业生产经营活动的顺利进行,都有着重要的作用。然而,在仓储活动中,为了保证商品的使用价值在时间和空间上顺利转移,必然要消耗一定的物化劳动和活劳动。尽管这些合理费用的支出是必要的,但由于它不能创造使用价值,因此,在保证商品使用价值不发生变化的前提下,费用支出越少越好。搞好仓储活动,就可以减少商品在仓储过程中的物质耗损和劳动消耗,加速商品的流通和资金的周转,从而节省费用支出,降低物流成本,提高企业效益和社会效益。

第二节　仓储决策与作业流程管理

➤ 一、仓储决策

在企业的仓储管理中,仓库是进行仓储活动的主体设施。仓库的产权、数量、规模、选址、布局以及存货内容等方面是最基本也是最重要的决策,它直接影响仓库资源的配置能力。

(一)仓库产权决策

企业仓储决策的第一项内容就是仓库产权,即选择自有仓库(企业建造或购买仓库),还是公共仓库或营业仓库。一个企业是自建仓库还是租赁公共仓库、营业仓库需要考虑多方面因素,如周转总量、需求的稳定性、市场密度等。

(二)仓库数量决策

只有单一市场的中小规模的企业通常只需一个仓库,而产品市场遍布各地的大规模企业,需要经综合权衡各类影响因素才能正确选择合理的仓库数量。具体考虑的因素包括:总成本、顾客服务、运输能力、小批量顾客、计算机的应用、单体仓库的规模等。

(三)仓库规模决策

仓库规模是指仓库能够容纳的货物的最大数量或总体积。直接影响仓库规模的因素是商品储存量,商品储存的时间或商品周转的速度也影响仓库的规模。仓库长度、宽度、高度、面积和仓库层数是反映仓库规模和仓储能力的重要参数。

📚 知识链接

(1)建筑面积:是指仓库建筑所占的平面面积,包括使用面积、辅助面积和结构面积。

(2)使用面积:是指仓库建筑物内可供使用的净面积,一般是建筑面积扣除外墙、库内立柱、间隔墙等所剩的面积。

(3)有效面积:是指仓库内实际存放物品所占的面积,包括货架、货垛等所占面积的综合。

确定仓库面积考虑的因素主要有:物资储备量、平均库存量、仓库吞吐量、货物品种数、仓库作业方式、仓库经营方式等。

仓库层数的确定主要考虑的因素有:在土地十分充裕的条件下,从建筑费用、地面利用率、装卸效率等方面衡量,以建筑平房仓库为最好;若土地不充裕时,则可采用二层或多层仓库。

仓库高度的确定主要考虑的因素有:库房的类型、储存货物的品种和作业方式等因素。层高或梁下高度应根据托盘货架高度、托盘堆码高度、叉车及运输设备等确定。

(四)仓库的选址决策

仓库选址是指运用科学的方法选择仓库的地理位置。仓库选址主要包括两个方面的内容:一是选位;二是定址。在仓库的实际选址中,需要考虑几方面的因素:客户条件、自然地理条件、运输条件、用地条件、法规制度条件等。

(五)仓库布局决策

仓库布局决策是对仓库内部货架位置、过道大小、配备设备及设施等实物布局进行决策。

仓库布局决策的目的是充分利用仓库空间,提高存货的安全性,有效利用装卸搬运设备,提高仓库的运作效率和服务水平。

仓库布局要根据仓库作业的程序,方便仓库作业,有利于提高作业效率;要尽可能减少储存物资及仓储人员的运动距离,以提高仓储劳动效率,节约仓储费用;仓库内部的合理布局要有利于仓库作业时间的有效利用,避免各种无效重复工作,避免各种时间上的延误,各个作业环节要有机衔接,尽量减少人员、设备的怠工,防止物资堵塞;仓库内部的合理布局要有利于充分利用仓库面积和建筑物的空间,杜绝仓库面积和建筑物空间上的浪费,提高仓库的利用率,增加仓库的经济效益;仓库的合理布局要有利于充分发挥仓库的各种设施、储运机具,提高设备效率和劳动效率;仓库的合理布局还要有利于包括仓储物资、仓储人员和仓储设施、仓储机具在内的整个仓库的安全。

仓库内部布局的影响因素主要有:仓库的主要功能、储存的对象、货位是否固定、通道与货架占用空间、平面或立体布局、分拣作业要求、物品存储布局。

物品可以按照它们的兼容性、使用频率和区别性来进行分组。应该在仓库中留出一部分的空间,用于物品的包装、装卸、搬运、分拣和配货等工作。仓库处理设备应当能够满足大多数库存物资的操作要求,这样可以提高物资运输的效率,如设备无法满足要求就应该被重新设计或重新配置。

仓储内物资的存储区域应当按照存储物资的周转速度和产品大小尺寸来进行设计,而不是单纯地、片面地设计所有的存储货架和仓储工具,最大限度地使用仓库内部空间。

(六)存货内容决策

如果企业有多个仓库,就需要对每个仓库的储存对象、性质、功能等进行决策,具体需要考虑的内容有:是否所有仓库都储存全部产品;是否每个仓库具有某种程度的专用性;是否将专门存储与通用存储相结合。这些决策对于提高仓库运作效率非常重要。

二、仓储作业管理

仓库作业管理包括商品从入库到出库之间的装卸、搬运、仓库布局、储存养护和流通加工等一切与商品实务操作、设备、人力资源相关的作业。

(一)货物入库管理

货物入库的整个过程包括货物接运、验收和办理入库手续。

(1)货物接运的主要任务是及时准确地从运输车辆上将货物卸载入库。

(2)货物验收的主要工作是验收准备、核对证件、进行购买订单核对、实物检验、处理验收发生的问题、货物入库登记。

(3)入库是将货物从收货装卸平台移动到仓库的存储区。该过程包括确认产品、分配产品的储存位置;将产品移到合适的位置;更新仓库的储存记录,使之反映货物的接收及其在仓库中的位置。

(二)货物的保管

物品进入仓库进行保管,需要安全、经济、有效地保持好物品原有的使用价值和质量水平,防止由于不合理保管所引起的物品磨损、变质或者流失等现象。其具体步骤包括几个方面:分区、分类、货位编号、货物堆码、盘点、养护。

（1）分区是指将性质相类似的货物作为一个单元存放于仓库建筑物中。

（2）分类的方法有：按货物种类和性质分区；按货物流向分区；按不同货主分区；按货物危险性质分区。

（3）货位编号可根据仓库的库房、货场、货架和货棚等存货场所划分若干货位，按其地点和位置的顺序排列，采用统一规定的顺序编号。

（4）货物堆码的方式主要有：散堆方式、堆垛方式、货架方式、成组堆码方式。

（5）货物的盘点对账是定期或不定期核对库存物资的实际数量与货物保管账上的数量是否相符，检查有无残缺或质量问题。盘点分为定期盘点和不定期盘点。定期盘点一年 1～2 次；不定期盘点一年 1～6 次；每日每时盘点一日 1～3 次。盘点的方法有以下几种：一齐盘点法、分区盘点法、循环盘点法、日常循环盘点法。

（6）在货物保养的各个环节中必须抓好五个方面的工作：安排适宜的保管场所；做好货物在库质量检查工作；认真控制库房温湿度；保持仓库的清洁卫生；健全仓库货物养护组织结构。

仓储的保管原则是：面向通道进行保管；尽可能地向高处码放，提高保管效率；根据物品重量安排保管的位置；依据形状安排保管方法；同一品种在同一地方保管；根据出库频率选定位置；依据先进先出的原则。

（三）货物的出库

商品出库方式有两种：送货和自提。商品出库作业包括发货前准备和发放商品出库。

发货检查包括：确定按传票规定量发货，既不多发，也不少发；确认应发货的对象；确认发货的品种；检查所发商品及商品的质量；确定发货时间和发货顺序；核对运货车与发放商品。

第三节　库存管理

一、库存的概念

库存（inventory），是仓库中实际储存的货物。库存可以分为两类：一类是生产库存，即直接消耗物资的基层企业、事业单位的库存物资，它是为了保证企业、事业单位所消耗的物资能够不间断地供应而储存的；一类是流通库存，即生产企业的成品库存、生产主管部门的库存和各级物资主管部门的库存。此外，还有特殊形式的国家储备物资，它们主要是为了保证及时、齐备地将物资供应或销售给基层企业、事业单位的供销库存。库存可以分为以下几种类型：

1. 周转库存

周转库存是指为满足日常生产经营需要而保有的库存。周转库存的大小与采购量直接有关。企业为了降低物流成本或生产成本，需要批量采购、批量运输和批量生产，形成周期性的周转库存，这种库存随着每天的消耗而减少，当降低到一定水平时便需要补充库存。

2. 安全库存

安全库存是指为了防止不确定因素的发生而设置的库存。安全库存的大小与库存安全系数以及库存服务水平有关。从经济角度来看，安全系数应确定在一个合适的水平上。

3. 调节库存

调节库存是指用于调节供给与需求之间的不均衡、生产速度与供应的不均衡以及各个生产阶段产出的不均衡而设置的库存。

4. 在途库存

在途库存是指处于运输以及停放在相邻两个工作或相邻两个组织之间的库存,在途库存的大小取决于运输时间以及该期间内的平均需求。

二、库存合理化

库存把采购、储存和销售等企业经营的各个环节连接起来,对企业的整体运营起到了桥梁和纽带的作用。但企业不同的部门对库存的要求有所不同,库存管理部门希望尽量保持最低库存水平以减少资金占用,节约成本;采购部门希望通过大批量、小批次采购来获得价格优惠;销售部门、用料部门希望库存量足够多,满足客户需要;运输部门希望多运输,提高效益和效率,因此在实际工作中应尽量实现库存的合理化。所谓库存合理化,就是指用最经济的方法和手段从事库存活动。库存合理化包括:合理储存量、合理储存结构、合理储存时间、合理的仓储网点。

1. 合理的储存量

合理的储存量是指在下一批商品到来之前,能保证此期间商品正常供应的数量。影响合理储存量的因素有:①社会需求量(与合理储存量成正比);②商品再生产时间(与合理储存量成正比);③交通运输条件(与合理储存量成反比);④管理水平和设备条件要合理。

2. 合理的储存结构

合理的储存结构是指既要满足供给总量,又要满足市场需求变化的商品品种、规格的合理比例。

3. 合理的储存时间

合理的储存时间受销售时间的影响,销售时间快,则储存时间就短。物流部门要随时了解生产、销售情况,以促进生产、扩大销售、加速周转等。另一方面,受商品自然属性的影响,合理的储存时间可以保证商品安全,减少损失、损耗等问题的出现。

4. 合理的仓库网点

合理的仓库网点主要表现在对仓库数量的决策和仓库的选址上。仓库数量的多少主要与成本、客户要求的服务水平、运输服务水平、中转供货的比例、单个仓库的规模、计算机网络的应用等因素有关。仓库选址会大大影响企业的成本包括固定成本和可变成本。仓库的选址一方面要考虑仓库本身建设和运行的综合成本,另一方面还要考虑今后的运送速度。

三、库存管理概述

(一)库存管理的概念

库存管理是指对制造业或服务业生产、经营全过程的各类物品以及其他资源进行管理和控制,使其储备保持在经济合理的水平,是企业根据外界对库存的要求与订购的特点,预测、计划和执行一种库存的行为,并对该行为进行控制。

库存管理基于两点考虑:一是用户服务水平,即在正确的地点、时间,有足够数量的合适商品;二是订货成本与持有成本。库存管理的目标是在成本的合理范围内,达到满意的顾客服务水平。为达到该目标,决策者努力使库存平衡,并做出两项基本决策:订货时机与订货数量。库存管理的作用主要体现在企业经营和物流管理中。

（二）库存管理的功能

（1）保证适当的库存量，节约库存费用。

（2）降低物流成本。用适当的时间间隔补充与需求量相适应的合理的货物量以降低物流成本，消除或避免由于销售波动造成的成本浪费。

（3）保证生产的计划性、平稳性，以消除或避免销售波动的影响。

（4）储备功能。当商品价格下降时大量储存，减少损失，用来应对各种突发灾难。

（5）通过库存管理缩短从接受订单到送达货物的时间，以保证优质服务，同时还可以有效地预防脱销。

随着计算机和网络通信技术的发展及全球经济一体化的推进，库存管理呈现出向计算机化、网络化、整合化和零库存方向发展的趋势。

（三）库存管理的管理方式

库存管理的管理方式主要有 ABC 管理法、定量订货法、定期订货法、JIT 库存管理方法和 MRP 库存管理技术、供应商管理库存、客户管理库存、联合库存管理等。

1. ABC 管理法

ABC 管理法又称为 ABC 分类法，该方法以某类库存物资品种数占物资品种数的百分数和该类物资金额占库存物资总金额的百分数大小为标准，将库存物资分为 A、B、C 三类，进行分级管理。

ABC 分类法是由意大利经济学家维尔弗雷多·帕累托首创的。1951 年，管理学家戴克（H. F. Dickie）将其应用于库存管理，命名为 ABC 法。1951—1956 年，约瑟夫·朱兰将 ABC 法引入质量管理，用于质量问题的分析，被称为排列图。1963 年，彼得·德鲁克将这一方法推广到全部社会现象，使 ABC 法成为企业提高效益普遍应用的管理方法。

📚 **知识链接**

1879 年，维尔弗雷多·帕累托在研究个人收入的分布状态时，发现少数人的收入占全部人收入的绝大部分，而多数人的收入却只占一小部分，他将这一关系图表示出来，就是著名的帕累托图。该分析方法的核心思想是在决定一个事物的众多因素中分清主次，识别出少数的、但对事物起决定作用的关键因素和多数的、但对事物影响较小的次要因素。后来，帕累托法被不断应用于管理的各个方面。

ABC 管理法是根据库存商品在一定时期内的价值、重要性及保管的特殊性，通过对所有库存商品进行统计、整理，按大小顺序排列、分类，找出主要矛盾和次要矛盾，然后抓住重点进行管理的一种科学有效的库存控制方法。它把品种少、占用资金多、采购较难的重要商品归为 A 类；把品种较多、占用资金一般的商品归为 B 类；把品种多、占用资金少、采购较容易的次要商品归为 C 类，然后分别采用不同的管理方法。A 类商品在订货批量、进货时间、库存储备等方面，采用最经济的方法，实行重点管理、定时定量的方法供应，严格控制库存；B 类商品采用一般控制的方法，实行定期订货，批量供应；C 类商品则采用固定订货量等简便的方法进行管理。

ABC 管理法是仓储管理中常用的方法，也是经济工作中的一种基本工作和认识方法。ABC 管理法的应用，压缩了总库存量，解放了被占压的资金，使库存结构合理化，节约了管理成本。

2. 定量订货法和定期订货法

定量订货法是指当库存量下降到预定的最低库存量(订货点)时,按规定数量进行订货补充的一种库存控制方法。其基本原理是:当库存量下降到订货点时,即按预先确定的订货批量发出订货单,经过交纳周期,库存量继续下降,到达安全库存量时,收到订货,库存水平上升。

定期订货法是指按照预先确定的订货时间间隔进行订货,以补充库存的一种库存控制方法。其基本原理是:每隔一个固定的时间周期检查库存商品的储备量,根据盘点结果与预定的目标库存水平的差额确定每次订购批量。

定量订货法与定期订货法的区别是:

①订货点的标准不同。定量订货法提出订货点的标准是,当库存量下降到预定的订货点时,即提出订货请求;而定期订货法提出订货点的标准是,按预先规定的订货间隔周期,到该订货的时点即提出订货请求。

②订货批量不同。定量订货法每次订购商品的批量相同,都是事先确定的经济批量;而定期订货法每到规定的请求订货期,订购的商品批量都不相同,可根据库存的实际情况计算后确定。

③管理程度不同。定量订货法要求仓库作业人员对库存商品进行严格控制、精心管理、经常检查、详细记录、认真盘点;而定期订货法对库存商品只要求进行一般的管理、简单的记录,不需要经常检查和盘点。

④适用范围不同。定量订货法适用于品种数量少、平均占用资金大的、需重点管理的 A 类商品;而定期订货法适用于品种数量大、平均占用资金少的、只需一般管理 B 类、C 类商品。

3. MRP 库存控制法

物料需求计划(material requirement planning,MRP),是由美国著名的生产管理和计算机应用专家欧·威特和乔·伯劳士在 20 世纪 60 年代对二十多家企业进行研究后提出的。该方法是生产管理专家在结合生产经验和计算机数据处理优势的基础上研制的,较为实用,因而得到美国生产与库存管理协会的大力推广,并迅速运用于美国企业中。

MRP 是在订货点法基础上发展形成的一种新的库存计划与控制方法,是建立在计算机基础上的生产计划与库存控制系统。MRP 是指根据产品结构各层次物品的从属和数量关系,以每个物品为计划对象,以完工时期为时间基准倒排计划,按提前期长短区别各个物品下达计划时间的先后顺序,是一种工业制造企业内物资计划管理模式。MRP 是指根据市场需求预测和顾客订单制订产品的生产计划,然后基于产品生成进度计划,形成产品的材料结构表和库存状况,通过计算机计算所需物资的需求量和需求时间,从而确定材料的加工进度和订货日程的一种实用技术。

一般来说,MRP 要回答三个问题:需要什么,需要多少,什么时候需要。其主要内容包括主生产计划、客户需求管理、库存记录、原材料计划。其中客户需求管理包括客户订单管理和销售预测,将实际的客户订单数与科学的客户需求预测相结合,可以得出客户需要什么,需求多少。

尽管 MRP 的目标是将库存保持在最低水平,同时保证及时供应所需物品,但是 MRP 仍存在一些缺陷,如没有考虑到生产企业现有的生产能力和采购在有关条件下的约束。因此,计算出来的物料需求的日期有可能因工时和设备的不足而无法生产,或者因原料的不足而无法正常生产。同时,它也缺乏根据计划实施情况的反馈信息对计划进行调整的功能。

为了解决以上问题,MRP 系统在 20 世纪 70 年代发展为闭环 MRP 系统。闭环 MRP 系统除了物料需求计划外,还将生产能力需求计划、采购作业计划和车间作业计划也全部纳入 MRP,形成一个封闭的系统。在闭环 MRP 系统中,关键工作中心的负荷平衡称为资源需求计划,或称为粗能力计划,它的计划对象为独立需求件,主要面向的是主生产计划(MPS);全部工作中心的负荷平衡称为能力需求计划,或称为详细能力计划,而它的计划对象为相关需求件,主要面向的是车间。由于 MRP 和 MPS 之间存在紧密的内在联系,因此,资源需求计划与能力需求计划之间也是一脉相承的,后者是在前者的基础上进行计算的。

闭环 MRP 的基本目标是满足客户和市场的需求,因此在编制计划时,不考虑能力约束而先保证计划需求。能力需求计划的运算过程就是把物料需求计划订单换算成能力需求数量,然后生成能力需求报表。

MRP Ⅱ 的基本思想就是把企业作为一个有机整体,从整体最优的角度出发,运用科学方法对企业各种制造资源和产、供、销、财各个环节进行有效的计划、组织和控制,使它们协调发展。

MRP Ⅱ 的特点是:计划的一贯性与可行性;模拟预见性;动态应变性;数据共享性;管理的系统性;物流、资金流的统一。

MRP Ⅲ 是在 MRP Ⅱ 的基础上,增加了准时生产(JIT)、专家系统(ES)、并行工程(CE)等内容,使工艺设计、工程设计、工程管理、生产制造等功能有机结合在一起的一种先进生产系统。MRP Ⅲ 把生产计划技术和工艺流程设计、工程设计、智能决策等进一步集成,加强了物资资源配置技术的功能和技术含量,进入一个全新的阶段。

4. 准时生产

准时生产(just in Time,JIT)是由日本的丰田公司在 20 世纪 60 年代后期成功地应用而使之成为闻名世界的先进管理理念。1973 年,该生产方式使丰田公司成功度过第一次能源危机,后引起其他国家生产企业的高度重视,并逐渐在美国和欧洲的日资企业及当地企业中推广开来,这一方式被西方企业称为"日本化模式"。

知识链接

JIT 的基本思想是:只在需要的时候,按需要的量,生产所需的产品。追求一种无库存生产系统,或使库存达到最小,它的出发点是减少或消除从原材料投入到产成品的产出全过程中的库存及各种浪费,建立起平滑而更有效的生产过程。

JIT 减少库存的思路是:把库存看成一条河水的深度,库存中存在的问题看成河底的石头,水深时,要搞清石块必须进入水中调查,如果减少水量,石块就会自动显现出来,对于库存来说,若减少库存,存在的问题和浪费就会显露出来,可以针对问题提出解决办法,使问题得以全面解决。

JIT 实行生产同步化,使在制品库存接近于零,工序间不设置仓库,前一道工序加工结束后,立即转移到下一道工序中,装配线与机械加工几乎同时进行,产品被一件件连续地生产出来。在制品库存的减少可使设备发生故障、次品及人员过剩等问题充分显露,并针对问题提出解决方法,大大提高生产率。

在原材料库存控制方面,若仅考虑价格与成本之间的关系,依照传统的库存控制策略可能为赢得一定的价格折扣,而大量地购入物品。JIT 在采购时不仅考虑价格与成本之间的关系,还考虑许多非价格的因素,如与供应商建立良好的合作伙伴关系,利润分享且相互依赖,以减少由于价格的波动对企业造成的不利影响;选择能按时、按质提供货物的供应商,保证 JIT 生产的有效运行。

5.供应商管理库存

供应商管理库存(vendor managed inventory,VMI)在商品分销系统中使用越来越广泛。该库存管理方式是未来企业发展的趋势,甚至会导致整个配送管理系统的革命。支撑该管理方式的理论是:通过集中管理库存和各个零售商的销售信息,生产商或分销商补货系统就能建立在真实的销售市场变化基础上,避免出现"牛鞭效应",能够提高零售商预测销售的准确性、缩短生产商和分销商的生产和订货提前期,在优化供应和消费的基础上实现补货批量和批次的最优。

知识链接

"牛鞭效应"(bullwhip effect),是供应链中上下游企业对市场需求信息传递扭曲的一种形象的描述。其基本思想是:供应链的各节点企业,根据其相邻的下游企业提供的需求信息进行生产或决策,由于需求信息的不真实性沿着供应链逆流而上,导致市场需求不断放大的现象。当信息达到供应链的最上游时,其获得的需求信息与实际需求已产生了巨大的偏差,严重影响整个供应链的正常运行。

6.客户管理库存

相对于 VMI,客户管理库存(custom managed inventory,CMI)是另外一种与之相对的库存控制方式。按照和消费市场的接近程度,零售商在配送系统中最接近消费者,在了解消费者的消费习惯、消费偏好等方面最具有发言权,因此零售商是整个供应链中最核心的一环,库存由零售商管理可以更好地适应市场需求。相反,配送系统中离消费市场越远的成员就越不能准确地预测消费者需求的变化。

7.联合库存管理

联合库存管理(jointly managed inventory,JMI)是介于供应商管理库存和客户管理库存之间的一种库存管理方式,是指由供应商与客户共同管理库存,进行库存决策。它结合了对产品的制造更为熟悉的生产或供应商,以及掌握消费市场信息、能对消费者消费习惯作出更快更准反应的零售商的优点,能更加准确地对供应和销售作出判断。在配送系统的上游,通过销售点提供的信息和零售商提供的库存状况,供应商能够更加准确地掌握市场需求变化,销售点汇总信息使整个系统都能灵活应对市场趋势;在系统另一端,销售点通过整个系统的可视性准确控制资金的投入和库存水平。由于减少了需求的不确定性和应对突发事件所产生的高成本,整个系统都可以从中获益。

第四节　自动化立体仓库

一、自动化立体仓库的概念与分类

(一)自动化立体仓库的概念

自动化立体仓库(automatic storage & retrieval system,AS/RS),是指由立体货架、巷道

堆垛机、出入库托盘输送机系统、通信系统、自动控制系统、计算机监控系统、计算机管理系统以及托盘、调节平台、钢结构平台等辅助设备组成的复杂的自动化系统。运用一流的集成化物流理念,采用先进的控制、总线、通信和信息技术,协调各种设备进行出入库作业。

自动化立体仓库是现代物流系统中发展迅速的重要组成部分,具有节约用地、消除差错、减轻劳动强度、降低储运损耗、提高物流效率、提高仓储自动化水平和管理水平等优点。

(二)自动化立体仓库的分类

1. 按照建筑形式分为整体式和分离式

(1)整体式:是指货架除了具有存储货物的功能之外,还可以作为建筑物的支撑结构,构成建筑物的一部分,即库房货架一体化结构。该仓库结构重量轻、整体性好、抗震好。

(2)分离式:是指存放货物的货架在建筑物内部独立存在。其适用于利用原有建筑物作库房,或在厂房和仓库内独立建立一个高货架的场所。

2. 按照货物存取形式分为单元货架式、移动货架式和拣选货架式

(1)单元货架式:是较为常见的一种仓库形式,指货物先放在托盘上或集装箱内,再装入单元货架的货位上。

(2)移动货架式:是指由电动货架组成,货架可以在轨道上行走,由控制装置控制货架合拢和分离。作业时货架分开,在巷道中可进行作业;不作业时可将货架合拢,只留一条作业巷道,从而提高空间的利用率。

(3)拣选货架式:其中分拣机构是其核心部分,分为巷道内分拣和巷道外分拣两种方式。"人到货前拣选"是拣选人员乘拣选式堆垛机到货格前,从货格中拣选所需数量的货物出库。"货到人处拣选"是将存有所需货物的托盘或货箱由堆垛机运至拣选区,拣选人员按提货单的要求拣出所需货物,再将剩余的货物送回原地。

3. 按照货架构造不同分为单元货格式、贯通式、水平旋转式和垂直旋转式

(1)单元货格式:类似单元货架式。

(2)贯通式:是指为了提高仓库利用率,取消位于各货架之间的巷道,将个体货架合并在一起,使每一层、同一列的货物互相贯通,形成能一次存放多货物单元的通道,而在另一端由出库起重机取货。根据货物单元在通道内的移动方式,贯通式仓库又可分为重力式货架仓库和穿梭小车式货架仓库。重力式货架仓库每个存货通道只能存放同一种货物,所以它适用于货物品种不太多而数量又相对较大的仓库。穿梭式小车可以由起重机从一个存货通道搬运到另一通道。

(3)水平旋转式:是指每组货架由若干独立的货柜组成,用一台链式传送机将这些货柜串联起来,每个货柜下方有支撑滚轮,上部有导向滚轮,传送机运转时,货柜便相应运动。需要提取某种货物时,只需在操作台上给予出库指令。当装有所需货物的货柜转到出货口时,货架停止运转。这种货架对于小件物品的拣选作业十分合适,简便实用,可以充分利用空间,适用于作业频率要求不太高的场合。

(4)垂直旋转式:与水平旋转式仓库相似,只是把水平面内的旋转改为垂直面内的旋转。这种货架非常适用于存放长卷状货物,如地毯、胶片卷、地板革、电缆卷等。

➤ 二、自动化立体仓库的优缺点

(一)自动化立体仓库的优点

(1)能够充分利用仓库的垂直空间,单位面积存储量远大于普通的单层仓库。目前,世界上最高的立体仓库可达 40 多米,可容纳 30 万个货位。

(2)实现机械化和自动化,解放出劳动力从事更具有创新需求的工作岗位,提高了仓库的工作效率。

(3)采用计算机进行仓储管理,运用"先进先出法",使仓库中的货物出现老化、变质、生锈等自然损耗的可能性大大降低,保证了货物质量的完好性和数量的完整性。

(4)货位集中易于管理和控制,智能化立体仓库不但能够实现作业的自动操作、自动控制,而且还能够对信息进行有效处理。

(5)货物的托盘化、集装箱化储存,不仅提高了仓储效率,而且降低了货物的破损率。

(二)自动化立体仓库的缺点

(1)自动化立体仓库的结构相对较为复杂,配套设备较多,因此,需要前期的投资较大。

(2)货架安装精度要求较高,施工较难,且工期较长。

(3)储存弹性较小,应对需求的波动能力较弱。

(4)对储存的货物有一定的限制,适合存放长、大、重的货物以及有特殊保管条件的货物。

(5)由于配套设施都属于高技术含量设备,维护要求高,对供应商有较强的依赖,一旦出现故障需提供及时的技术援助。

三、自动化立体仓库的设计

自动化立体仓库的设计主要包括以下几个阶段:

(一)设计前的准备工作

这一阶段的主要工作是确定设计目标和设计标准,通过调研搜集设计的数据,并且找出设计中的制约因素,并加以详细分析。

(1)研究建库场地,如地形、地质条件、气象、地面承载能力以及其他环境的具体资料。

(2)自动化立体仓库的建设需要电气、土建、机械、结构等多专业的相互配合,在设计中需要综合考虑各因素的相互影响。

(3)考虑仓库系统的适用范围、人员的配置、投资额度等方面,以此来确定仓库的自动化、机械化、信息化、智能化程度。

(二)库场的选择与规划

考虑到城市规划、企业整体运作等因素,仓库最好建在靠近码头、港口、货运站等交通枢纽,或靠近生产地或原材料产地,或靠近主要的销售市场,可以降低运输成本。

(三)确定仓库形式

仓库的形式需要首先研究货物品种,一般采用单元货格式仓库,如果存储的货物品种单一、货物批量较大,可以采用重力式货架或者其他形式的贯通式仓库。

(四)确定货物单元形式及规格

由于自动化立体仓库的前提是单元化,所以确定货物单元的重量、形式和尺寸是一个非常重要的问题。为了合理确定货物单元的重量、形式和尺寸,应列出所有可能的货物单元形式和规格,作出合理的选择。对于形状和尺寸比较特殊的货物,可以进行单独处理。

(五)确定库容量(包括缓存区)

库容量是指在同一时间仓库可容纳的货物单元数。这对自动化立体仓库来说是一个非常重要的参数,有时库存量的波峰值会大大超出自动化立体仓库的实际库容量。另外,自动化立体仓库不能仅考虑货架区的容量,而忽视缓存区的面积,结果造成缓存区的面积不足,使得货架区的货物出不来,库房外的货物进不去。

(六)系统数据的传输

数据传输路径不通畅或数据冗余等原因,会造成系统数据传输速度慢,甚至无法传输的现象,因此要考虑自动化立体仓库管理系统间的信息传递问题。

(七)整体运作能力

自动化立体仓库的上下游及其内部各子系统需要相互协调,有的仓库采用了高科技产品,各种设施设备齐全,但由于各子系统间协调性、兼容性不好,同样会造成整体运作能力比预期差的结果。

案例

丰田公司的 JIT 之路

1953 年,日本丰田公司副总裁大野耐一综合了单件生产和批量生产的优缺点,创造了一种在多品种、小批量混合生产条件下高质量、低消耗的生产方式,即准时生产。

JIT 生产方式以准时生产为出发点,首先发现生产过量和其他方面的浪费,然后对人员、设备等进行调整,以达到降低成本、简化目标、强化控制的目的。在生产现场控制技术方面,JIT 的基本原则是在正确的时间,生产正确数量的零件或产品。它将传统生产过程中前道工序向后道工序送货,改为后道工序根据"看板"向前道工序取货。看板系统是 JIT 生产现场控制技术的核心,但 JIT 不仅仅是看板管理。

JIT 的目标是彻底消除无效劳动和浪费,具体要达到以下目标:

(1)废品量最低(零废品)。JIT 要求消除各种不合理的原因,在加工过程中每一道工序都要求达到最好水平。

(2)库存量最低(零库存)。JIT 认为,库存是生产系统设计不合理、生产操作不良、生产过程不协调的结果。

(3)准备时间最短(零准备时间)。准备时间长短与批量选择相联系,如果准备时间趋于零,准备成本也趋于零,就有可能实现小批量。

(4)生产提前期最短。短的生产提前期与小批量相结合的系统,应变能力强、柔性好。

(5)减少零件搬运。零件搬运是非增值操作,如果能使零件和装配件运送量减小,搬运次数减少,则可以节约装配时间,减少装配中可能出现的问题。

(6)机器损坏低。

(7)批量小。

为了达到上述目标,JIT 对产品生产系统设计提出了以下三个方面的原则:

(1)由于产品生命周期不断缩短,产品设计应与市场需求相一致,在产品设计方面,应考虑到产品设计完后市场需求的变化;如无变化则应立刻投入生产,进行销售。

(2)尽量采用成组技术与流程式生产。

(3)与原材料或零部件供应商建立长期合作伙伴关系,以达到 JIT 供应原材料及采购零部件的目的。

在 JIT 方式中,试图通过产品的合理设计,使产品易生产、易装配,当产品范围扩大时,即使不能减少工艺过程,也要力求不增加工艺过程,具体方法有:

(1)模块化设计。

(2)设计的产品尽量使用通用件、标准件。

(3)设计时应考虑易实现自动化生产。

JIT 的基础之一是均衡化生产,即平均制造产品,使物流在各作业之间、工序之间、生产线之间、工厂之间均衡地流动。为达到均衡化,在 JIT 中采用日计划、月计划,并根据需求变化及时调整。

3 复习思考题

一、填空题

1. 库存主要有周转库存、_____、调节库存、在途库存四种类型。

2. 仓储按其在社会再生产中的作用可分为_____、流通仓储、国家储备。

3. 自动化立体仓库按照货架构造不同可分为_____、贯通式、水平旋转式和垂直旋转式。

二、单项选择题

1. _____是集中反映工厂物资活动状况的综合场所,是连接供应、生产、销售等环节的中转站,对促进生产提高效率起着重要的辅助作用。

A. 仓储　　　　B. 包装　　　　C. 流通加工　　　D. 配送

2. 准时生产是由日本的丰田公司在 20 世纪_____年代后期成功地应用而使之成为闻名世界的先进管理理念。

A. 50　　　　B. 60　　　　C. 70　　　　D. 80

三、简答题

1. 简述库存合理化的主要途径。

2. 简述库存管理的功能。

3. 简述库存管理的管理方式。

4. 简述自动化立体仓库的设计。

5. 简述自动化立体仓库的优缺点。

第五章

包 装

一个出色的产品包装在终端销售中就相当于一个"无声的推销员"。

知识目标

1. 了解包装的概念、类型、功能
2. 掌握包装在物流中的地位
3. 掌握包装技术的发展趋势
4. 掌握包装合理化的概念
5. 掌握包装标准化的概念、作用

技能目标

1. 掌握各种包装技术、包装机械、包装材料
2. 掌握包装合理化的各种策略
3. 熟悉包装标准化的主要内容

关键概念

包装;包装技术;包装机械;包装材料;包装合理化;包装标准化

第一节 包装概述

一、包装的概念

国家标准《包装术语》(GB 4122—2008)中对包装的定义为:"包装(packaging)是指为在流通过程中保护产品、方便储运、促进销售,按一定技术方法而采用的容器、材料和辅助物等的总体名称。也指为了达到上述目的而采用容器、材料和辅助物的过程中施加一定技术方法等的操作活动。"包装有两重含义:一是关于盛装商品的容器、材料及辅助物品,即包装物;二是关于实施盛装和封缄、包扎等的技术活动。

自 16 世纪以来,随着工业生产的迅速发展,特别是 19 世纪的欧洲产业革命,极大地推动了包装工业的发展,从而为现代包装工业和包装技术的产生和建立奠定了基础。

18 世纪末,法国科学家发明了灭菌法包装储存食品,19 世纪初出现了玻璃食品罐头和马口铁食品罐头,使食品包装学得到迅速发展。进入 19 世纪,包装工业开始全面发展,1800 年机制木箱出现,1814 年英国出现了第一台长网造纸机,1818 年出现镀锡金属罐,1856 年美国

发明了瓦楞纸，1860年欧洲制成制袋机，1868年美国发明了第一种合成塑料袋——赛璐珞，1890年美国铁路货场运输委员会开始将瓦楞纸箱作为运输包装容器。

进入20世纪，科技的发展日新月异，新材料、新技术不断出现，聚乙烯、纸、玻璃、铝箔、各种塑料、复合材料等包装材料被广泛应用，无菌包装、防震包装、复合包装、防盗包装、组合包装、保险包装等技术日益成熟，从各方面强化了包装的功能。

20世纪中后期开始，国际贸易飞速发展，包装已为世界各国所关注，大约90%的商品需要经过不同类型、不同程度的包装，包装已成为商品生产和流通环节不可缺少的重要组成部分。电子技术、微波技术、激光技术广泛应用于包装工业，包装设计实现了计算机辅助设计（CAD），包装生产也实现了机械化与自动化生产。

包装工业和技术的发展，推动了包装科学研究和包装学的形成。包装学科涵盖化学、物理、人文、生物、艺术等多方面知识，属于交叉学科群中的综合科学，它有机地吸收、整合了不同学科的新理论、新技术、新材料和新工艺，从系统工程的观点来解决商品保护、储运及销售等流通过程中的综合问题。包装学科的分类比较多样，通常将其分类为包装材料学、包装机械学、包装运输学、包装工艺学、包装装饰学、包装设计学、包装管理学、包装测试学等分学科。

二、包装的类型

（一）按包装使用次数分为一次用包装、多次用包装和周转用包装等

（1）一次用包装是指只能使用一次，不可回收复用的包装。该包装同商品一起出售或销售过程中将会被消耗或损坏。

（2）多次用包装是指回收后经适当加工整理，可重复利用的包装。该包装的材料一般比较坚固。

（3）周转用包装是指工厂和商店用于固定周转、多次反复使用的包装。其周转方式是：货物的周转包装箱体运至商场或其他用户卸下货物后，再将以前用过的空周转包装箱体装车返回。

（二）按包装容器的软硬程度分为硬包装、半硬包装和软包装

（1）硬包装又称为刚性包装，是指取出包装的充填物或内装物后，容器形状基本不发生变化的包装。此类包装材质坚硬，能经受外力的冲击，如木箱、铁箱等。

（2）半硬包装又称为半刚性包装，是指介于硬包装和软包装之间的包装。它只能承受一定的挤压力，如纸箱等。

（3）软包装又称为柔性包装，是指包装内的充填物或内装物取出后，容器形状会发生变化，且材质较软的包装，如麻袋、布袋等。

（三）按包装功能不同分为商业包装和工业包装

（1）商业包装又称为销售包装或内包装，是指以促进销售为主要目的的包装。其特点是外形美观，有必要的修饰，包装上有商品的详细说明，适合消费者购买和商品陈设要求。

（2）工业包装又称为运输包装或大包装、外包装，是指为了在商品的运输、存储和装卸的过程中保护商品而进行的包装。其特点是不重视包装的外表是否美观，而强调其实用性和低廉性，包装既能满足物流的基本要求，又能降低包装费用，寻求包装费用与物流损失之间的平衡。

（四）按包装大小不同分为单件包装、集合包装

（1）单件包装是指在物流过程中作为一个计件单位的包装。常见的有：箱，如木箱、纸箱、夹板箱、条板箱、金属箱；桶，如木桶、纸桶、铁桶、塑料桶；袋，如纸袋、布袋、麻袋、草袋、纤维编织袋；包，如帆布包；还有筐、篓、罐、玻璃瓶、瓷坛、陶缸等。

（2）集合包装又称为成组化包装，是指将若干单件包装，组成一件大包装。如托盘、集装箱、集装袋、集装包等。

（五）按包装使用范围分为专用包装和通用包装

（1）专用包装是指专为某种或某类商品使用的一种或一系列包装。采用专用包装是根据商品某些特殊的性质来决定的，该包装都有专门的设计制造过程，只适合于某种专门产品，如蛋糕盒、水泥袋等。

（2）通用包装是指一种包装能盛装多种商品，被广泛使用的包装容器。通用包装一般不进行专门设计制造，而是根据标准系列尺寸制造出来的包装，用以包装各种无特殊要求或标准规格的产品。

三、包装的功能

好的包装能增加产品的功能、扩大产品的效用，成为产品不可缺少的重要组成部分。从生产角度来看，包装是生产的最后一道工序，是产品不可分割的一部分，有了包装，产品才算完整。从流通领域来看，包装是物流的开始，是衔接相关物流过程的重要手段。物流中商品包装的功能主要有保护产品、方便储运、促进销售三大功能。

（一）保护产品

保护产品是包装最基本的功能，产品从生产地到消费地之间，保护措施起着至关重要的作用，若产品包装不能保护好产品，会给企业带来巨大的经济损失。而产品在运输过程中，由于各种原因造成的冲击、碰撞、摩擦、振动等现象；在产品的储存过程中，由于堆垛码放的方法不同，导致产品受潮、生锈、发霉等现象，都会对产品造成一定程度上的损害，从而要求产品包装必须起到保护的基本功能。

（二）方便储运

产品生产完成后，从生产地到消费地要经历无数次的运输、仓储、装卸、搬运、配送等物流环节，包装得当能够使这些环节更加便捷。一般来说，产品经过适当的包装后不仅便于运输、仓储、装卸、搬运、配送等物流操作，而且标准化包装可以大大提高装载效率，为多式联运打下坚实的基础。同时，产品的有效包装为仓储保管提供了便利，有助于仓库工作人员对产品的识别、易于保管，对特殊要求的产品可加强管理。

（三）促进销售

包装能够促进商品销售、加速周转速度，是产品"无声的推销员"。包装能够诱导消费者产生购买动机，起到连接商品与消费者的媒介作用。包装的特异形状和构造能够起到吸引消费者的作用；包装上的文字、图案、色彩等能够激发消费者的购买欲望，起到宣传商品、推销商品的作用。另外，包装还具有有效传递商品信息和方便顾客消费的功能。

➤ 四、包装在物流中的地位

(一)包装是现代物流的始点

在现代物流理念形成以前,包装一直被认为是生产领域的活动,被看做是生产的终点,包装的设计往往主要从生产终结的要求出发,常常不能满足各种后续物流环节的要求。包装与物流的关系,比其与生产的关系更加密切,作为物流始点的意义比之作为生产终点的意义要大得多。在整个流通过程中,包装的结实程度、标准性以及美观与否,决定着产品是否能以完美的使用价值达到用户所提出的要求。

(二)合理的包装可以提高物流运营的整体效率

物流系统由运输、仓储、包装、装卸搬运、流通加工、配送、物流信息处理七个环节构成。七大环节不是简单的组合,而有其必然的内在联系,各构成要素之间相互影响、相互制约,有时相互矛盾。物流效益背反说即是物流领域中这一普遍现象的典型描述。在包装方面主要体现为简化包装,可以降低包装费用,但是,由于包装强度降低,产品的防护效果降低,仓库里的货物就不能堆放过高,降低了保管效率,而且在运输和装卸搬运过程中容易造成货物的破损,以致装卸搬运效率下降,破损率增多,造成运输、仓储、装卸搬运等功能要素的工作恶化和效益递减。包装直接影响运输、仓储、装卸搬运、配送等环节的质量和效率,关系到整个物流成本,因此,包装在物流中的地位和作用十分重要。

第二节　包装技术

➤ 一、包装技术概述

包装技术是一门综合性很强的学科。由于产品品种繁多、性能复杂,要求又各不相同,因而不同的产品有相应的包装。包装技术的开发应遵循经济、适用、牢固、美观和科学的原则,综合考虑各方面因素。具体的包装技术包括:

(一)防震保护技术

防震包装又称缓冲包装,在各种包装技术中占有重要的地位。产品从生产出来到开始使用要经过一系列的运输、仓储、装卸搬运、配送等过程,并且产品会处于不同的环境中。在任何环境中都会有力作用在产品上,并使产品发生机械性破损。为了保证产品避免出现损耗,就必须设法减小外力的影响。所谓防震包装就是指为减缓内装物受到振动和冲击,避免其受到外力冲击而影响产品使用价值所采取的一定防护措施的包装。防震包装主要有以下三种方法:

1.全面防震包装方法

全面防震包装方法是指内装物和外包装之间全部用防震材料填满,从而进行防震的一种包装方法。

2.部分防震包装方法

部分防震包装方法是指对于那些整体性好的产品和有内装容器的产品,仅在产品或内包装的拐角或局部使用防震材料进行衬垫即可实现防震功能的包装方法。其所用包装材料主要有泡沫塑料防震垫、充气型塑料薄膜防震垫、橡胶弹簧等。

3.悬浮式防震包装方法

悬浮式防震包装方法是指对于某些贵重易损的产品,为了有效地保证在流通过程中免受破损,采用比较坚固的外包装容器,然后用绳、带、弹簧等将被装物悬吊在包装容器内,实现防震的一种包装方法。在物流过程中,采取该包装方法可以使内装物稳定悬吊,且不与包装容器发生碰撞,减少损坏。

(二)防破损保护技术

缓冲包装有较强的防破损能力,是防破损包装技术中最为有效的一种包装技术。另外还可以采取以下几种防破损保护技术:

1.捆扎及裹紧技术

捆扎及裹紧技术是指使杂货或散货形成一个牢固的整体,增加其整体性,便于处理及防止散堆来减少破损。

2.集装技术

集装技术是指利用集装减少与货物的接触,从而防止破损。

3.选择高强保护材料

通过选择高强保护材料,防止内装物受外力作用而出现破损。

(三)防锈包装技术

1.防锈油防锈蚀包装技术

大气锈蚀是空气中的氧、水蒸气及其他有害气体等作用于金属表面引起电化学作用的结果。防锈油包装技术是指根据这一原理将金属制品涂封防止锈蚀的包装技术。用防锈油封装金属制品时,要求油层有一定厚度,油层的连续性好,涂层完整。尤其需要注意的是,不同类型的防锈油要采用不同的方法进行涂复。

2.气相防锈包装技术

气相防锈包装技术是指用气相缓蚀剂(挥发性缓蚀剂),在密封包装容器中对金属制品进行防锈处理的包装技术。气相缓蚀剂是一种能减慢或完全防止金属在侵蚀性介质中的破坏过程的物质,它在常温下具有挥发性,在密封包装容器中,很短的时间内挥发或升华出的缓蚀气体就能充满整个包装容器内的每个角落和缝隙,同时吸附在金属制品的表面上,从而起到抑制大气对金属制品锈蚀的功效。

(四)防霉腐包装技术

在运输包装内装运食品或其他有机碳水化合物货物时,货物表面可能生长霉菌,在物流过程中如遇潮湿,霉菌生长繁殖更快,甚至延伸至货物内部,使其发霉、变质、腐烂,因此要采取特别防护措施。包装防霉烂变质的措施,通常是采用冷冻包装、真空包装或高温灭菌方法。冷冻包装的原理是减慢细菌活动和化学变化的过程,以延长货物的储存期,但不能完全消除食品的变质;高温杀菌法可消灭引起食品腐烂的微生物,可在包装过程中用高温处理防霉。有些经干燥处理的食品包装,为防霉腐应防止水汽浸入,可选择防水汽和气密性好的包装材料,采取真空或充气包装。

(五)防虫包装技术

防虫包装技术是指在包装中放入有一定毒性和臭味的药物,利用药物在包装中挥发气体杀灭或驱除各种害虫。常用驱虫剂有对位二氯化苯、樟脑精、驱虫剂等。同时也可采用充气包装、真空包装、脱氧包装等技术,使害虫无生存环境,防止虫害。

(六)危险品包装技术

交通运输及公安消防部门按危险品的危险性质,将其分为十大类,即爆炸性物品、氧化剂、压缩气体和液化气体、遇水燃烧物品、易燃液体、自燃物品、易燃固体、腐蚀性物品、毒害品、放射性物品等,有些物品同时具有两种以上危险性能。对有毒商品的包装要明显地标明有毒标志。防毒的主要措施是包装严密不漏、不透气。

(七)特种包装技术

1.充气包装

充气包装是指采用二氧化碳气体或氮气等不活泼气体置换包装容器中空气的一种包装技术方法,因此也称为气体置换包装。

2.真空包装

真空包装是指将物品装入气密性容器后,在容器封口之前抽真空,使密封后的容器内基本没有空气的一种包装方法。

3.收缩包装

收缩包装是指用收缩薄膜裹包物品,然后对薄膜进行适当加热处理,使薄膜收缩而紧贴于物品的一种包装方法。

4.拉伸包装

拉伸包装是20世纪70年代开始采用的一种新包装技术,它由收缩包装发展而来。拉伸包装是指依靠机械装置在常温下将弹性薄膜围绕被包装物品拉伸、紧裹,并在其末端进行封合的一种包装方法。

5.脱氧包装

脱氧包装是继充气包装和真空包装之后出现的一种新型除氧包装方法,是指在密封的包装容器中,使用能与氧气起化学作用的脱氧剂与之反应,从而去除包装容器内的氧气,达到保护内装物目的的一种包装方法。

二、包装机械

在产品的流通过程中,为了有效地保护产品、方便储运、促进销售,需要对产品进行合理的包装。包装过程包括充填、成型、封口、包裹等主要包装工序,以及清洗、干燥、杀菌贴标、捆扎、集装、拆卸等包装及其他辅助包装工序。完成全部或部分包装过程的机器称为包装机械。

(一)充填机

充填机的功能是将精确数量的包装品装入到各种容器内。充填机按计量方式的不同可分为称重式充填机、容积式充填机、计数式充填机;按充填物的物理状态可分为粉料充填机、颗粒物料充填机、膏状物料充填机、块状物料充填机、液体物料充填机;按充填功能可分为制袋充填机、成型充填机和仅具有充填功能的充填机等。

(二)灌装机

灌装机是将液体按预定量灌注到包装容器内的机器。其主要包括负压灌装机、常压灌装机、等压灌装机、定量灌装机、料位灌装机等。负压灌装机是指先对包装容器抽气形成负压,然后将液体充填到包装容器内的机器;常压灌装机是指在常压下将液体充填到包装容器内的机器;等压灌装机是指先向包装容器充气,使其内部气体压力和储液缸内的气体压力相等,然后将液体充填到包装容器内的机器;定量灌装机是指通过控制充填到包装容器内的液体容积进行计量和灌装的机器;料位灌装机是指通过控制充填到包装容器内的液体液面高度进行计量和灌装的机器。

(三)裹包机

裹包机是用挠性材料全部或局部裹包产品的机器。其主要包括:裹包产品局部表面的半裹式裹包机;裹包产品所有表面的全裹式裹包机;用挠性包装材料裹包产品,将末端伸出的裹包材料热压封闭的接缝式裹包机;用两张挠性包装材料覆盖在产品的两个相对面上,热封或黏合封口以裹包产品的覆盖式裹包机;用成卷挠性包装材料多圈缠绕产品的缠绕式裹包机;使用拉伸薄膜在一定张力下,把托盘上的产品连同托盘一起裹包的拉伸包装机;将产品置于底板下,使覆盖产品塑料薄片在加热和真空作用下紧贴产品,并与底板封合的贴体包装机;将产品用热收缩薄膜裹包后再进行加热,使薄膜收缩后裹住产品的收缩包装机。

(四)封口机

封口机是包装容器的封口机器,按其封口方式可分为热压式封口机、熔焊式封口机、卷边式封口机、旋合式封口机、缝合式封口机、结扎式封口机等。

(五)贴标机

贴标机是采用黏合剂将标签贴在包装件或产品规定部位上的机器。贴标机按自动化程度可分为全自动贴标机和半自动贴标机;按容器的运行方向可分为立式贴标机和卧式贴标机;按标签的种类可分为片式贴标、卷筒状标签贴标机、感压性贴标机、收热黏性标签贴标机、缩简性贴标机;按容器的运动形式可分为直线式贴标机和回转式贴标机;按贴标机结构可分为龙门式贴标机、拨杆贴标机、真空转鼓式贴标机、旋转形贴标机;按标签工艺特征可分为压式贴标机、搓滚式贴标机、滚压式贴标机、刷抚式贴标机等。

(六)清洗、干燥、杀菌机

1.清洗机

清洗机是指对包装材料、包装容器、包装辅助物及包装件进行清洗以达到预期清洁度的机器。清洗机按清洗方式不同可分为机械式、化学式、电解式、干式、温式、超声波式、静电式。

2.干燥机

干燥机是指对包装材料、包装容器、包装辅助物以及包装件上的水分进行去除以达到预期干燥程度的机器。干燥机按干燥方式可分为机械式干燥机、化学式干燥机、加热式干燥机。

3.杀菌机

杀菌机是指对包装材料、包装容器、包装辅助物以及包装件上的微生物进行清除或杀死,使其降低到允许范围内的机器。按杀菌的方法可分为冷杀菌法、热杀菌法;按操作性质不同可分为连续式杀菌机、间歇式杀菌机;按操作原理特征不同可分为静止式、摇动式、回转式、水封式、静水压式、热流层式、喷淋式;按结构特征不同可分为隧道式、滚筒刮面式、螺旋泵式、管式、板式。

(七)捆扎机

捆扎机是指使用捆扎带缠绕产品或包装件,然后收紧并将两端通过热效应熔融或使用包扣等材料连接的机器。其按自动化程度不同可分为全自动捆扎机、半自动捆扎机、手提式捆扎机;按捆扎机带材料的不同可分为绳捆机、钢带捆扎机、塑料带捆扎机;按传动方式不同可分为液压式捆扎机、机械式捆扎机、气动式捆扎机。

(八)集装机械

集装机械是将若干个产品或包装件集合包装而形成的一个搬运或销售单元的机器。

(九)多功能包装机械

多功能包装机械是指在一台整机上可以完成两个或两个以上包装工序的机器。其主要种类有:充填—封口机、成型—充填—封口机、箱成型—充填封口机、热成型—充填—封口机、开瓶—充填—封口机、真空包装机、充气包装机。

(十)包装生产线

包装生产线是指有数台包装机和其他辅助设备联成的能完成一系列包装作业的生产线。

三、包装材料

包装材料有容器材料、内包装材料、包装用辅助材料等,主要有以下几种类型:

1. 纸和纸板品

运输用大型纸袋可用3～6层牛皮纸多层叠合而成,也可用牛皮纸和塑料薄膜做成复合多层构造。纸箱的原料是各种规格的白纸板和瓦楞纸板,但要求其强度和耐压能力必须达到一定指标,在选材和尺寸设计时应格外注意。

2. 塑料制品

塑料包装制品的应用日益广泛,塑料袋及塑料交织袋已成为牛皮纸的代用品。塑料制品可用于酒、食油等液体运输容器,并且开发了纸袋结合包装,其方法是将折叠塑料袋容器放入瓦楞纸箱中,以代替传统的木桶、玻璃瓶、金属罐等。塑料成型容器也得到广泛的应用,如聚乙烯容器,包括箱、罐等,特别是颜料和食品业等塑料通用箱发展很快。

3. 木制容器

木制容器包括木箱、胶合板箱及木桶,为了节省木材,常使用杠架箱、栅栏箱或木条胶合板箱等,为了增加强度也可加铁箍。对于重物包装,常在底部加木制垫货板。

4. 金属容器

输送用的金属容器有罐和桶,材料有镀锌铁板等。罐用于食品化学药品、牛奶、油质类物品。桶主要用于以石油为主的非腐蚀性的半流体、粉体、固体的包装。

5. 包装用辅助材料

包装用的辅助材料主要有以下几种:

(1)黏合剂。黏合剂主要用于材料的制造、制袋、制箱及封口作业,有水型、溶液型、热融型和压敏型的区分。由于采用高速制箱及封口的自动包装机可提高工作效率,因此短时间内能够黏结的热融结合剂得到迅速普及。

(2)黏合带。黏合带主要有橡胶带、热敏带、黏结带三种。橡胶带遇水直接溶解,结合力强,黏结后完全固化,封口很结实;热敏带经加热活化产生黏结力,一旦结合,不易揭开且不易老化;黏结带是在带的一面涂上压敏性结合剂,如纸带、布带、玻璃纸带、乙烯树脂带等,也有两面涂胶的双面胶带,其优点在于用手压便可结合,方便易操作。

(3)捆扎材料。捆扎的作用是打捆、缠绕、压缩、提高强度、保持形状、封口防盗、便于处置和防止破损等。现代包装已很少用天然捆扎材料,而多用聚乙烯绳、聚丙烯绳、聚丙烯带、纸带、钢带、尼龙布等。

四、包装技术的发展趋势

1. 绿色环保化

21世纪是绿色环保的世纪,现代包装设计在漫长的时间里还将继续延续20世纪80—90年代提出的绿色包装设计概念。经济的快速发展,加快人们对自然生态环境的破坏;随着人民生活水平的提高,各种包装废弃物不断增加,造成环境污染、资源浪费,严重影响到人们的日常生活。

包装所带来的环境问题也日益突出,人们纷纷致力于研究新的包装材料和环保型设计方法来减少包装废弃物带来的环境问题。在包装材料上的革新,有用于隔热、防冲击、防震和易腐烂的纸浆模塑包装材料;植物果壳合成树脂混合物制成的易分解的材料;自动降解的包装材料;天然淀粉包装材料。在包装设计上力求减少后期不易分解的材料用于包装上,尽量采用体积小、质量轻、易压碎或压扁、易分解的材料;尽量多采用不受生物及化学作用就易降解的材料,在保证包装的保护产品、方便储运和促进销售三大功能时,尽量减少材料的使用总量,避免包装材料的过度使用造成的环境问题。

2. 个性化

个性化包装设计是一种范围广且影响大的设计方法,主要针对超市、仓储式销售等因销售场地、环境的不同而采用不同的设计方法。其不论是对企业形象、产品本身还是社会效果均有很大的关联与影响。包装形象的塑造与表现向自然活泼的人性化发展,赋予包装个性品质、独特风格来吸引消费者,设计时就需要系统考虑,对实际情况作出客观的分析,考虑各种因素。

3. 信息化

网络作为信息传递的载体,已经渗透到全球的每一个角落,生产资料的配置和需求的满足已不分国家、市场的大小,都将通过信息网络来完成,按照网络秩序来进行。许多传统企业正面临着巨大的挑战,网络技术彻底改变了顾客的消费观念和消费行为,包装的促销功能也将随之被淡化,失去了它昔日耀眼的光环。社会进入到电子商务时代,对包装的功能提出了新的要求,随之商品的包装设计也遇到了新的问题。

4. 安全化

现代科技的高速发展,使一般的包装设计防伪技术对造假者已产生不了任何作用。强化包装设计的视觉效果和加强包装印刷工业技术已成为打假维权行动中一个强有力的武器。在包装设计中可以采用特殊纹理的纸张、特定的颜料,包装设计工艺技术如全息图像、正品检验封印、浅浮雕压纹等特定技术,迫使假冒伪劣商品因复制成本过高或效果不逼真而自动放弃。因此,包装设计的创新方法与融汇高新科技成果的印刷工业技术强强联手,追求独特的原创性和视觉效果是未来包装设计业可持续发展的主要方向。

第三节　包装合理化

一、包装合理化的概念

包装合理化是指在包装过程中使用适当的材料和适当的技术,制成与物品相适应的容器,节约包装费用,降低包装成本,既能满足包装保护商品、方便储运、促进销售的要求,又能提高包装的经济效益的综合管理活动。包装合理化的概念可以从以下几个方面进一步理解:

1.轻薄化

由于包装对产品来说只是起保护作用,并不能增加其使用价值,因此在成本、强度、寿命相同的情况下,更轻、更薄、更小、更短的包装,既可以节省包装费用,又可以提高运输、装卸搬运、配送等物流活动的效率。

2.单纯化

为了提高包装作业的效率,包装材料及规格应力求单纯化,包装规格应标准化,包装形状和种类也应遵循单纯化。

3.集装单元化和标准化

包装的规格与托盘、集装箱关系密切,同时也应该考虑其与运输车辆、搬运机械的匹配,从系统的观点制定包装的尺寸标准。

4.机械化与自动化

为了提高包装的作业效率和现代化水平,各种包装机械的开发和应用可以极大地提高工作效率,自动化水平的提高也可节省人力成本。

5.与其他环节的配合

包装是物流系统组成的一部分,需要和运输、仓储、装卸搬运、配送等环节一起综合考虑、全面协调。

6.促进环保

在包装过程中会产生大量的废弃物,处理不好可能造成严重的环境污染。包装材料最好选择可反复多次使用并能回收再生利用的;另外还要考虑对人体健康无害,对环境不造成污染的包装材料,即所谓的"绿色包装"。

二、包装合理化的策略

要实现包装合理化的目标,就需要从以下几个方面选择适合的策略:

1.广泛采用先进包装技术

包装技术的改进是实现包装合理化的关键,要推广诸如防锈包装、缓冲包装、防湿包装等包装方法,使用不同的包装技术,以适应不同商品的运输、包装、装卸搬运、配送等物流活动的要求。

2.采用绿色包装方式

选择包装方式时,应遵循绿色化原则,通过减少包装材料、重复使用、循环使用、回收使用材料等包装措施,以及生物降解、分解来推行绿色包装,节省各种自然资源的损耗。

📖 知识链接

绿色包装是指包装材料能够再循环利用、再生利用或自然降解,并在产品的全生命周期中对人体和环境不会造成危害的适度包装。它的理念有两个方面的含义:一个是保护环境,另一个是节约资源。其中,保护环境是核心,节约资源与保护环境密切相关,节约资源可以从源头上对环境实现保护。从技术角度讲,绿色包装是指以天然植物和有关矿物质为原料研制成对生态环境和人类健康无害,有利于回收利用,易于降解、可持续发展的一种环保型包装,也就是说,其包装产品从原料选择、产品的制造到使用和废弃的整个生命周期,均应符合生态环境保护的要求。

世界发达国家对绿色包装提出 4R1D 原则,即 reduce(减量)、reuse(重复使用)、recycle(再回收)、recover(复原)和 degradable(可降解)。4R1D 原则是 21 世纪世界公认的发展绿色包装的产品基本准则。

(1)reduce:减少包装材料,反对过分包装,即在保证盛装、保护、运输、储藏和销售的前提下,考虑减少原材料的使用量。

(2)reuse:可重复使用,不轻易废弃的可以再次用于产品的包装,通过多次使用,减少包装产品的生产,也属于绿色包装范围。

(3)recycle:可循环、可回收利用、可再生,把废弃的包装制品回收处理,重新利用,加工成新的包装制品。通过回收废弃物,生产再生制品等措施,达到再利用的目的。既不污染环境,又可充分利用资源。

(4)recover:复原,可以获得新的价值,可以利用焚烧来获取能源和燃料。

(5)degradable:可降解,为了不形成永久的垃圾,不可回收利用的包装废弃物要能分解腐化,进而达到改善土壤的目的。

3.采用成组单元装载技术

采用成组单元装载技术是指采用托盘、集装箱等进行成组运输。托盘、集装箱是包装—输送—储存三位一体的物流设备,是实现物流现代化的基础。包装的大型化和成组化有利于机械的使用,提高物流活动的效率。

知识链接

成组技术是指按照一定的准则分类成组,同组货物可以采用同一方法进行处理,从而提高效益的技术。

成组化包装又称集合运输包装,是指将一定数量的单件包装组合成一件大包装。常见的成组包装有:

(1)托盘,是指由木材、金属或塑料制成的,能够用叉车搬运的托板。

(2)集装箱,又称为"货柜"。一般使用最多的是 20 英尺和 40 英尺标准化集装箱。

(3)集装袋,是指由合成纤维或复合材料纺织成的圆形袋或方形包。

成组运输是指采用一定的办法,把分散的单件货物组合在一起,组成一个规格化、标准化的运输单位进行的运输。

4.推行包装标准化

包装标准化是指制定、贯彻实施包装标准的全过程活动。包装标准是以包装为对象制定的标准总称,其主要对象包括建材、轻工、电工、机械、食品、仪器仪表等。

5.采用无包装的物流形态

对需要大量输送的商品来说,包装所消耗的人力、物力、资金较大,若采用专门的散装设备,可获得较高的技术经济效果。散装并不是不要包装,它是一种包装的变革,即由单件小包装向集合大包装的转变。

第四节　包装标准化

➤ 一、包装标准化的概念

商品包装标准化是指在生产中对所有的运输包装和销售包装的品种、规格、尺寸、成分、工艺、参数、性能等所作的统一规定,并且按照统一的技术标准对包装过程进行管理。商品包装标准是包装设计、生产、制造和检验商品包装质量的技术依据。

商品包装标准化的主要内容是使商品包装牢固、适用、美观,达到规格化、定型化和系列化。对同类或同种商品包装,需执行"七个统一",即:统一材料、统一规格、统一标记、统一容量、统一结构、统一封装方法、统一捆扎方法等。

➤ 二、包装标准化的作用

包装标准化是提高商品包装质量、减少消耗和降低成本的重要手段,主要作用表现为以下几个方面:

1. 有利于包装工业的发展

包装标准化是有计划发展包装工业的重要手段,是保证国民经济各部门生产活动高度统一、协调发展的有利措施。商品质量与包装设计、包装材料或容量、包装机械、包装工艺等有着密切关系。由于商品种类繁多,形状各异,为了保证商品质量,减少商品破损的发生,根据各方面的需要,制定出行业标准及互相衔接标准,逐步形成包装标准化体系,有助于商品运输、仓储、装卸搬运、配送等物流活动;有助于各部门、各生产单位有机地联系起来,协调相互关系,促进包装工业的发展。

2. 有利于提高生产效率,保证商品安全可靠

根据不同商品的特点,制定出相应的标准,使商品包装在重量、尺寸、结构、用材等方面都有统一的标准,使商品在流通过程中免受损失。同时也为商品贮存养护提供了良好条件,使商品质量得到可靠保证。特别是运输危险品时,由于包装比较适宜、妥当,减少了发热、撞击,对运输安全起到了有效的保障。

3. 有利于合理利用资源

包装标准化可使包装设计科学合理,包装型号规格统一。过去纸箱规格参差不齐,质量不好,实行包装标准化以来,纸箱统一简化为标准规格,大大降低了包装费用。

4. 有利于包装的回收复用

商品包装标准的统一,使各厂各地的包装容器,可以互通互用,便于就地组织包装回收复用,节省了回收空包装容器在地区间的往返运费,降低了包装贮存费用。

5. 便于识别和计量

标准化包装,简化了包装容器的规格,统一了包装的容量。明确规定了标志与标志书写的部位,便于从事商品流通的工作人员识别和分类。同时,整齐划一的包装,每箱中或者每个容器中的重量一样,数量相同,对于商品的计量非常方便。

6. 提高国际市场竞争力

当前,包装标准化已成为发展国际贸易的重要组成部分,包装标准化已成为国际交往中互

相遵循的技术准则。国际间贸易往来都要求加速实行商品包装标准化、通用化、系列化。

三、包装标准化的内容

包装标准的分类及主要内容如表 5-1 所示。

表 5-1　包装标准的分类及主要内容

分类	主要内容
包装基础标准	包装术语、包装尺寸、包装标志、包装基础试验、包装管理标准
包装材料标准	各类包装材料的标准和包装材料试验方法
包装容器标准	各类容器的标准和容器试验方法
包装技术标准	包装专用技术、包装专用机械、防毒包装技术方法、防锈包装等标准
相关标准	与包装关系密切的标准,如托盘技术条件、尺寸,叉车规格,集装箱技术条件等

案例

可口可乐的玻璃瓶包装

说起可口可乐的玻璃瓶包装,至今仍被人们所称道。1898 年鲁特玻璃公司一位年轻的工人亚历山大·山姆森在同女友约会时,发现女友穿着一套筒型连衣裙,显得臀部突出,腰部和腿部纤细,美丽动人。约会结束后,他突发灵感,根据女友穿着这套裙子的形象设计出一个玻璃瓶。

经过反复的修改,亚历山大·山姆森不仅将瓶子设计得非常美观,犹如一位亭亭玉立的少女,还把瓶子的容量设计成刚好一杯水大小。瓶子试制出来之后,获得大众交口称赞。此时,有经营意识的亚历山大·山姆森立即到专利局申请专利。当时,可口可乐的决策者坎德勒在市场上看到了亚历山大·山姆森设计的玻璃瓶后,认为非常适合作为可口可乐的包装。于是他主动向亚历山大·山姆森提出购买这个瓶子的专利。经过一番讨价还价,最后可口可乐公司以 600 万美元的天价买下此专利。

在 100 多年前,600 万美元可是一项巨大的投资。然而实践证明可口可乐公司这一决策是非常成功的。亚历山大·山姆森设计的瓶子不仅美观,而且使用非常安全,易握不易滑落。更令人叫绝的是,其瓶型的中下部是扭纹型的,如同少女所穿的条纹裙子,瓶子的中段则圆满丰硕,如同少女的臀部。由于瓶子的结构是中大下小,当它盛装可口可乐时,给人的感觉是分量很多的。采用亚历山大·山姆森设计的玻璃瓶作为可口可乐的包装以后,可口可乐的销量飞速增长,在两年的时间内,销量翻了一倍。从此,采用山姆森玻璃瓶作为包装的可口可乐开始畅销美国,并迅速风靡世界。600 万美元的投入,为可口可乐公司带来了数以亿计的回报。

复习思考题

一、填空题

1._____是指内装物和外包装之间全部用防震材料填满,从而进行防震的一种包装方法。

2.包装按使用次数分为一次用包装、_____和周转用包装等。

二、单项选择题

1.物流中商品包装的功能主要有保护产品、_____、促进销售三大功能。

A.方便装卸　　B.方便储运　　C.方便搬运　　D.方便配送

2._____是指在包装过程中使用适当的材料和适当的技术,制成与物品相适应的容器,节约包装费用,降低包装成本,既能满足包装保护商品、方便储运、促进销售的要求,又能提高包装的经济效益的综合管理活动。

A.包装标准化　　B.包装机械化　　C.包装自动化　　D.包装合理化

三、简答题

1.简述包装在物流中的地位。

2.简述包装技术的发展趋势。

3.简述各种包装技术。

4.简述各种包装机械。

5.简述各种包装材料。

6.简述包装合理化的策略。

7.简述包装标准化的主要内容。

第六章

装卸搬运

装卸搬运距离最理想的目标是"零"。

知识目标

1. 了解装卸搬运的概念、原则、作用
2. 掌握装卸搬运的特点、分类、方法
3. 掌握装卸搬运的目标
4. 掌握装卸搬运合理化的内容

技能目标

1. 掌握装卸搬运合理化的重点
2. 掌握装卸搬运合理化的各种途径
3. 熟悉装卸搬运机械的具体操作

关键概念

装卸搬运;单件作业法;集装作业法;散装作业法;不合理装卸搬运;装卸搬运合理化;装卸搬运机械

第一节　装卸搬运概述

➤一、装卸搬运的概念

在同一地域范围内(如车站范围、工厂范围、仓库内部等)以改变"物"的存放状态的活动称为装卸(loading and unloading),以改变"物"的空间位置的活动称为搬运(handling/ carrying),两者全称装卸搬运。

国家标准《物流术语》对装卸搬运的定义为:"装卸是指物品在指定地点以人力或机械实施垂直位移的作业;搬运是指在同一场所内,对物品进行水平移动为主的作业。"

装卸搬运活动的基本运作流程包括装车(船)、卸车(船)、堆垛、入库、出库以及联结上述各项运作流程的短程输送,是随着运输、仓储、配送等物流活动而产生的必要活动。

在物流过程中,装卸搬运活动是不断出现和反复进行的,它出现的频率高于其他各项物流活动,每次装卸搬运活动都会占用一定的时间,所以往往成为决定物流速度的关键。

二、装卸搬运的原则

装卸搬运衔接着运输、包装、仓储、配送、流通加工等各物流环节活动,在装卸搬运过程中必须遵循以下原则:

1.省力原则

省力就是节省人力和动力。由于装卸搬运不产生任何价值,因此作业的次数越多,货物破损的可能性越大,费用也越高,必须考虑尽量减少装卸搬运的次数。通常情况下装卸搬运采用托盘运输、集装箱运输、集装化装卸、多式联运等提高工作效率;利用货物本身的重量和落差原理节约动力;利用斜坡式搬运减轻负重等方式来实现节约成本的目标。

2.活性原则

活性是指从物的静止状态转变为装卸状态的难易程度。越容易或适于下一步装卸搬运的作业,活性越高;反之越低。装卸搬运的难易程度分为五个级别,分别用数字 0、1、2、3、4 表示(见表 6-1),具体含义如下:

0 级表示物料杂乱无章地堆在地面上的状态。

1 级表示物料装箱或经捆扎后的状态。

2 级表示箱子或被捆扎后的物料,下面放有枕木或衬垫,便于叉车或其他机械设备搬运的状态。

3 级表示物料被放于台车上或用起重机吊钩钩住,可以即刻移动的状态。

4 级表示被装卸、搬运的物料已经被启动、直接作业的状态。

表 6-1　装卸搬运活性指数

物品状态	作业说明	作业种类				还需作业	无需作业	活性指数
		集中	搬起	升起	运走			
散放在地上	集中、搬起、升起、运走	要	要	要	要	4	0	0
集装在箱中	搬起、升起、运走	否	要	要	要	3	1	1
托盘上	升起、运走	否	否	要	要	2	2	2
车中	运走	否	否	否	要	1	3	3
输送机	无	否	否	否	否	0	4	4

3.顺畅原则

顺畅就是指作业不间断、作业场所无障碍、作业通道畅通。货物装卸搬运的顺畅可以保证作业安全有效运行、提高作业效率。

4.短距离原则

短距离是指以最短的距离完成装卸搬运作业。距离越短,不仅可以减少劳动力的体力消耗,大幅提高工作效率,还可以节约时间,使整个作业快速、高效。

5. 单元化原则

单元化装卸搬运是提高装卸搬运效率的有效方法,最直接的有托盘和集装箱等单元化设备。

第二节　装卸搬运的作用与特点

➤ 一、装卸搬运的作用

装卸搬运活动在整个物流过程中占有非常重要的位置。一方面,物流过程各环节之间以及同一环节不同活动之间,都是通过装卸搬运作业有机结合起来的,从而使物品在各环节、各种活动中处于连续运动中;另一方面,各种不同的运输方式之所以能实现联合运输,也是由于装卸搬运才使其成形。在生产领域中,装卸搬运作业已成为生产过程中不可缺少的组成部分,成为直接生产的保障系统,从而形成装卸搬运系统。因此,装卸搬运是物流活动得以进行的必要条件,在全部物流活动中占有重要地位,发挥重要作用。

1. 提高物流质量

装卸搬运使货物产生垂直和水平方向上的位移,货物在移动过程中受到各种外力作用,如撞击、振动、挤压等,容易使货物包装和货物本身受损,如变形、损坏、流溢、破碎、散失等,装卸搬运损失在物流费用中占有一定的比重。合理的装卸搬运过程可以有效提高物流各环节的工作效率,通过更高的物流质量满足用户的需求。

2. 增强物流效率

物流效率主要表现为运输效率和仓储效率。在货物运输过程中,完成一次运输所需的时间,在发运地的装车时间和在目的地的卸车时间占很大的比重,特别是在短途运输中,装卸车时间所占比重更大,有时甚至超过运输工具运行时间,因此缩短装卸搬运时间,对加速车船和货物周转具有重要作用;在仓储活动中,装卸搬运效率对货物的收发速度和货物周转速度产生直接的影响。

3. 强化物流安全

物流活动是物的实体流动,在物流活动中确保劳动者、劳动手段和劳动对象安全非常重要。装卸搬运特别是装卸作业,货物要发生垂直位移,不安全因素非常多。物流活动中发生的各种设备损坏事故、货物破损事故、人身伤亡事故等,相当一部分是装卸过程中发生的。尤其是一些危险品,在装卸过程中如违反操作规程进行不合理装卸,很容易造成爆炸、燃烧等重大事故。

4. 节约物流成本

装卸搬运是劳动力借助各种装卸搬运机械设备作用于货物的物流活动。为了进行该项活动,必须配备足够的装卸搬运人员和装卸搬运机械设备。由于装卸搬运作业量较大,往往是货物运量和库存量的若干倍,所需装卸搬运人员和机械设备数量亦比较大。而装卸搬运人员和机械设备的投入,都会记入物流成本,如能减少用于装卸搬运的人员和机械设备,就可以降低物流成本。

➤ 二、装卸搬运的特点

1. 附属性

装卸搬运是物流每一个环节开始及结束时必然发生的活动,因而有时常被人忽视,有时被看做其他操作时不可缺少的组成部分,具有附属性和伴生性的特点。

2.保障性

装卸搬运的附属性不能理解成被动的,事实上,装卸搬运对其他物流活动有一定的决定作用。因为装卸搬运会影响其他物流活动的速度和质量,提高装卸搬运的效率会保证其他物流活动的正常运行和有效衔接,具有保障功能。许多物流活动在有效的装卸搬运支持下,才能发挥高水平。

3.衔接性

在任何其他物流活动过渡时,都是由装卸搬运来进行衔接。因而,装卸搬运往往成为整个物流的"瓶颈",是物流各功能之间能否形成有机联系和紧密衔接的关键。

第三节　装卸搬运的分类与方法

➤一、装卸搬运的分类

(一)按设备对象划分

按设备对象可分为仓库装卸、铁路装卸、港口装卸、汽车装卸、飞机装卸等。

1.仓库装卸

仓库装卸是指配合入库、维护保养、出库等活动进行,并且以堆垛、上架、取货等操作为主的装卸搬运活动。

2.铁路装卸

铁路装卸是指对火车车皮的装进或卸出,特点是一次作业就实现一车皮的装进或卸出。铁路装卸很少出现仓库装卸时出现的整装零卸或零装整卸的情况。

3.港口装卸

港口装卸包括码头前沿的装船和后方的支持性装卸活动,有的港口装卸还采用小船在码头与大船之间"过驳"的办法,因而其装卸的流程较为复杂,往往经过几次的装卸及搬运作业才能最后实现船与陆地之间货物过渡的目的。

4.汽车装卸

汽车装卸一般一次装卸批量不大,由于汽车的灵活性,可以减少或省去搬运活动,而直接、单纯利用装卸作业达到车与物流设施之间货物过渡的目的。

5.飞机装卸

飞机装卸是指根据飞机的特性对货物进行装卸搬运的活动。

(二)按机械设备划分

按机械设备可分为"吊上吊下"方式、"叉上叉下"方式、"滚上滚下"方式、"移上移下"方式及散装散卸方式等。

1."吊上吊下"方式

"吊上吊下"方式是指采用各种起重机械从货物上部起吊,依靠起吊装置的垂直移动实现装卸,并在吊车运行的范围内或回转的范围内实现搬运,或依靠搬运车辆实现小搬运。由于吊起及放下属于垂直运动,因此该装卸方式属于垂直装卸。

2．"叉上叉下"方式

"叉上叉下"方式是指采用叉车从货物底部托起货物，并依靠叉车的移动实现货物的位移，搬运完全靠叉车本身，货物可不经中途落地直接放置到目的地。该方式垂直运动不大而主要是水平运动，属于水平装卸方式。

3．"滚上滚下"方式

"滚上滚下"方式是港口装卸的一种水平装卸方式，利用叉车或半挂车、汽车承载货物，连同车辆一起开上船，到达目的地后再从船上开下，称为"滚上滚下"方式。利用叉车的"滚上滚下"方式，在船上卸货后，叉车必须离船；利用半挂车、平车或汽车时，则托车将半挂车、平车拖拉至船上后，托车开下离船，而载货车辆连同货物一起运到目的地，再原车开下或拖车上船拖拉半挂车、平车开下。"滚上滚下"方式需要有专门的船舶，对码头也有不同要求，这种专门的船舶称"滚装船"。

知识链接

滚装船又称为"开上开下"船，或称"滚上滚下"船，是指利用运货车辆来载运货物的专用船舶，用牵引车牵引载有箱货或其他件货的半挂车或轮式托盘直接进出货舱装卸的运输船舶。

20世纪50年代后期，在集装箱船基础上，发展出一种新型船舶——滚装船。世界上第一艘滚装船"彗星"号，是美国于1958年建造的。直到1966年，丹麦才建成北欧第一艘滚装船"苏墨赛特"号。由于北欧地区的海岸潮差较小，公路运输网稠密，利用滚装船可构成公路运输和海上运输的集成运输系统，因此，滚装船在北欧的发展较多，20世纪末约占全世界滚装船运输总量的一半。滚装船在中国的海上航线应用也较多，如烟台—大连、海口—湛江等轮渡口岸都有应用。

4．"移上移下"方式

"移上移下"方式是在两车之间（如汽车、火车等）进行靠接，然后利用各种方式靠水平移动，而不使货物垂直运动，从一个车辆上推移到另一车辆上。"移上移下"方式需要使两种车辆水平靠接，因此，对站台或车辆货台需进行改善，并配合移动工具实现该装卸活动。

5．散装散卸方式

散装散卸方式是指对散装物进行装卸。一般从装点直到卸点，中间不再落地，这是集装卸和搬运于一体的装卸方式。

（三）按作业特点划分

按作业特点可分为连续装卸与间歇装卸。

1．连续装卸

连续装卸是同种大批量散装或小件杂货通过连续输送机械，连续不断地进行作业，中间不停顿，货间无间隔。在装卸对象固定、装卸量较大、货物对象不易形成大包装的情况下适用采取该方式。

2．间歇装卸

间歇装卸有较强的机动性，装卸地点可在较大范围内变动，主要适用于货流不固定的各种货物，尤其适用于大件货物、包装货物、散粒货物。

（四）其他分类方式

（1）按被装物的主要运动形式分为垂直装卸、水平装卸。

（2）按装卸搬运对象分为单件货物装卸、散装货物装卸、集装货物装卸等。

▶二、装卸搬运的方法

装卸搬运的基本方法，可以分别从作业对象、作业手段、装卸设备作业管理、作业方式的角度进行划分。

（一）按作业对象划分

按作业对象可分为单件作业法、集装作业法、散装作业法。

1. 单件作业法

单件作业法是指装卸搬运是逐件完成的一种作业方法。单件作业法适合于长大笨重货物、不宜集装的危险货物以及行包等。

2. 集装作业法

集装作业法是指将货物集零为整后再进行装卸搬运的方法。该方法又可按集装化方式不同，分为托盘作业法、集装箱作业法、货捆作业法、滑板作业法、挂车作业法等。

3. 散装作业法

散装作业法是对煤炭、矿石、建材等大宗货物采用的散装、散卸方法；以及粮食、食糖、化肥、水泥、化工原料等作业量大的货物，为提高装卸效率、降低成本而采用的散装、散卸方法。散装散卸方法主要分为：重力法（利用货物的位能完成装卸）；倾翻法（利用运输工具的载货部分倾翻完成卸货）；机械法（利用各种抓、铲、舀等机器完成装卸）；气力输送法（利用风机在管道内形成气流，依靠气体的动能或压差输送货物）。

单件、集装、散装作业设备与特点如表 6 - 2 所示。

表 6 - 2　单件、集装、散装作业设备与特点

机械类型	机械名称	特点
单件作业机械	桥式类型起重机、门式类型起重机、臂式类型起重机、梁式类型起重机、悬挂输送机、辊子输送机、带式输送机、板式提升机、电梯、升降台、升降机、大型叉车、侧叉、跨车、件货装（卸）船（车）机、各种类型分拣设备、盘式输送机、链式输送机	单件作业使用的装卸搬运机械也可用于各种集装单元的装卸搬运作业
集装作业机械	集装箱龙门起重机、岸臂集装箱起重机、集装箱叉车、集装箱跨车、侧面类型集装箱装卸车、水平类型集装箱装卸车、滚装类型集装箱装卸车、挂车和底盘车、牵引车、叉车、托盘搬运车、移动器、堆垛机、码盘机、卸盘机、汽车尾板装卸装置	专门用于搬运集装箱货物
散装作业机械	斗式类型装卸机、斗轮类型装卸机、侧翻类型装卸机、抓斗类型装卸机、连续输送机、气力输送装置	专门用来装卸搬运散装货物

（二）按作业手段及组织水平划分

按作业手段及组织水平可分为人工作业法、机械化作业法、综合机构化作业法。

（三）按装卸设备作业原理划分

按装卸设备作业原理可分为间歇式作业法和连续性作业法。

（四）按作业方式划分

按作业方式可分为吊装吊卸法和滚装滚卸法。

三、装卸搬运的目标

1.尽量减少装卸

尽管装卸作业本身并不产生价值，但如果进行了不适当的装卸作业，就可能造成商品的破损，甚至使商品完全失去使用价值。因此，尽量减少无效的装卸作业，减少装卸的次数，以及尽可能地缩短搬运距离等。装卸搬运作业不仅花费人力和物力，增加费用，还会严重影响商品的流通速度。如果多增加一次装卸，费用也就相应地增加一次，同时还增加了商品破坏、污损、丢失、消耗的机率。因此，装卸作业的经济原则就是"不进行装卸"。因此，装卸搬运首先考虑的就是如何才能减少装卸次数、缩短商品的移动距离问题。

2.保证装卸连续性

装卸的连续性是指将两处以上的装卸作业衔接好。进行装卸作业时，为了不使连续的各种作业中途停顿，使物流各环节协调进行，整理其作业流程是必不可少的。通过业务流程分析对商品的流动进行研究，使相关作业配合在一起，使一系列的装卸作业顺利进行，对整个物流活动起着至关重要的作用。

3.减轻人力装卸

减轻人力装卸就是把人的体力劳动改为机械化劳动，主要是在减轻体力劳动、缩短劳动时间、防止成本上升、劳动安全卫生等方面推进省力化、自动化、机械化、智能化。

第四节　装卸搬运合理化

一、不合理装卸搬运

不合理的装卸搬运会给企业造成巨大的损失，只有找出各种不合理的装卸搬运形式，才能加以预防。不合理的装卸搬运主要有以下几种：

1.装卸搬运次数多

在物流过程中，装卸搬运很容易产生货物的破损，频繁的装卸搬运活动会增加货损发生的概率，导致损失的不断增加。同时，每增加一次装卸搬运，就会增加企业的物流成本，还会降低整个物流活动的运转速度。

2.装卸搬运包装消耗大

在装卸搬运过程中，货物的包装过大过重会消耗劳动者的体力，产生无效劳动，若使用装卸搬运机械设备，则会导致设备的磨损、工作人员的支出、燃料等的增加，给企业带来额外的消耗。

3.装卸搬运中掺杂无效物质

进入物流过程中的货物，有时会掺杂没有使用价值或对用户来说无价值的各种掺杂物，如矿石中的水分、煤炭中的矸石、石灰中的未烧熟石灰及过烧石灰等。在反复装卸搬运作业中，这些无效物质会浪费过多的人力、物力、财力，造成不必要的费用支出。

▷二、装卸搬运合理化的内容

1.提高货物装卸搬运的灵活性与可运性

提高货物装卸搬运的灵活性与可运性是装卸搬运合理化的一项重要内容。在装卸搬运的基本原则中,要求装卸搬运作业必须为下一环节的物流活动提供方便,即所谓的"活性"。因此,不断提高活性指数是装卸搬运灵活性的重要标志。

装卸搬运的可运性是指装卸搬运的难易程度。影响装卸搬运难易程度的因素主要有:物品的外形尺寸;物品形状;物品所处的状态;物品的密度或笨重程度;损伤物品、设备或人员的可能性;物品的价值和使用价值等。

2.利用重力作用减少能量消耗

在装卸搬运时应尽可能消除货物重力的不利影响;同时,尽可能利用重力进行装卸搬运,以减轻劳动力和其他能量的消耗。在进行人力装卸搬运时,尽量做到"持物不步行",即货物的重量由台车、传送带等负担,人的力量只用于使载货车辆水平移动。利用重力装卸时,将槽或无动力的小型传送带倾斜安装在货车、卡车或站台上进行货物装卸,使货物依靠本身重量完成装卸搬运作业。

3.合理选择装卸搬运机械

装卸搬运机械化是提高装卸效率的重要环节。装卸机械化程度一般分为三个级别:第一级是用简单的装卸器具;第二级是使用专用的高效率机具;第三级是依靠电脑控制实行自动化、无人化操作。以哪一个级别为目标实现装卸机械化,不仅要从是否经济合理来考虑,而且还要从加快物流速度、减轻劳动强度和保证人与物的安全等方面来考虑。另一方面,装卸搬运机械的选择必须根据装卸搬运的物品的性质来决定。对箱、袋或集合包装的物品可以采用叉车、吊车、货车装卸,散装粉粒体物品可使用传送带装卸,散装液体可以直接用装运设备或储存设备装取。

4.合理选择装卸搬运方式

在装卸搬运过程中,必须根据货物的形状、重量、种类、性质来确定装卸搬运方式。在装卸时对货物的处理大体有三种方式:第一是"分块处理",即按普通包装对货物逐个进行装卸;第二是"散装处理",即对粉粒状货物不加小包装而进行的装卸;第三是"单元组合处理",即货物以托盘、集装箱为单位进行组合后的装卸。实现单元组合,可以充分利用机械进行操作,其优点是:操作单位大,作业效率高;能提高货物"活性";操作单位大小一致,易于实现标准化;装卸不触及货物,对物品有保护作用。

5.改进装卸搬运作业方法

装卸搬运是物流过程中的重要组成部分。合理分解装卸搬运活动,对于改进装卸搬运各项作业、提高装卸搬运效率有着重要的意义。采用直线搬运,可以减少货物搬运次数,使货物搬运距离最短;避免装卸搬运活动的"对流""迂回"等现象;防止人力和装卸搬运设备的停滞现象,合理选用装卸搬运机械设备等。在改进作业方法上,尽量采用现代化管理方法和手段,使用排队论、网络技术、人—机系统等,实现装卸搬运的连贯、顺畅、均衡。

6.创建"复合终端"

工业发达国家为了对运输线路的终端进行装卸搬运合理化改造,创建了所谓的"复合终端",即对不同运输方式的终端装卸场所,集中建设不同的装卸设施。在复合终端内集中设置汽车站场、铁路站场、水运港等,这样可以合理配置装卸、搬运机械,使各种运输方式有机地衔接起来。"复合终端"的优点在于:第一,节省了各种运输工具之间的中转搬运,有利于加快物流速度,减少装卸搬运活动所造成的货损;第二,由于各种装卸场所集中到复合终端,可以共同利用各种装卸搬运设备,提高了设备的利用率;第三,在复合终端中,可以利用规模经济的优势进行技术改造,大大提高了转运效率;第四,减少了装卸搬运的次数,有利于物流系统功能的提高。

装卸搬运在某种意义上是运输、仓储、包装、配送等活动的辅助活动。因此,特别要重视从物流全过程来考虑装卸搬运的最优效果。如果单独从装卸搬运角度考虑问题,不但限制了装卸搬运活动的功能发挥,而且还可能与其他物流环节发生冲突,影响物流系统的整体运行。

➤ 三、装卸搬运合理化的目标

1. 距离短

搬运距离的长短与搬运量大小和作业效率是紧密结合在一起的,装卸搬运距离最理想的目标是"零"。货物装卸搬运不发生位移是最经济的,然而这只是一种理想状态,移动都会产生距离。移动距离越长,费用越大;移动距离越短,费用越低。

2. 时间少

装卸搬运时间是指货物从开始装卸搬运到结束装卸搬运的时间。尽量压缩装卸搬运时间,就能够提高物流速度,及时、高效地满足客户的需求。可以通过装卸搬运机械化、自动化作业,缩短时间、节约费用、提高效率。

3. 质量高

装卸搬运的质量环节是装卸搬运合理化目标的核心,装卸搬运作业的质量高能够为客户提供优质的服务,同时保证生产的顺利进行。安全、及时地将货物装卸搬运到指定地点,是装卸搬运合理化的主体和实质。

4. 费用少

降低装卸搬运费用可以通过装卸搬运机械化和物流现代化来实现,这样做能大幅削减工作人员,降低人工费用。因此,必须合理规划装卸搬运流程,提高装卸搬运作业的机械化程度,实现装卸搬运作业的连续化,从而提高装卸搬运效率,降低装卸搬运成本。

➤ 四、装卸搬运合理化的途径

1. 消除无效作业

尽量减少装卸次数,减少人力、物力的浪费和货物损坏的可能性;提高被装卸货物的纯度,只装卸搬运必要的货物,对于掺杂物应先去除杂质后再装卸搬运更加合理;避免过度包装,减少无效负荷;选择最短的作业路线;充分发挥装卸搬运机械设备的能力和装载空间,中空的物件可以填装其他小物品再进行搬运,以提高装载效率;采用集装方式进行多式联运等,消除无效装卸搬运作业。

2. 提高装卸搬运活性

货物存放的状态各有不同,可以散放在地上,也可以放在托盘上,或装入集装箱等。存放状态的不同,造成装卸搬运难易程度上的不同。在装卸搬运过程中,往往需要多次装卸搬运作业,为使每一步装卸搬运都能按一定活性操作,将各种货物按不同的活性整理显得尤为重要。

在装卸搬运作业流程方案设计中,应结合活性理论,设计装卸搬运作业每道工序,改善装卸搬运作业流程,达到作业合理化、降低消耗、提高效率、节省费用的目的。

3. 充分利用重力

装卸搬运使货物发生了垂直和水平位移,必须通过做功才能完成。通过倾斜的输送带,依靠货物本身的重量进行装卸搬运,可大大降低劳动强度和能量的消耗。

4. 合理利用机械设备

装卸搬运机械设备大多在超重货物、搬运量大、人力难以操作、距离长、速度快、液体或粉状物料等情况下使用,解决人力操作上的缺陷。随着科技进步对装卸搬运机械设备的大力推动,装卸搬运的规模得到质的飞跃,效率不断提高,费用不断降低。

5. 合理选择装卸搬运方式

货物的重量、形状、种类、性质等有所不同,导致装卸搬运方式也随之发生变化,如何选择合理的装卸搬运方式将直接影响物流费用的高低。

第五节 装卸搬运设备

一、装卸搬运机械

随着物流现代化的不断发展,装卸搬运机械设备使用范围越来越广泛。科学合理地使用装卸搬运机械设备,发挥装卸搬运机械设备的潜能,是提高装卸搬运效率的有效手段。

装卸搬运机械是指用来搬移、升降、装卸和短距离输送物料或货物的机械。装卸搬运机械不仅能够对船舶和车辆货物进行装卸、搬运,而且能够对仓库的货物进行堆码、拆垛、运输。装卸搬运机械设备一览表如表6-3所示。

表6-3 装卸搬运机械设备一览表

设备名称	优点	适用范围	选择因素
叉车	具有适用性强、机动灵活、效率高的优点	在厂区内短距离运输,不准长距离运输和上快车道,配合托盘作业	根据配送中心作业区域面积大小选择
地牛	灵活,载荷3000千克,人力推动或者电动驱动行走	基本工具,应用广泛,配合托盘使用,也可单独使用	根据作业量的多少和作用程序复杂程度选择
手动堆垛装货机	人力操作,灵活方便	仓库作业重货的装卸	根据作业场地通道面积的大小选择
货架型平台备货车	机动灵活,效率高	适合库房内的分拣作业	根据装卸货物的形态来选择,通常用来运送散货
登高车	可方便人员站在车平台上实现存取货物等作业行为	仓库内部货物的存取	货物的摆放高度

续表 6 – 3

设备名称	优点	适用范围	选择因素
堆垛机	车身结构灵巧轻便,转动半径小,操作舒适	仓库内部货物的堆垛	货物搬运的重量
滚筒式输送机	输送量大,速度快,运转轻快	配送中心货物的传送	货物的传送距离
杠杆式手推车	轻巧、灵活、转向方便	仓库内货物的搬运	货物的搬运距离

▶二、装卸搬运机械的选择原则

1. 满足现场作业需要

装卸搬运机械应符合现场作业的需要,如在铁路专用线的车站、仓库等可选择门式起重机;在库房内可选择桥式起重机;在使用托盘和集装箱作业时,可选择叉车和跨载起重机。机械的作业能力与现场作业量之间应形成最佳的配合状态。影响物流现场装卸作业量的最基本因素是吞吐量,另外还要考虑堆码、拆垛作业量等因素的影响。在能够完成同样作业效能的前提下,应尽量选择性能好、节省能源、便于维修、成本较低的装卸机械。

2. 控制作业费用

装卸机械作业发生的费用主要有设备投资额、运营费用和装卸作业成本等。其中,设备投资额是平均每年机械设备投资的总和与相应的每台机械在一年内完成装卸作业量的比值;装卸机械的运营费用是指某种机械一年运营总支出和机械完成装卸量的比值;装卸作业成本是指在某一物流作业现场,机械每装卸一吨货物所支出的费用,即每年平均设备投资支出和运营支出的总和与每年装卸机械作业现场完成的装卸总吨数之比。

3. 装卸搬运机械的配套

装卸搬运机械的配套是指根据现场作业性质、运送形式、搬运距离、速度等要求,合理选择不同类型的相关设备。主要包括克服各种机械自身的弱点,使多台装卸机械在生产作业区内能够有效衔接;设备吨位要相互匹配,便于发挥出每台设备的最大能力;合理安排运行距离,缩短总的物流作业时间等。

案例

联华便利物流中心装卸搬运系统

联华公司创建于 1991 年 5 月,是上海首家发展连锁经营的商业公司。经过多年的发展,已成为中国最大的连锁商业企业,连续多年位居全国零售业第一。联华公司的快速发展,离不开高效便捷的物流配送中心的大力支持。目前,联华共有 4 个配送中心,分别是 2 个常温配送中心、1 个便利物流中心、1 个生鲜加工配送中心,总面积 7 万余平方米。

联华便利物流中心总面积 8000 平方米,由 4 层楼的复式结构组成。为了实现货物的装卸搬运,配置的主要装卸搬运机械设备为:电动叉车 8 辆、手动托盘搬运车 20 辆、垂直升降机 2 台、笼车 1000 辆、辊道输送机 5 条、数字拣选设备 2400 套。

在装卸搬运时,操作过程如下:对来货卸下后,把其装在托盘上,由手动叉车将货物搬运至入库运载处,入库运载装置上升,将货物送上入库输送带。当接到向第一层搬送指示的托盘在经过升降机平台时，不再需要上下搬运，将直接从当前位置经过一层的入库输送带自动分配到一层入库区等待入库；接到向二至四层搬送指示的托盘，将由托盘垂直升降机自动传输到所需楼层。当升降机到达指定楼层时，由各层的入库输送带自动搬送货物至入库区。货物下平台时，由叉车从输送带上取下托盘入库。

出库时，根据订单进行拣选配货，拣选后的出库货物用笼车装载，由各层平台通过笼车垂直输送机送至一层的出货区，装入相应的运输车上。

先进实用的装卸搬运系统，为联华便利店的发展提供了强大的支持，使联华便利物流运作能力和效率大大提高。

复习思考题

一、填空题

1._____是指从物的静止状态转变为装卸状态的难易程度。

2._____是指用来搬移、升降、装卸和短距离输送物料或货物的机械。

3.装卸搬运按作业特点可分为连续装卸与_____。

4.装卸搬运按被装物的主要运动形式分为_____、水平装卸。

二、单项选择题

1.装卸搬运的难易程度分为_____级别。

A.五个   B.六个   C.七个   D.八个

2.装卸搬运的特点有_____、保障性、衔接性。

A.随机性   B.附属性   C.主导性   D.伴生性

3.装卸搬运按作业对象可分为单件作业法、_____、散装作业法。

A.人工作业法   B.机械化作业法

C.综合机构化作业法   D.集装作业法

三、简答题

1.简述装卸搬运的原则。

2.简述装卸搬运的分类。

3.简述装卸搬运的方法。

4.简述装卸搬运合理化的内容。

5.简述装卸搬运合理化的目标。

6.简述装卸搬运合理化的途径。

7.简述装卸搬运机械的选择原则。

第七章

流通加工

流通加工是配送的前沿,是衔接储存与末端运输的关键环节。

知识目标

1. 了解流通加工的概念
2. 掌握流通加工的类型
3. 掌握流通加工的目的与内容
4. 掌握流通加工的方法

技能目标

1. 掌握流通加工的不同类型及其特征
2. 掌握流通加工的操作技术
3. 掌握实现流通加工合理化的途径

关键概念

流通加工;磨制木屑压缩输送;集中开木下料;煤炭除矸加工;冷冻加工;流通加工合理化

第一节　流通加工概述

一、流通加工的概念

国家标准《物流术语》中对流通加工的定义为:"流通加工(distribution processing)是物品在从生产地到使用地的过程中,根据需要施加包装、分割、计量、分拣、刷标志、拴标签、组装等作业的总称。"

流通加工是为了提高物流速度和物品的利用率,在物品进入流通领域后,按客户的要求进行的加工活动,即在物品从生产地向消费地流动的过程中,为了维护商品质量、促进销售和提高物流效率,对物品进行一定程度的加工。流通加工通过改变或完善流通对象的形态来实现"桥梁和纽带"的作用,因此流通加工是流通中的一种特殊形式。

二、流通加工产生的原因

1. 流通加工是现代生产方式的产物

现代生产发展趋势之一就是生产专业化、规模大型化,依靠单品种、大批量的生产方法降低生产成本获取规模经济效益,生产相对集中。这种生产专业化、规模大型化的程度越高,生产相对集中的程度也就越高。生产的集中化进一步引起产需之间的分离,具体表现为生产商与消费者之间在空间、时间上的分离,即生产及消费不在同一个地点,而是有一定的空间距离;生产及消费在时间上不能同步,而是存在着一定的"时间差",弥补这些分离的手段则是运输、储存及市场交换。另外一种重大的分离是生产与需求在产品功能上的分离。尽管"用户第一"等是许多生产商的主导思想,但是,生产有其自身的规律,在强调大生产的工业化社会,大生产的特点之一就是"少品种、大批量、专业化",产品的功能(品种、规格、性能)往往不能和消费需要密切衔接。弥补这一分离的方法就是流通加工。所以,流通加工的出现实际是现代生产发展的一种必然结果。

2. 流通加工是网络经济时代服务社会的产物

流通加工的出现与现代社会消费的个性化有关,消费的个性化和产品的标准化之间存在着一定的矛盾,使本来就存在的产需分离问题变得更加严重。弥补这种分离可以采取增加一道生产工序或消费单位加工的方法,但在个性化问题日益突出后,采取上述弥补措施势必会使生产及生产管理的复杂性和难度增加,按个性化生产的产品难以组织高效率、大批量的流通。所以,在消费个性化的新形势及新观念下,流通加工的出现显得尤为重要。

3. 流通加工是人们对流通观念转变的产物

在社会再生产全过程中,生产过程是典型的加工制造过程,是形成产品价值及使用价值的主要过程,再生产型的消费其实和生产过程一样,通过加工制造消费初级产品而生产出深加工产品。

传统观念认为,流通过程只是实现商品价值及使用价值的转移,而加工制造几乎全部集中于生产及再生产过程中。在社会生产向大规模生产、专业化生产转变之后,社会生产越来越复杂,随着生产的标准化和消费的个性化出现,生产过程中的加工制造已经无法满足消费者的要求。而由于流通的复杂化,生产过程中的加工制造也常常不能满足流通的要求。于是,加工活动开始部分地由生产及再生产过程向流通过程转移,在流通过程中形成了某些加工活动,即流通加工。

流通加工的出现使流通过程明显地具有了"生产性",改变了长期以来形成的"价值及使用价值转移"的旧观念,使人们意识到,流通过程从价值观念来看是可以主动创造价值及使用价值的,而不单是被动地"保持"和"转移"的过程。

4. 效益观念的树立

从20世纪60年代以来,效益问题逐渐引起广泛关注。过去盲目追求高技术,引起了燃料、材料投入的大幅度上升,结果新技术、新设备的使用,并没有实现期望中的结果。70年代初,第一次石油危机的发生证明了效益的重要性,使人们牢牢树立了效益观念,流通加工可以用少量的投入获得更大的效果,是一种高效益的加工方式,自然得以发展。所以,流通加工从技术上来讲,可能不需要采用什么先进技术,但这种方式是现代观念的反映,在现代社会再生产过程中起着非常重要的作用。

➤三、流通加工的作用

1. 提高原材料利用率

通过流通加工进行集中下料,将生产商直接运来的简单规格产品,按客户的要求进行下料。如将钢板进行切、裁剪板;木材加工成各种长度及大小的板、方等。集中下料可以优材优用、小材大用、合理套裁,极大地提高原材料的利用率,有很好的技术经济效果。

2.方便用户

用量小或临时需要的用户,不具备进行高效率初级加工的能力,通过流通加工可以使用户省去进行初级加工的投资、人力、设备,方便了用户。目前发展较快的初级加工有:将水泥加工成混凝土,将原木或板、方材加工成门窗,钢板预处理、整形等。

3.提升加工效率及设备利用率

在分散加工的情况下,加工设备由于生产周期和生产节奏的限制,设备利用率时高时低,使得加工过程不均衡,设备加工能力得不到充分发挥。而流通加工面向全社会,具有加工范围广、加工数量大、加工任务多的特点。可以通过建立集中加工点,采用一些效率高、技术先进、加工量大的专门机械设备,一方面提高了加工效率和加工质量,另一方面还提高了设备利用率。

➤ 四、流通加工在物流中的地位

1.有效地完善了流通

流通加工在实现时间效用和场所效用这两个重要功能方面,确实不能与运输和仓储相比,因而,流通加工不是物流的主要功能要素。另外,流通加工的普遍性也不能与运输、仓储相比,流通加工不是对所有物流活动都是必需的。但这绝不是说流通加工不重要,实际上它也是非常重要的,它具有补充、完善、增强与提高的作用,能起到运输、仓储等其他功能要素无法起到的作用。因此,流通加工的地位可以概述为:提高物流水平,促进流通向现代化方向发展。

2.物流的重要利润来源

流通加工是一种低投入、高产出的加工方式,往往以简单加工解决大问题。实践中,有的流通加工通过改变商品包装,使商品档次升级而充分实现其价值;有的流通加工可将产品利用率大幅提高。这些都是采取一般方法期望提高生产率所难以达到的。实践证明,流通加工提供的利润并不亚于从运输和仓储中挖掘的利润。因此,流通加工也是物流业的重要利润来源。

3.重要的加工形式

流通加工在整个国民经济的组织和运行方面是一种重要的加工形式,对推动国民经济的发展、完善国民经济的产业结构具有非常深远的意义。

第二节 流通加工的类型与内容

➤ 一、流通加工的类型

流通加工的种类很多,大体可分为以下十种形式:

(一)为了弥补生产领域加工不足的深加工

许多产品在生产领域的加工只能达到一定程度,这是由于存在许多限制因素制约了生产领域不能完全实现终极的加工。这种流通加工实际上是生产的延续,是生产加工的深化,对弥补生产领域加工不足有着重要的意义。

（二）为满足用户需要的多样化进行的服务性加工

从需求角度看，需求存在着多样性和变化快的特点，为了满足这些要求，经常由用户自己设置加工环节。就用户来讲，现代生产的要求是生产型企业尽可能地减少流程，集中力量从事较复杂的技术性较强的作业，而不是将大量初级加工包揽下来，这种初级加工带有服务性，由流通加工来完成，生产型企业可以缩短生产流程，使生产技术密集程度提高。

（三）为保护产品所进行的加工

在物流过程中，直到用户投入使用前都存在对产品的保护问题，防止产品在运输、仓储、包装、装卸搬运等过程中遭到损失，保证使用价值顺利实现。与前两种加工方式不同，这种加工不改变进入流通领域的货物的外形及属性，主要通过稳固、冷冻、保鲜、涂油、改换包装等加工方式，实现对产品的保护功能。

（四）为提高物流效率的加工

某些产品本身形态难以进行物流操作，而通过流通加工，可以使物流各环节方便操作，这些加工往往改变了货物的物理状态，但并不改变其化学特性，并且最终仍然能恢复其原有的物理状态。

（五）为促进销售的流通加工

流通加工可以从若干方面起到促进销售的作用，如将过大包装或散装物分装成适合一次销售的小包装的分装加工；将保护产品为主的运输包装改换成以促进销售为主要目的的销售包装，以起到吸引消费者、指导消费者的作用；将零配件组装成用具、车辆以便于直接销售；将蔬菜、肉类、鱼类洗净切块以满足消费者要求等。这种流通加工有些不改变货物的本体，只是进行简单的改装加工，有些是组装、分块等深加工。

（六）为提高加工效率的流通加工

许多生产型企业的初级加工由于数量有限加工效率不高，也难以投入先进科学技术。流通加工以集中加工形式，解决了单个企业加工效率不高的问题。以一定数量的流通加工企业代替了多个生产企业的初级加工工序，促使生产水平有明显的提高。

（七）为提高原材料利用率的流通加工

流通加工利用其综合性强、用户多等特点，可以通过合理规划、合理套裁、集中下料的方法，有效提高原材料利用率，减少损失浪费。

（八）使物流合理化的流通加工

在干线运输与支线运输的节点上，设置流通加工环节，可以有效解决大批量、低成本、长距离干线运输与少批量、多品种、多批次末端运输和集货运输之间的衔接问题，在流通加工点与生产企业之间形成大批量、定点运输的渠道，并且以流通加工中心为核心，组织对用户的配送，也可在流通加工点将运输包装转换为销售包装，从而有效衔接不同的运输方式。

（九）实现企业利润的流通加工

流通加工的一系列优点，可以形成一种"利润中心"的经营形态，这种类型的流通加工是经营的一环，在满足生产和消费要求基础上取得利润，同时在市场和利润引导下使流通加工在各个领域得到有效的发展。

（十）生产——流通一体化的流通加工

依靠生产企业与流通企业的联合，或者生产企业涉足流通，或者流通企业涉足生产，形成生产企业与流通加工企业之间的合理分工、合理规划、合理组织，统筹进行生产与流通加工的安排，这就是生产——流通一体化的流通加工形式。这种形式可以促使产品结构及产业结构的调整，充分发挥企业集团的经济技术优势，是流通加工领域的新形式。

二、流通加工的目的及内容

（一）流通加工的目的

流通加工的目的主要表现为以下几方面：

（1）适应多样化的客户需求。

（2）通过流通加工保持并提高货物的保存机能。

（3）提高货物的附加值。

（4）规避风险，实现物流系统化的目标。

（二）流通加工的内容

1.食品的流通加工

流通加工最多的是食品行业，为了便于保存，提高流通效率，食品的流通加工是不可缺少的，常见的食品加工项目有：鱼、肉、禽类的冷冻；生鲜食品及蔬菜的速冻包装、真空包装；生奶酪的冷藏；将冷冻的鱼肉磨碎以及蛋品加工；粮谷类的自动包装；鲜牛奶的灭菌和摇匀。

2.消费资料的流通加工

消费资料的流通加工是以满足客户需求，促进产品销售为目的，大多加工方法简单易操作，一般由配送中心或销售单位完成。如服装的标识和印记商标；粘贴标价；家具的组装；安装广告幕墙；家用电器的安装；地毯剪切等。

3.生产资料的流通加工

具有代表性的生产资料加工是钢铁的加工，如钢板的切割，使用矫直机将薄板卷材展开、纵向切割，切割成型钢材等。

第三节 流通加工的方法及管理

一、流通加工的方法

（一）水泥熟料磨制加工

成品水泥是粉状物，在物流的各个环节都容易污染环境，危害人类健康，还容易吸潮变质而失去其使用价值。水泥的半成品熟料，是颗粒状物体，不会造成粉尘飞扬，也不会吸潮变质失效，其化学成分和成品水泥相同。如果从水泥生产厂将水泥熟料投入到物流过程中，在水泥使用者所在地附近设立加工点，再将熟料研磨成粉状，就成为成品水泥，这样做避免了运输过程中的环境污染、人身伤害及吸潮失效等问题。在需要经过长距离运输的情况下，以熟料形态代替传统的粉状水泥有许多优点，具体包括以下几个方面：

1.缓解运输压力

水泥中有许多添加物,如矿渣平均含量达 30%,如果水泥的使用地能够找到工业废渣,就没有必要从水泥厂运输这些矿渣成分,而可以只运输 70% 的纯水泥成分,在流通加工地将废渣掺入水泥,可以降低运费,节约运力。同时水泥输送的吨位也大大减少,有利于缓解铁路运输的压力。

2.方便使用

水泥厂的水泥标号较高,使用时经常需要低标号水泥,若没有流通加工点,只好用高标号水泥代替低标号水泥,造成浪费。如果以熟料作为长距离运输的形态,在使用地加工粉碎,就可以按实际需要生产各种标号的水泥,尤其可以大量生产低标号的水泥,减少水泥长距离运输的数量。

3.实现低成本运输

颗粒状的水泥熟料不需要专门的装卸与运输工具和劳动保护设备,完全可以使用通用的物流设备,比装运散装水泥具有更好的技术经济效果。

4.降低物流损失

颗粒状的熟料不像粉状水泥那样易于散失,不会遇潮结块失去水泥的使用价值,将物流过程中的损失降到最小。

5.更好地衔接产需双方

采用长途输送熟料的方式,从水泥厂到熟料加工点可实行大批量的直达送货,各用户向熟料加工点零星订货,这样既降低了水泥的单位运输费用,又能及时满足水泥用户的小批量多规格的要求,具有明显的优越性。

(二)混凝土集中搅拌

将粉状水泥运送到使用地区的流通加工点,称为集中搅拌混凝土工厂。在那里将粉状水泥添加上石块、黄沙、其他配料和水,搅拌成商品混凝土,然后供应给各个建筑工地或预制件生产厂使用,这是水泥流通加工的又一种重要形式。有时将熟料粉碎与混凝土搅拌结合起来,效果更好。集中搅拌混凝土作为流通加工的一种形式,有以下几方面的优点:

1.提高混凝土质量

在集中搅拌时,可以采取准确的计量手段和选择最佳的工艺;可以根据不同的需要,大量使用混合材料拌制不同性能的混凝土;可以在提高混凝土的质量、节约水泥、提高生产率方面获益,具有大生产的一切优点。

2.控制环境污染

集中搅拌混凝土可以采用先进的废水回收技术和设备来控制环境污染,即使是不可避免的粉尘和废水污染,集中搅拌也比分散搅拌更容易控制且危害要小很多。

3.使物流更加合理

在混凝土集中搅拌点与水泥厂(库)之间建立固定的供应渠道,高效率大批量地输送水泥熟料,而在搅拌点与混凝土用户之间建立配送网,可以大大提高物流活动的效率,使物流各环节的衔接更加合理,整个物流系统的运转更加高效。

另外,采用集中搅拌混凝土的方式,也有利于新技术的推广应用,大大简化了工地材料的管理、节约施工用地等。

（三）钢板套裁剪板

制造业所需的各种钢板、铁皮等材料交货长度可达 7～12 米,有的甚至成卷交货。对于生产量不大的中小企业,单独设置剪板设备投入较大,设备长时间处于闲置状态,增加了生产成本;如果企业用简单的方法切割钢板,如电弧、乙炔气体高温切割,则效率低,割口宽,浪费材料,金属的晶体结构也会破坏。如果在钢板用户企业较为集中的地方建立剪板加工流通中心,设置各种剪板机集中下料,将较大的钢板根据用户需要切成小规格钢板,或切成毛坯。这样做的好处是剪板机剪板并不会改变金属的晶体结构,切缝小,边角料小。集中加工的批量大,可以组织流水线式的连续加工,大幅度提高加工生产率,降低生产成本。同时,流通中心还可以发挥配送的作用,随时按用户的要求供货,实现用户零库存。在加工中心,除了对钢板剪裁,还可以对圆钢、型钢、线材进行集中下料等。

（四）木材的流通加工

木材是一种重要的工业原料,又是可再生资源,用途广泛。木材有两种主要的流通加工方法:

1. 磨制木屑压缩输送

木材的重量较轻,尤其是原木的形状不规则,装车、船不方便,运输工具的利用率低。对一些材质较差的木材,可以在木材产地建流通加工中心,将劣质木材就地磨制成木屑,再压制成容积较大的规则形状,运输至造纸厂等需要这种压缩木屑为原料的加工企业,可以有效节约运输成本。

2. 集中开木下料

在流通加工点将原木锯成各种规格的木板、木方,开槽、刨平、凿孔,再送到用户手中,由用户根据自己的需要组合成各种家具,建筑单元免去各用户各自锯木的低效率和对木材边角余料的浪费,同时还可以将碎木、锯末、刨花集中加工成预制板或作为造纸原料,最大限度节约木材。

（五）平板玻璃的流通加工

在居民集中区建立玻璃流通加工中心,按用户提供的尺寸统一裁制小块玻璃,提供成品玻璃,可以提高平板玻璃的利用率,并且集中回收玻璃的边角余料。从玻璃厂到流通加工中心运输平板玻璃可以搞大规模集装,简化了玻璃的包装,降低了运输过程中的破损。

（六）煤炭、天然气等燃料的流通加工

1. 煤炭的流通加工

煤炭是工业生产的主要燃料,主要有以下三种流通加工形式:

（1）煤炭除矸加工。

地下开采出来的煤炭或多或少都混有一些燃烧值相对较低的煤块,称为煤矸石。在燃料燃烧值要求较高的工业企业中,不允许煤炭中含有煤矸石,要在烧煤前将煤矸石拣出去,但此时的煤矸石已经和煤炭一样经历了整个物流过程。因此,应在煤矿附近建立一座煤炭分拣流通加工中心,拣出煤矸石,只将纯煤投入物流系统,以节约流通费用。

（2）煤浆加工。

煤炭的运输量很大,如果采用传统的车船等运输工具进行运输,装卸、运输、装卸搬运等物流环节的运输成本较高,环境污染严重,还容易发生火灾。如果在煤矿附近将煤炭掺水再磨成

煤浆,就可以像液体一样用管道运输。这种方式能够连续快速地输送煤炭,避免了成本浪费和环境污染,减少了火灾隐患。在水力采煤的煤矿中利用这种流通加工形式更为方便,采煤的同时就可以顺便将煤水混合磨成煤浆。

(3)配煤加工。

用户烧煤不一定希望煤的燃烧值越高越好,或越纯越好,而是根据需要希望达到合适的燃烧值。因此,可以在煤炭用户相对集中的地区设立配煤加工中心,将不同质量的煤按不同配方混合,配成各种发热量的燃料,既满足了不同类型用户的需要,又避免了浪费,便于控制生产过程和产品质量。

2.石油气、天然气等的液化加工

由于气体输送、保存比较困难,石油气和天然气往往只能就地使用,如果当地资源充足而使用不完,通常会就地燃烧,造成浪费与污染。如果在石油气、天然气田设立气体压缩加工中心,将气体压缩到临界压力之上,使之由气体变成液体,就可以用容器运输,也可以分别装入液化气瓶使用。

(七)生鲜食品的流通加工

农、林、牧、副、渔作为第二产业的代表,为人类提供了绝大多数的生活必需品,其中包括蔬菜、水果、肉、蛋奶、海产,这些生鲜食品的运输、储存条件非常苛刻,容易发生变质、污染、破损、不新鲜等变化,轻则失去食品的部分使用价值,重则完全失去使用价值和价值,甚至危及人类健康。生鲜食品的物流,一直是物流系统的难点。有以下几种生鲜食品的流通加工形式:

1.冷冻加工

食用鲜肉、海鲜产品、速冻食品以及医疗用生物制剂等商品在常温下极易变质失去使用价值,而且不便于装卸运输。采用低温冷冻加工,抑制商品的生化反应过程及微生物的活动,同时使商品中的水分冷冻固化,极大地方便了物流中的运输和储运等环节。

2.分选加工

蔬菜、水果、谷物、棉毛原料等货物,由于个体规格和质量在生产过程中比较难于控制,混合装运既不利于装卸和运输,又降低了货物的使用价值。如果用人工或机械方式将不同质量、不同规格的产品分选,就可大大提高商品的价值,提高装运效率。

3.精制加工

许多种农副产品本身包含一部分无用物,如菜根、果皮、果核等。这些无用的废弃物加重了物流的负担,给销售者和消费者带来麻烦。精制加工是在商品的产地或是批发地附近建立加工点,去除产品的无用部分,同时进行切分、洗净、分装等加工。这样做既方便了消费者,降低了物流成本,又可以对废弃物进行综合利用,避免了资源浪费。

4.分装加工

许多生鲜食品零售起点较小,而为了保证高效输送,出厂包装则较大,也有一些采用集装运输方式运达销售地区。为了便于销售,可在销售地区按要求的零售起点进行新的包装,即大包装改小包装、散装改小包装、运输包装改销售包装。

(八)机电产品组装加工

自行车及机电产品的储运问题一直困扰着企业,如进行防护包装,包装成本过大,并且运载困难,装载效率低,流通成本较高。为解决储运问题,降低储运费用,采用半成品(部件)简易包装出厂、在消费地拆箱组装的方式。组装一般由流通部门在所设置的流通加工点进行,组装之后随即进行销售。

二、流通加工的管理

流通加工的管理,从其本质上来说,和生产领域的生产管理一样,是对流通领域中的生产加工作业管理。所不同的是,流通加工管理既要重视生产的一面,更要重视销售的一面,因后者是它加工的主要目的。流通加工管理工作,可分计划管理、生产管理、成本管理和销售管理等。

(一)计划管理

计划管理是指对流通加工的产品,必须事先制订计划,如对加工产品的质量、数量、规格、包装要求等,按照客户的需求,作出具体计划,并且按计划进行加工生产。计划管理的主要内容包括:

(1)改变管理意识,将生产部门管理工作从过去仅重视成品生产量导入到重视物料管理、重视生产计划交货期、掌握库存控制技术、搞好质量管理和现场管理的观念上。

(2)应规范生产计划制度,加大力度推行年度计划和季度计划,落实月生产计划。

(3)实施各项管理制度。车间实行生产计划管理和物料管理制度,并建立管理规范和操作规范,要求生产系统管理人员随时监控计算机里的数据是否正确,同时要求制订可行的订货原则、物料消耗指标、安全库存量、生产能力指标等管理数据,使各车间的加工处于受控制状态。

(二)生产管理

生产管理是指对生产过程中的工艺管理,如生产厂房、车间的设计;原材料的储存供应;生产工艺流程的安排;产成品的包装、入库等一系列的工艺流程设计是否科学、合理与现代化。

生产管理的制度化、标准化和程序化是科学管理的基础。只有在合理的管理体制、完善的规章制度、稳定的生产程序、一整套科学管理方法和完整、准确的原始数据基础上,才能使生产管理实现新的飞跃,并为计算机管理奠定一个良好的基础。

(三)成本管理

在流通加工中,成本管理也是一项重要的内容,一方面,加工是为了方便用户,创造社会效益;另一方面,也是为了扩大销售,增加企业效益,所以,必须认真计算成本,不能进行亏本的加工。

成本计算必然涉及流通加工费用。流通加工费用包括:流通加工材料费用、流通加工劳务费用、流通加工设备费用及流通加工其他费用。对流通加工费用的管理,必须注意以下几点:

1.合理确定流通加工的方式

流通企业应根据服务对象,选择适当的加工方法和加工深度,不同的加工方法和加工深度的费用支出是不同的。

2.合理确定流通加工的能力

流通加工费用与加工的批量、加工数量存在着正比关系,应根据物流需要和加工者的实际能力确定加工批量和数量,避免出现加工能力不足或加工能力过剩的现象。

3.流通加工费用的单独核算

为了分析流通加工费用的支出情况、经济效益,要求对流通加工费用单独管理,进行单独核算。

4.制定反映流通加工特征的经济指标

制定出能够科学反映流通加工特征的经济指标,如反映流通加工单位产品增值程度的增值率,反映流通加工在材料利用方面的材料出材率、利用率等指标,以便更好地反映流通加工的经济效益。

第四节　流通加工合理化

➤一、不合理的流通加工

1.流通加工地点设置不合理

流通加工地点设置即布局状况是决定整个流通加工是否有效的重要因素。一般来说,为衔接单品种、大批量生产与多样化需求的流通加工,加工地点设置在需求地区,才能实现大批量的干线运输与多品种末端配送的物流优势。如果将流通加工地设置在生产地区,一方面,为了满足用户多样化的需求,会出现多品种、小批量的产品由产地向需求地的长距离的运输;另一方面,在生产地增加了一个加工环节,同时也会增加近距离运输、保管、装卸等一系列物流活动。

2.流通加工方式选择不当

流通加工方式包括流通加工对象、流通加工技术、流通加工工艺、流通加工程度等。流通加工方式的确定实际上是与生产加工的合理分工。分工不合理,把本来应由生产加工完成的作业错误地交给流通加工来完成,或者把本来应由流通加工完成的作业错误地交给生产过程去完成,都会造成不合理。

流通加工不是对生产加工的代替,而是一种补充和完善。如果工艺复杂,技术装备要求较高,或加工可以由生产过程延续或轻易解决的,都不宜再设置流通加工。如果流通加工方式选择不当,就可能会出现与生产加工争利的结果。

3.增加流通加工的无效作业

有的流通加工过于简单,或者对生产和消费的作用都不大,甚至有时由于流通加工的盲目性,不仅没有解决品种、规格、包装等问题,相反却增加了作业环节,这也是流通加工不合理的重要表现形式。

4.流通加工成本过高

流通加工的一个重要优势就是它有较大的投入产出比,因而能有效地起到补充、完善生产加工的作用。如果流通加工成本过高,则不能实现以较低投入实现更高使用价值的目的,严重影响企业的经济效益。

➤二、实现流通加工合理化的途径

为了避免各种流通加工不合理现象,对是否设置流通加工环节、在什么地点设置、选择什么类型的加工、采用何种技术装备等方面,都需要作出正确决策。目前,实现流通加工合理化主要可以从以下几方面考虑:

1. 加工和配送相结合

可以将流通加工设置在配送点中，一方面按配送的需要进行加工；另一方面加工又是配送业务流程中分货、拣货、配货的一个重要环节，加工后的产品直接进入配货作业，无需单独设置一个加工的中间环节，使流通加工有别于独立的生产，而使流通加工与配送巧妙地结合在一起。同时，由于配送之前有加工，可使配送服务水平大大提高，这是流通加工合理化的重要形式，在水泥、煤炭等产品的流通中表现出较大的优势。

2. 加工和运输相结合

利用流通加工，能有效地衔接干线与支线运输，促进两种运输形式的合理化。一般情况下，在支线运输转干线运输或干线运输转支线运输过程中，需要进行必要的停顿，但流通加工与运输相结合后，可以不进行一般的支转干或干转支，而是按干线或支线运输合理的要求进行适当加工，从而大大提高运输及运输转载水平。

3. 加工和配套相结合

在对配套要求较高的流通中，配套的主体来自各个生产企业。但是，完全配套有时无法全部依靠现有的生产企业，进行适当的流通加工，可以促成有效配套，大大提高流通的桥梁与纽带功能。

4. 加工和节约相结合

节约人力、节约能源、节约设备、节约耗费是流通加工合理化重要的考虑因素，也是目前我国设置流通加工、考虑其合理化的较普遍形式。

5. 加工和商流相结合

通过加工有效促进销售，使商流合理化，也是流通加工合理化的考虑方向之一。加工和配送的结合，提高了配送水平，强化了销售。此外，通过简单地改变包装加工，方便用户购买，通过组装加工解除客户使用前进行组装、调试的难处。

知识链接

对于流通加工合理化的最终判断，关键在于看其是否能够实现社会和企业本身的两个效益，而且是否取得了最优效益。对流通加工企业而言，与一般生产企业最重要的不同之处是：流通加工企业更应树立社会效益第一的观念，只有以补充完善为己任的前提下才有生存的价值，如果只是追求企业的微观效益，不适当地进行加工，甚至与生产企业争利，会有违于流通加工的初衷，或者其本身已不属于流通加工范畴。

案例

TNT 的时装 RSD 服务

RSD 是 TNT 澳大利亚公司下属的一家分公司开展的物流服务业务，RSD 服务是指时装的接受（receive）、分类（sort）、配送（distribution）三项服务。该服务可以为顾客提供从任何地方来，到任何地方去的时装流通加工、运输、分送的服务。

时装 RSD 服务是建立在时装仓库的基础上的。时装仓库最大的特点是，具有悬挂时装的多层仓库导轨系统。一般有 2～3 层导轨悬挂的时装，可以直接传输到运送时装的集装箱里，形成时装取货、分类、库存、分送的仓储、流通加工、配送等的集成系统。在此基础上，无论是平装或悬挂的时装，都可以通过最高效的时装运输条件，进行"门到门"的运输服务。

在先进的时装运输服务基础上,公司开展 RSD 服务项目,其实质就是一种流通加工业务。RSD 服务满足了时装制造厂商、进口商、代理商或零售商的需要,依据顾客及市场的情况对时装的取货、分类、分送(供销)全部过程负责。时装 RSD 服务可以完成制衣过程的质量检验等工作,并在时装仓库中完成进入市场前的一切准备工作。具体内容包括:

(1)取货。直接到制衣厂上门取时装。

(2)分类。根据时装颜色、式样进行分类。

(3)检查。检查时装颜色、脱线等质量问题。

(4)装袋。贴标签后装袋、装箱。

(5)配送。按销售计划,直接送达经销商或用户。

(6)信息服务与管理。提供相应的时装信息服务和计算机化管理。

许多属于生产过程的工作程序和作业,可以在仓储过程中完成,这是运输业务的前向和后向延伸,是社会化分工协作的又一具体体现。这样,服装生产厂家,可以用最小的空间、最少的时间、最低的成本来实现自己的销售计划,物流企业也有了相对稳定的业务量。

复习思考题

一、填空题

1._____是物品在从生产地到使用地的过程中,根据需要施加包装、分割、计量、分拣、刷标志、拴标签、组装等作业的总称。

2.煤炭是工业生产的主要燃料,主要有三种流通加工形式:煤炭除矸加工、煤浆加工、_____。

二、单项选择题

1.木材有两种主要的流通加工方法:磨制木屑压缩输送和_____。

A.冷冻加工　　B.分选加工　　C.精制加工　　D.集中开木下料

2.流通加工的管理工作,可分为计划管理、_____、成本管理和销售管理等。

A.供应管理　　B.生产管理　　C.回收管理　　D.废弃物管理

三、简答题

1.简述流通加工的作用。

2.简述流通加工的类型。

3.简述流通加工的内容。

4.简述流通加工的方法。

5.简述流通加工的管理。

6.简述实现流通加工合理化的途径。

第八章

配 送

配送中心是现代电子商务活动中开展配送活动的物质技术基础。

知识目标

1. 了解配送的概念
2. 掌握配送的特点
3. 掌握配送计划的分类
4. 掌握配送计划的内容
5. 掌握配送中心的分类

技能目标

1. 掌握配送的合理化的各种方法
2. 掌握配送计划的依据和制定步骤
3. 掌握配送中心各流程的核心内容
4. 熟悉配送中心的规划方法

关键概念

配送;配送计划;配送中心;供应配送中心;销售配送中心;储存型配送中心;流通型配送中心;加工配送中心

第一节 配送概述

▶一、配送的概念

国家标准《物流术语》中对配送的定义为:"配送是指在经济合理区域范围内,根据客户要求,对物品进行拣选、加工、包装、分割、组配等作业,并按时送达指定地点的物流活动。"配送是物流活动中一种特殊的、综合的形式,体现出商流与物流的紧密结合,包含了商流活动和物流活动,也包含了物流中若干功能要素。可以从以下两个方面了解配送的概念:

1. **配送的前提是满足顾客需求**

由于在买方市场条件下,顾客的需求灵活多变,具有明显的消费偏好,消费特点是小批量、多品种。因此,配送活动绝不是简单的送货,而是建立在市场营销基础上的企业经营活动。并且不应该把配送定义为单一的送货过程,而将其看成各项物流活动的统一体。

2.配送是"配"与"送"的有机结合

所谓"配"是指在送货之前必须依据顾客需求对货物进行合理的组织与计划。只有有组织、有计划地"配"才能实现现代物流管理中的低成本、快速度地"送",进而有效满足顾客的各种需求。

二、配送的要素

1.集货

集货是将分散的或小批量的货物集中起来,以便进行运输、配送的作业。集货是配送的重要环节,为了满足顾客的配送要求,有时需要把从几家甚至数十家供应商那里订购的货物集中起来,并将要求的货物分配到指定容器或场所。集货是配送的准备工作或基础工作,是配送活动的优势之一。

2.分拣

分拣是将物品按品种、出入库先后顺序进行分门别类堆放的作业。分拣是配送不同于其他物流活动的功能要素,也是配送成败的重要支持性工作。它是完善送货的准备性工作,是不同配送企业在送货时相互竞争和提高自身经济效益的工作重点。因此,分拣是送货向高级形式发展的必然要求,对于提高送货服务水平起着非常重要的作用。

3.配货

配货是使用各种拣选设备和传输装置,将存放的货物,按顾客要求分拣出来,送至指定地点。

4.运输

配送运输是较小规模、较短距离、额度较高的运输形式,一般使用汽车作为运输工具。与干线运输的区别是,配送运输的路线选择问题是一般干线运输所没有的,干线运输的干线是唯一的运输线,而配送运输由于配送顾客多,城市交通路线复杂,如何选择最佳路线,是配送运输的工作重点和难点。

5.送达服务

将配好的货物运输到指定地点还不算配送工作的结束,因为送货和顾客接货之间往往还会出现不协调,使配送前功尽弃。因此,要圆满地实现运到货物的移交工作,有效、方便地处理相关手续并完成结算,另外还应该确认卸货地点、卸货方式等。送达服务也是配送活动独有的特殊性。

6.加工

配送加工是按照配送顾客的要求所进行的流通加工。在配送中,配送加工这一功能要素不具有普遍性,但往往是有重要作用的功能要素。因为通过配送加工,可以大大提高顾客的满意度。配送加工是流通加工的一种,但配送加工有它不同于流通加工的特点,即配送加工一般只取决于客户要求,其加工的目的较为单一。

三、配送的分类

(一)按配送组织者不同划分

1.商店配送

商店配送的组织者是商业或物资的门市网点,这些网点主要承担商品的零售业务,一般来讲规模不大,但经营品种比较齐全。除日常经营的零售业务外,这种配送方式还可以根据用户的不同要求,增加商店经营的品种,或代客户外订、外购一部分本商店平时不经营的商品,与商店经营的品种一起配齐运送至客户的指定地点。

2. 配送中心配送

配送中心配送的组织者是专职配送中心,规模比较大,其中有的配送中心由于需要储存各种商品,储存量也比较大;另外还有一些配送中心专职组织配送,储存量较小,主要靠附近的仓库来补充货源。由于配送中心专业性比较强,与客户之间存在固定的配送关系。因此,一般情况下都实行计划配送,需要配送的商品有一定的库存量,但在一般情况下很少超越自己的经营范围。

3. 仓库配送

仓库配送是以一般仓库为据点来进行配送,它可以把仓库完全改造成配送中心,也可以在保持仓库原功能的前提下,以仓库原功能为主,再增加一部分配送职能。由于不是专门按配送中心要求设计和建立,因此,仓库配送规模较小,配送的专业化较差,但可以利用原仓库的存储设施及能力、收发货场地、交通运输线路等,是开展中等规模的配送可以选择的配送形式,并且较为容易利用现有条件而不需要大量投资。

4. 生产企业配送

生产企业配送的组织者是生产企业,尤其是进行多品种生产的生产企业,可以直接由本企业进行配送而无需再将产品发运到配送中心进行中心配送,生产企业配送由于避免了物流中转,具有一定的优势。但是生产企业,尤其是现代生产企业,往往采取大批量、低成本生产,品种较为单一,因而不能像配送中心那样依靠产品凑整运输取得优势。

(二)按配送的商品种类及数量不同划分

1. 单(少)品种、大批量配送

一般情况下,工业企业需要大量的商品,由于单独一个品种或几个品种就可以达到较大输送量,可以实行整车运输,这种情况下可以由专业性较强的配送中心进行配送,并且不需要再与其他商品进行搭配。由于配送中心的计划、组织、内部设置等工作也较为简单,因此配送成本较低。但是,如果可以从生产企业将这些商品直接运抵客户手中,同时又不至于使客户库存效益下降时,采用直送方式则效果更好。

2. 多品种、小批量配送

现代企业生产中,除了需要少数几种主要物资外,大部分属于次要的物资,品种数较多,但是由于每一品种的需要量不大,如果采取直接运送或大批量的配送方式,一次进货批量大,必然造成用户库存增大等问题。

3. 配套成套配送

配套成套配送是根据企业的生产需要,尤其是装配型企业的生产需要,把生产每一台件所需要的全部零部件配齐,按照生产节奏按时送达生产企业,生产企业随即可将此成套零部件送入生产线以装配产品。这种配送方式中,配送企业承担了生产企业大部分的供应工作,使生产企业可以专注于生产,与多品种、小批量的配送效果相同。

(三)按配送时间及数量不同划分

1. 定时配送

定时配送是指按规定时间间隔进行配送,比如数天或数小时等;而且每次配送的数量和品

种可以根据计划执行,也可以在配送之前以商定的联络方式(如电话、电脑等)通知配送的数量和品种。由于该配送方式时间固定,易于安排工作计划、易于计划所用车辆,因此,对于客户来说,更加方便安排相应的接货人员、设备等。但是由于配送货物种类较多,给配货、装货增加了难度,因此如果要求配送数量和品种变化较大时,也会使配送出现问题。

2. 定量配送

定量配送是指按照规定的批量,在一个指定的时间范围内进行配送。该配送方式的特点是数量固定。备货工作较为简单,可以根据托盘、集装箱及车辆的装载能力规定配送货物的数量,能够有效利用托盘、集装箱等集装方式,也可做到整车配送,配送效率较高。由于时间不严格限定,因此可以将不同客户所需要的货物凑成整车后进行配送,运力利用较好。对于客户来讲,每次接货都处理同等数量的货物,有利于人力、物力的合理调配。

3. 定时定量配送

定时定量配送是指按照规定的配送时间和配送数量进行配送。该配送方式兼有定时、定量两种配送的优点,但是其特殊性强,计划难度大,因此适合采用的对象并不多,不是一种普遍的方式。

4. 定时定线路配送

定时定线路配送是指在规定的运行路线上,制定到达时间表,按运行时间表进行配送,用户可以按规定的路线及规定的时间接货。采用该配送方式有利于计划安排工作人员及车辆。对于客户来讲,既可以在一定路线、一定时间进行选择,又可以有计划安排接货力量。

5. 即时配送

即时配送是指完全按照用户突然提出的时间、数量、品种等方面的配送要求,随即进行配送的方式。这是有很高灵活性的一种应急的方式,采用该配送方式的品种可以实现保险储备的零库存,即用即时配送代替保险储备。

(四)按加工程度不同划分

1. 加工配送

加工配送是指与流通加工相结合的配送。即在配送据点中设置流通环节,或将流通加工中心与配送中心建立在一起。如果现成的产品不能满足客户需要,或者是客户根据本身的某种要求,需要使用经过某种初加工的产品时,可以经过加工后进行分拣,再送货到户。流通加工与配送结合,使得流通加工更有针对性,减少了盲目性。对于配送企业来说,不但可以依靠送货服务、销售经营取得收益,还可以通过加工增值取得收益。

2. 集疏配送

集疏配送是指只改变产品数量组成形态而不改变产品本身的物理、化学形态的,与干线运输相配合的一种配送方式。表现为大批量进货后小批量、多批次发货;零星集货后以一定批量送货等。

(五)按经营形式不同划分

1. 销售配送

销售配送是指配送企业属于销售性企业,或者是指销售企业将其作为销售战略所进行的促销型配送。一般来讲,该配送的对象是不固定的,客户往往是不固定的,配送对象和客户根据对市场的占有情况而定,其配送的经营状况也取决于市场情况。因此,该形式的配送随机性较强,而计划性较差,各种类型的商店配送一般多属于销售配送。用配送方式进行销售是扩大销售数量、扩大市场占有率,获得更多销售收益的重要方式。

2. 供应配送

供应配送是指客户为了自己的供应需要所采取的配送形式。在该配送形式下,一般由客户服务或客户集团组建配送据点,集中组织大批量进货,从而取得批量折扣,然后向本企业配送或向本企业集团若干企业配送。在大型企业、企业集团或联合公司中,常常采用该配送形式组织对企业的供应。用该配送方式进行供应,是提高供应能力、保证供应水平、降低供应成本的重要方式。

3. 销售—供应一体化配送

销售—供应一体化配送是指对于基本固定的客户和基本确定的配送产品,销售企业可以在自己销售的同时,承担供应者的职能,既是销售者,同时又成为客户的供应代理人,起到客户供应代理人的作用。对于某些客户来讲,这样可以削减自己的供应机构而委托销售者代理。对销售者来讲,该配送方式能够获得稳定的用户和销售渠道,有利于扩大销售数量,有利于本身的稳定持续发展。对于客户来讲,能够获得稳定的供应,而且可以大大节约本身为组织供应所耗用的人力、物力和财力。销售—供应一体化配送是配送经营的重要形式,该配送形式有利于形成稳定的供需关系,有利于采取先进的计划手段和技术手段,有利于保持流通渠道的畅通稳定。

4. 代存代供配送

代存代供配送是指客户将属于自己的货物委托给配送企业代存、代供,有时可以委托代订,然后组织配送。该配送在实施时不发生商品所有权的转移,配送企业只是客户的委托代理人。商品所有权在配送前后都属于客户所有,所发生的仅是商品物理位置的转移。配送企业仅从代存、代供中获取收益,但不能获得商品销售的经营性收益。

➤ 四、配送的特点

配送需要依靠信息网络技术来实现,它包括以下特点:

1. 配送不仅仅是送货

配送业务中,除了送货,在活动内容中还有"分货""拣选""包装""分割""组配""配货"等工作,这些工作难度很大,必须具有发达的商品经济和现代的经营管理水平才能做好。在商品经济不发达的国家及社会发展阶段,很难按客户要求进行配货,实现广泛的、高效率的配货就更加困难。因此,一般意义上的送货和配货有着巨大的差别。

2. 配送是各种活动的有机结合体

配送是许多业务活动有机结合的整体,同时还与订货系统紧密联系。若想配送发挥其最大的功效,就必须依靠现代情报信息,建立和完善整个物流信息系统,使其成为一种现代化的作业系统。

3. 现代化技术和装备支撑

由于现代化技术和装备的采用,使配送在规模、速度、效率、水平、质量等方面远远超过以往的送货形式。在配送活动中,由于大量采用各种传输、拣选等机电装备,使得整个配送作业像工业生产中的流水线,实现了流通工作的工厂化,因此,配送是现代化技术和装备支撑下的一个产物。

4.专业化的分工方式

以往的送货形式只是作为推销的一种手段,而配送则是一种专业化的分工方式,是专业化分工在流通领域的具体体现。因此,送货是一种服务方式,而配送则是一种体制形式。

五、配送合理化

1.专业化配送

通过采用专业设施、设备及操作程序,取得客户满意的配送效果并降低配送过分综合化的复杂程度和难度,从而实现配送合理化。

2.加工配送

通过加工与配送相结合的方式,充分利用原有的中转,而不增加新的中转来实现配送合理化。同时,加工借助于配送,使其目的更加明确,和客户关系更加紧密,避免了盲目性。通过二者的有机结合,既可以节约投入,又可以追求两个优势、两个效益,是配送合理化的重要方法。

3.共同配送

通过共同配送,可以以最近的路程、最低的配送成本完成配送,从而实现配送合理化的要求。

4.送取结合

配送企业与客户建立稳定、长久的协作关系,使配送企业不仅成了客户的供应代理人,而且成为客户的储存据点,甚至成为产品代销人。在配送过程中,将客户所需的物资送到,再将该客户生产的产品用同一辆车运回,该产品也成了配送中心的配送产品之一,或者作为代存代储,免去了生产企业的库存包袱。这种送取结合的配送模式,可以使运力得到充分利用,也使配送企业功能有更大地发挥,从而实现配送的合理化。

5.准时配送系统

准时配送是配送合理化的重要内容。配送做到了准时,客户才有资源把握,可以放心地实施低库存或零库存,并且有效地安排接货的人力、物力,以追求最高效率的工作。另外,保证供应能力,也取决于准时供应。从国外的经验看,准时配送系统是许多配送企业追求配送合理化的重要手段。

6.即时配送

即时配送是提高供应保证能力的重要手段,是配送企业快速反应能力的具体化,是配送企业能力的体现。即时配送成本较高,但它是整个配送合理化的重要保证手段。若客户企业实行零库存战略,则即时配送是其重要的保证。

六、配送的作用

1.提高库存周转率

配送采用配送中心进行集中库存,可以高效地利用有限仓库,使库存为更大范围的客户提供产品,市场范围更大,库存周转率得到进一步提升。

2.完善物流功能体系

采用配送作业模式,可以在一定范围内将干线、支线运输及仓储有机地结合起来,成为一个整体,优化和完善了整个社会物流体系,形成一个大范围物流与局部范围配送相结合的配送体系。

3.改善生态环境

配送可以节省运输车辆,缓解交通拥堵压力,减少噪声、尾气排放等运输污染,为保护生态环境、减少资源浪费作出贡献。

第二节　配送计划的组织与实施

➤一、配送计划的概念

配送计划是指配送企业或配送中心在一定时间内编制的生产计划。它是配送企业或配送中心生产经营的首要职能和中心环节。

配送计划主要包括配送时间、配送路线、车辆选择、货物装载、配送顺序等的具体选择。

➤二、配送计划的分类

配送中心的配送计划一般包括配送主计划、日配送计划和特殊配送计划。

1.配送主计划

配送主计划是指针对未来一定时期内,对已知客户需求进行前期的配送规划,便于对人员、车辆、支出等作统筹安排,以满足客户的需要。

2.日配送计划

日配送计划是配送中心逐日进行实际配送作业的调度计划,具体包括配送中心的订单增减、车辆调度、配送任务细分、时间安排等。制订每日配送计划的目的是使配送作业更加规范化和制度化。与配送主计划相比,配送中心的日配送计划更具体、频繁。

3.特殊配送计划

特殊配送计划是指配送中心针对突发事件或者不在主计划、日计划规划范围内的配送业务。它是配送主计划和日配送计划的必要补充,对于可能导致短期内配送需求量突然增加的事件,需要制订特殊的配送计划,增强配送业务的柔性,提高服务水平。

➤三、配送计划的内容

(1)按日期排定客户所需商品的品种、数量、规格、送达时间、送达地点、送货车辆与人员等。

(2)优化车辆运行路线与运送车辆趟次,并将送货地址和车辆运行路线在地图上标明或在表格中列出。若想正确选择配送距离短、配送时间短、配送成本低的线路,就必须根据客户的具体位置、沿途的交通情况等作出优先选择和判断。除此之外,还必须考虑有些客户或其所在地环境对送货时间、车型等方面的特殊要求。因此,确定配送批次顺序应与配送线路优化综合考虑。

(3)按客户需要的时间结合运输距离确定配送提前期。

(4)按客户要求选择送达服务方式。配送计划确定之后,向各配送点下达配送任务。按照计划调度运输车辆、装卸机械及相关工作人员,指派专人将商品送达时间、品种、数量、规格通知客户,使客户按计划提前准备接货工作。

四、配送计划的依据

编制配送计划的主要依据是：

1. 客户订单

一般客户订单对配送商品的品种、规格、数量、送货时间、送达地点、收货方式等都有要求。因此,客户订单是拟订运送计划的最基本的依据。

2. 客户分布

客户分布是指客户的地理位置分布。客户位置离配送据点的距离长短、配送据点到达客户收货地点的路径选择,直接影响配送的成本高低。

3. 配送货物

配送货物的体积、重量、性能、形状、运输要求是决定运输方式、车辆种类、容积、载重、装卸设备的制约因素。

4. 运输条件

运输道路交通状况、运达地点及其作业地理环境、装卸货时间、天气气候等对配送作业的效率起着重要的制约作用。

五、配送计划的步骤

配送计划的实施过程,通常分为五个步骤：

1. 下达配送计划

下达配送计划是指通知客户和配送点,以使客户能够按照计划准备接货,使配送点按计划组织送货。

2. 配送点配货

各配送点按配送计划落实运力和货物,对质量、数量、规格、形状、种类不符要求的货物,重新组织进货。

3. 下达配送任务

下达配送任务是指配送点向运输部门、仓库、分货包装及财务部门下达配送任务,各部门相互配合。

4. 发送

理货部门按要求将各客户所需的货物,进行分货、配货、配装,并将送货交接单交驾驶员或随车送货人。

5. 配达

车辆按规定路线将货物送达客户,客户点接后在回执上签字、盖章。配送任务完成后,财务部门进行结算。

第三节 配送中心

一、配送中心的概念

配送中心(distribution center,DC),是指接受并处理末端客户的订货信息,对上游运来的多品种货物进行分拣,根据客户订货要求进行拣选、加工、组配等作业,并进行送货的设施和机构。

国家标准《物流术语》对配送中心的定义是:从事配送业务且具有完善信息网络的场所或组织,应基本符合下列要求:①主要为特定客户或末端客户提供服务;②配送功能健全;③辐射范围小;④多品种、小批量、多批次、短周期。

日本《市场用语词典》对配送中心的定义为:"配送中心是一种物流结点,它不以贮藏仓库的这种单一的形式出现,而是发挥配送职能的流通仓库,也称作基地、据点或流通中心。配送中心的目的是降低运输成本、减少销售机会的损失,为此建立设施、设备并开展经营、管理工作。"

➤ 二、配送中心的分类

(一)按配送中心承担的流通职能划分

1. 供应配送中心

供应配送中心执行供应的职能,专门为某个或某些客户组织供应。其主要特点是:配送的客户有限且相对稳定,客户的配送要求范围也比较明确,属于企业型用户。另外,配送中心集中库存的品种比较固定,进货渠道也比较稳固,同时,可以采用效率较高的分货式工艺。

2. 销售配送中心

销售配送中心执行销售的职能,以销售经营为目的,以配送为手段。销售配送中心大体有两种类型:一种是生产企业为本身产品直接销售给消费者的配送中心;另一种是流通企业作为本身经营的一种方式,建立配送中心以扩大销售。

销售配送中心的客户一般不确定,而且客户的数量较大,每一个客户购买的数量相对较少,属于消费者型客户。该配送中心很难像供应型配送中心一样,实行计划配送,计划性较差。销售配送中心集中库存的库存结构也比较复杂,一般采用拣选式配送工艺,销售配送中心往往采用共同配送方法才能取得比较好的经营效果。

(二)按配送中心的内部特性划分

1. 储存型配送中心

储存型配送中心是具有强大储存功能的配送中心。一般来讲,在买方市场下,企业成品销售需要有较大的库存支持,其配送中心可能有较强的储存功能;在卖方市场下,企业原材料、零部件供应需要有较大库存支持,这种供应配送中心也有较强的储存功能。大范围配送的配送中心,需要有较大库存,也可能是储存型配送中心。

2. 流通型配送中心

流通型配送中心基本上没有长期储存功能,仅以暂存或随进随出方式进行配货、送货。该配送中心的典型方式是:大量货物整进并按一定批量零出,采用大型分货机,进货时直接进入分货机传送带,分送到各客户货位或直接分送到配送汽车上,货物在配送中心只作暂时停留。

3. 加工配送中心

加工配送中心具有加工职能,根据客户的需要或者市场竞争的需要,对配送货物进行加工后进行配送。在该配送中心内,有分装、包装、初级加工、集中下料、组装产品等加工活动。

(三)按配送区域的范围划分

1. 城市配送中心

城市配送中心是以城市范围作为配送范围的配送中心。由于城市范围一般处于汽车运输的经济里程,因此,这种配送中心可直接配送到最终客户手中,且采用汽车进行配送。由于运距短,反应能力强,从事多品种、小批量、多客户的配送较有优势。

2.区域配送中心

区域配送中心是以较强的辐射能力和库存准备,向省(州)际、全国乃至国际范围的客户配送的配送中心。这种配送中心配送规模较大,配送批量也较大。其配送对象可以是下一级的城市配送中心,也可以是商店、营业所、批发商和企业客户等,虽然也从事零星的配送,但不是主体形式。

知识链接

配送中心按配送货物种类可分为日用品配送中心、食品配送中心、医药品配送中心、家用电器配送中心、化妆品配送中心、电子产品配送中心、服饰产品配送中心、书籍产品配送中心、汽车零件配送中心以及生鲜处理中心等。

三、配送中心的流程

(一)备货

备货是配送中心的准备工作和基础工作。备货工作包括筹集货源、订货、采购、集货、进货及有关的质量检查、结算、交接等。

配送中心的优势之一,就是可以集中若干用户的需求进行一定规模的备货。备货是决定配送中心成败的初期工作,如果备货成本太高,会大大降低配送的效益。

(二)储存

配送中心的储存有储备及暂存两种形态。

(1)储备。配送中心储备是按一定时期的配送经营要求,形成的对配送的资源保证。这种类型的储备数量较大,储备结构也较完善,视货源及到货情况,可以有计划地确定周转储备及保险储备结构及数量。配送的储备保证有时在配送中心附近单独设库解决。

(2)暂存。暂存是指在具体执行配送时,按分拣配货要求,在理货场地所做的少量储存准备。由于总体储存效益取决于储存总量,所以,这部分暂存数量只会对工作方便与否造成影响,而不会影响储存的总效益,因而在数量上控制并不严格。还有另一种形式的暂存,即在分拣、配货之后,形成的发送货载的暂存,这个暂存主要是调节配货与送货的节奏,暂存时间不长。

(三)分拣及配货

分拣及配货是配送中心不同于其他物流形式的有特点的功能要素,也是配送成败的一项重要支持性工作。分拣及配货是完善送货、支持送货的准备性工作,是不同配送企业在送货时进行竞争和提高自身经济效益的必然延伸,所以,也可以说是送货向高级形式发展的必然要求。有了分拣及配货,就会大大提高送货服务水平,所以,分拣及配货是决定配送系统水平的关键要素。

(四)配装

在单个用户配送数量不能达到车辆的有效载运负荷时,就存在如何集中不同用户的配送货物,进行搭配装载以充分利用运能、运力的问题,这就需要配装。和一般送货不同之处在于,通过配装可以大大提高送货水平及降低送货成本,所以配装也是配送中心有现代特点的功能要素。

(五)配送运输

配送运输属于运输中的末端运输、支线运输,和一般运输形态主要区别在于:配送运输是较短距离、较小规模、频度较高的运输形式,一般使用汽车和其他小型车辆做运输工具。与干线运输的另一个区别是,配送运输路线选择问题是一般干线运输所没有的,干线运输的干线是唯一的运输线,而配送运输由于配送用户多,一般城市交通路线又较复杂,如何组成最佳路线,如何使配装和路线有效搭配等,是配送运输的特点,也是难度较大的工作。

➤ 四、配送中心的规划

配送中心的规划分为以下四个阶段:

(一)第一阶段:计划准备阶段

1.制定规划目标

必须明确制定配送中心未来的功能与营运目标,以利于资料的收集与后续规划需要。营运目标应该包括:

(1)新营运方式的制定。如新增营运项目、扩大服务的地理范围、缩短补货时间,新的营运指标应该根据公司新的营运策略重新制定。

(2)计划预期时间表。其包括配送中心何时开始运作,计划应适时排定,将来规划时应遵照日程逐步进行。

(3)计划预定的投资预算。投资预算在每个计划中都是重要的考虑因素,规划设计时,必须在可应用的投资预算内完成。

2.收集基本资料

收集资料的目的在于把握现状,根据掌握的资料,认识企业现有的物流状况。需要收集的信息包括:物流网络、信息网络、物流设备、人力资源、作业成本、投资效率、作业流程与前置时间的资料。

3.基本资料分析

基本资料分析包括现状分析、与同行业比较分析。其目的在于分析物流系统现状,发现问题。

(二)第二阶段:系统规划阶段

1.规划条件设定

经过对现状问题的分析以及与同业的比较,原有物流系统的弱点已经充分掌握,新的配送中心的规划条件就可以设定。一般新的配送中心的规划,分为以下几方面:

(1)增加营运能量,能量的扩充不一定是全面增加设备或空间,主要是突破瓶颈。

(2)服务水准的提升,需要软硬件人员的全面配合,同时也需要整个物流系统的变更与整合。

(3)为了应付多品种、小批量、多频率的物流环境,应规划设置弹性化、智能型的物流系统。

2.地点选择

在选择配送中心地点时,必须考虑配送中心的计划规模,其限制条件主要有:土地、储存物品的性质、基础条件、自然条件、行政条件。

(三)第三阶段：方案评估阶段

方案评估阶段主要作方案的评估与选择。通常，一般的规划都有备选方案，完成后应该根据原规划的基本方针，以及原规划的基准，如预算、可能完成的期限、效益等来评估，并选择最佳方案。

(四)第四阶段：细部规划阶段

细部规划阶段将依照各设备的规格资料，再配合各项实体限制作细部调整，当细部调整的结果将改变系统规划阶段的相关内容时，则必须返回前段程序，作必要的修正后，继续回到细部规划阶段，进行配置与调整。

案例

惠普的配送中心选址

惠普公司拥有全球第九大非军事供应链，运输从喷墨打印机的印盒到超级计算机的众多商品。要管理这个超过 700 亿美元的公司供应链，建立强有力的终端配送设施网络显得尤为重要。

惠普的供应链，要求能够驱动不同地点、不同类型的分配中心。实际上，这些中心的选址都是经过详细研究后确定的，力图适应惠普的供应链需要。拥有合适的供应链设施网络，能极大地增加惠普迅速适应市场变化的能力。这个网络的高效运作，使这个高科技公司具有与众不同的市场竞争力。

配送中心选址是一门学问。惠普的配送中心选址是从客户开始的，在设计产品供应链方面的第一个标准就是顾客。必须深入了解市场，让顾客有正确的期望值，也想要达到和超过他们的期望。

惠普将其业务分为五个不同类型的供应链，每个都有自己的属性。这五种类型的供应链分别为：①由总部装配好直接运输到客户手中的便携式产品，如笔记本电脑等；②惠普进行低端接触，在客户国家做最终产品配置的个人台式机和桌面打印机等产品；③全面的订货到生产，这种情况下供应地被安置在工厂，产品按顾客订货生产，然后直接运输给顾客；④附加值操作，处理企业服务器和存贮设备以便惠普安装软件，或为公司顾客配置高端机；⑤支持惠普产品的服务领域供应链。

通过考虑这五种类型的供应链面对的不同顾客，建立新的物流中心地点。惠普根据不同的服务对象来确定离顾客最近的地点设置配送中心。随着全球化进程不断加快，惠普也在不断构造网络设施的新模式。进入 21 世纪，惠普采取全球网络观点，通过合理简化他们的操作来减少费用、增加盈利，并且增加边际和股东价值。很多公司都在重新审视他们的供应链，根据顾客、产品和产量来重新配置资源，确定配送中心的实际位置，尽量与他们的经营战略相适应。

复习思考题

一、填空题

1.配送是"＿＿＿＿＿＿"与"＿＿＿＿＿＿"的有机结合。

2. ＿＿＿＿＿＿＿＿＿＿＿是指按照规定的批量,在一个指定的时间范围内进行配送。

二、单项选择题

1.配送按组织者不同可分为:商店配送、＿＿＿＿＿＿＿＿＿、仓库配送、生产企业配送。

A.供应配送　　B.销售配送　　C.生产配送　　D.配送中心配送

2.配送中心的配送计划一般包括＿＿＿＿＿＿＿＿＿、日配送计划和特殊配送计划。

A.配送主计划　　B.月配送计划　　C.季配送计划　　D.年配送计划

3.配送中心按配送区域的范围可分为:城市配送中心和＿＿＿＿＿＿＿＿＿。

A.国际配送中心　　B.区域配送中心　　C.物流园区配送中心　　D.乡村配送中心

三、简答题

1.简述配送的合理化。

2.简述配送的作用。

3.简述配送计划的分类。

4.简述配送计划的内容。

5.简述配送中心的分类。

6.简述配送中心的流程。

7.简述配送中心的规划。

第九章

物流信息系统

现代物流的重要特征是物流的信息化,现代物流也可以看做是物资实体流通与信息流通的结合。

知识目标

1. 了解物流信息的概念、分类、特征
2. 掌握物流信息系统的概念、特点
3. 掌握物流信息技术的种类
4. 掌握物流信息系统规划的阶段
5. 掌握物流信息系统规划的主要内容

技能目标

1. 掌握物流信息系统的各发展阶段
2. 掌握物流信息系统的作用
3. 掌握物流信息系统开发的不同方式

关键概念

物流信息;物流信息系统;物流信息技术;EDI;数据库系统;条形码;无线电射频技术;GIS;GPS

第一节　物流信息系统的概述

一、物流信息概述

(一)物流信息的概念

国家标准《物流术语》中对物流信息的定义为:"物流信息是反映物流各种活动内容的知识、资料、图像、数据和文件的总称。"物流信息是物流活动中各个环节生成的信息,伴随着从生产地到消费地所有物流活动的产生而产生的信息流,与物流过程中的运输、仓储、包装、装卸搬运、流通加工等各种功能有机结合在一起,是整个物流活动顺利进行必不可少的物流资源。

现代物流的重要特征是物流的信息化,现代物流也可以看做是物资实体流通与信息流通的结合。在现代物流运作过程中,通过使用计算机技术、通信技术、网络技术等技术手段,大大加快了物流信息的传递和处理速度,从而使物流活动的效率和快速反应能力得到提高。建立和完善物流信息系统,对于构筑物流系统,开展现代物流活动是极其重要的一项内容。物流信息在物流系统中,既同其他物流功能一样成为其子系统,但又不同于其他物流功能,伴随其他物流功能的运行而生,又不断对其他物流活动以及整个物流系统起支持保障作用。

（二）物流信息的分类

物流中的信息流是指信息供给方与需求方进行信息交换和交流而产生的信息流动,它表示了品种、数量、时间、空间等各种需求信息在同一个物流系统内、在不同的物流环节中所处的具体位置。物流系统中的信息种类多、跨地域、涉及面广、动态性强,尤其是运作过程中受自然的、社会的影响大。根据对物流信息研究的需要,可以从以下几方面对物流信息进行分类:

1.按信息沟通联络方式划分

(1)口头信息。

口头信息是指通过面对面交谈所进行交流的信息。它可以迅速、直接地传播,但也较容易失真。物流活动的各种现场调查和研究,是获得口头信息最简单的方法。

(2)书面信息。

书面信息是指物流信息以书面形式来表示,可以重复说明和进行检查。各种物流环节中的报表、技术资料、文字说明等都属书面信息。

2.按信息的来源划分

(1)外部信息。

外部信息是指在物流活动以外发生但提供给物流活动使用的信息,包括客户信息、供货人信息、订货合同信息、市场信息、交通运输信息、政策信息,还有来自企业内生产、财务等部门的与物流有关的信息。通常外部信息是相对而言的,对物流子系统来说,另一子系统的信息也可称之为外部信息。

(2)内部信息。

内部信息是指来自物流系统内部的各种信息,包括物流作业层信息、物流流转信息、物流控制层信息和物流管理层信息。内部信息通常是协调系统内部人、财、物活动的重要依据,也具有一定的相对性。

3.按物流信息的变动划分

(1)固定信息。

固定信息通常具备相对稳定的特点。一是物流生产标准信息。这是以指标定额为主体的信息,如各种物流活动的劳动定额、物资消耗定额、固定资产折旧等。二是物流计划信息。物流活动中在计划期内已安排任务所反映的各项指标,如物资年计划吞吐量、计划运输量等。三是物流查询信息。即在较长的时期内很少发生变更的信息。如国家和各主要部门颁布的技术标准以及物流企业内部的职工人事制度、财务制度、工资制度等。

(2)流动信息。

与固定信息相反,流动信息是物流系统中经常发生变动的信息。这种信息以物流各作业统计信息为基础,如某一时刻物流任务的计划完成情况、实际进度、各项指标的对比关系等。

（三）物流信息的特征

物流信息除了信息具备的一般特征,如信息的完整性、确定性、共享性、实用性、增值性等,还有其特殊性,主要表现在以下四个方面:

1.信息量大

物流信息的产生、加工和应用在时间、地点上不一致,在方式上也有所不同,这就需要性能较高的信息处理机构与功能强大的信息收集、传输和存储能力为支撑,满足处理大量物流信息的实际工作需求。

2.时效性

绝大多数物流信息动态性强,信息的价值衰减速度快,这对信息管理的及时性提出了更高的要求。信息都是在一定的时间内才具有价值,即信息具有生命周期性。当信息的生命周期结束时,就意味着信息失去了价值,这样的信息已经失去了其时效性。

3.种类多

系统内部各个环节有不同种类的信息,并且由于物流系统与其他系统,如供应系统、生产系统、销售系统等密切相关,因此还必须收集这些相关系统的信息,使得物流信息的分类、研究、筛选等工作难度不断增加。

4.更新速度快

在现代物流活动中,信息价值的衰减速度正在逐渐加快,大量的信息转瞬即逝。这些信息不断更新原有的数据库,而且更新的速度也越来越快。现代物流信息系统必须具有能够及时更新数据、分析数据的强大录入更新系统,以适应现代物流信息的特点。

(四)物流信息的层次

1.基础作业层

基础作业层是指用于启动和记录个别物流活动的最基本的层次。基础作业包括记录订货内容、安排存货任务、定价、作业程序选择、装船、开发票以及消费者查询等。

2.管理控制层

管理控制层的主要任务是功能衡量。功能衡量对于提供有关服务水平和资源利用等的管理反馈来说是必要的。因此,管理控制以策略上的、可估价的、中期的焦点问题为特征,通过评估来鉴别各种可选方案。普通功能的衡量包括金融、生产率、顾客服务以及质量指标等。

3.决策分析层

决策分析层主要用于决策应用,协助管理人员鉴别、评估并比较物流战略的可选方案,典型分析包括车辆日常工作和计划、存货管理、设施选址以及有关作业的成本—效益分析。对于决策分析,物流信息系统包括数据库建模、分析和维护,以及范围较广的潜在可选方案的报告构件。与管理控制层次相同,决策分析也以策略上的、可估计的焦点问题为特征。不同的是,决策分析的主要精力集中在评估未来策略上的可选方案,并且它需要相对松散的结构和灵活性,以便作出范围更广的选择。因此,用户需要有更多的专业知识和能力去利用它。

4.战略支持层

战略支持层集中于信息支持上,开发和提炼物流战略。这种战略通常是决策分析层次的延伸,但通常更加抽象、松散,并且注重长期效益。

二、物流信息系统概述

(一)物流信息系统的概念

物流信息系统是指把物流和物流信息结合成一个有机的系统,用各种方式选择收集输入物流计划的、业务的、统计的各种有关数据,经过有针对性、有目的的计算机处理,即根据管理工作的要求,采用特定的计算机技术,对原始数据处理后输出对管理工作有用的信息的一种系统。

(二)物流信息系统的特点

1. 管理性

物流信息系统的目的是辅助物流企业的管理者进行物流活动正常运作的管理和决策,提供与此相关的信息支持。因此,物流信息系统必须同物流企业的管理体制、管理风格、管理方法相结合,遵循管理与决策行为理论的一般规律。为了适应管理物流活动的需要,物流信息系统必须具备处理大量物流数据和信息的能力,具备各种分析物流数据的分析方法,拥有各种数学和管理工程模型。

2. 适应性

根据系统的一般理论,一个系统必须适应环境的变化,尽可能地做到当环境变化时,系统能够不需要经过太大的变化就适应新的环境,体现了系统的适应性,便于人们根据外界环境的变化对系统进行相应的修改。模块式系统结构相对较为容易修改。因此,物流信息系统也要具有对环境的适应性。

3. 集成化

集成化是指物流信息系统将相互联系的各个物流环节连接在一起,为物流信息企业进行集成化的信息处理工作提供平台。物流信息系统各个子系统的设计将遵循统一的标准和规范,便于在系统内部实行信息共享。模块化系统设计的一个基本方法就是将一个大系统根据功能的不同,分成相互独立的若干子系统。各个子系统分别遵循统一的标准进行功能模块的开发,最后再按照一定的规范进行集成。

4. 网络化

随着互联网技术的迅速发展,在物流信息系统的设计过程中也广泛地应用网络化技术。通过互联网将分散在不同地理位置的物流分支机构、供应商、客户等联结起来,形成了一个信息传递与共享的信息网络,便于各方能够实时了解各地业务的运作情况,提高了物流活动的运作效率。

(三)物流信息系统的结构

系统结构是指系统内部各个要素之间的相互联系、相互作用,以及各要素之间在时间和空间上排列与组合的具体形式。系统结构具有层次性、稳定性、开放性和相对性的特点。系统结构是系统功能的基础。系统结构说明了系统内部状态和内部作用,是系统本身的固有能力,而这种能力对外则表现为系统功能。

从系统的观点来看,构成物流信息系统的主要组成要素有硬件系统、软件系统、数据资源、企业管理制度与规范以及相关人员等。

1. 硬件系统

硬件是指物流信息系统对信息进行收集、存储、加工、使用和传输等处理过程中使用的物理设备或装置,主要有以下几类:

(1)主机系统以及外围设备。主机,如大型机、小型机、工作站和微型机等;大容量的外存储器,如磁带机、磁盘或光盘等;输入设备,如键盘、鼠标、扫描仪、条形码阅读机或触摸屏等;输出设备,如显示器、打印机和绘图仪等。

(2)通信网络设备。

(3)办公自动化设备。

2.软件系统

物流信息系统依靠软件帮助终端用户使用计算机硬件,将数据转换成各类信息产品,软件用于完成数据的输入、处理、输出、存储及控制信息系统的活动。物流信息系统的软件一般包括系统软件和应用软件。

系统软件是指当计算机在执行各类信息处理任务时,那些管理与支持计算机资源及操作的程序,是物流信息系统必不可少的软件;应用软件是指那些综合用户信息处理要求的,直接处理特定应用的程序,应用软件与物流企业业务运作相关,实现辅助企业管理的功能。

通常,系统软件由计算机厂商或专门的软件公司开发,它们构成物流信息系统开发和运行的软件平台,结合自身的需要,企业可以市场上配置系统软件。应用软件面向物流业务运作,企业可根据需要选择开发或者购买应用软件。

知识链接

系统管理程序的功能类型主要有操作系统、操作环境、数据库管理系统和通信管理器;系统支持程序的功能类型主要有系统应用程序、执行管理器和安全管理器;系统开发程序的功能类型主要有程序设计语言、翻译器、程序设计环境和计算机辅助软件工程包;通用应用程序的功能类型主要有字处理、电子表、数据库管理、通信、绘画等;物流应用程序有库存管理信息系统、运输管理信息系统、配送管理信息系统等。

3.数据资源

数据资源是物流信息系统的核心内容,是系统运行的物质基础。数据是信息的载体,在计算机的表示方法中,数据通信基本一致,物流信息系统依据用户的需求,将需要处理的数据集中存放,从而形成物流信息系统的数据资源。这些数据在物流信息系统中以多种形式保存,如文本、文档、图像等,但它们的本质都是数据。

数据库与数据仓库是比较流行的数据资源管理技术,大量的物流数据都是存放在数据库中的。随着国际互联网的深入应用,计算机安全技术、网络技术、通信技术等的发展,企业及其客户之间将密切地共享信息,因此企业数据库的设计将面临集中、部分集中和分布式管理的决策。

知识链接

数据库(database)是指以一定方式储存在一起、能为多个用户共享、具有尽可能小的冗余度、与应用程序彼此独立的数据集合。

数据仓库(data warehouse,DW),由数据仓库之父比尔·恩门(Bill Inmon)于1990年提出。它是指为企业所有级别的决策制定过程提供支持的所有类型数据的战略集合。

4.相关人员

信息系统是人机结合的系统,在信息系统运行过程中,人始终处于核心地位,计算机只是辅助工具。信息系统开发是为管理服务的,是为人服务的。没有合适的人员,系统不可能发挥其效能。所以在信息系统开发、实施、使用、维护和评价各阶段，人是必不可少的重要组成部分。

与信息系统相关的人员有：系统设计员、系统分析员、程序员、数据库管理员、系统管理员和计算机操作员。其中，系统设计员、系统分析员和程序员可划归为系统开发人员；而数据库管理员和系统管理员可划归为系统维护人员；计算机操作员则是系统的使用人员。不同的人员在物流信息系统开发与使用过程中起着不同的作用。对于一个物流企业来说，应该配备什么样的专业队伍取决于企业对物流信息系统的认知程度，取决于企业对物流信息系统开发的管理模式。

5. 企业管理制度与规范

物流企业管理制度与规范通常包括组织机构、业务规范和流程、部门职责、岗位制度等，它是物流信息系统成功开发和运行的管理基础和保障，是物流信息系统的主要参考依据，制约着系统硬件平台的结构、系统计算模式、应用软件的功能等。

（四）物流信息系统的发展阶段

1. 电子数据处理系统阶段

电子数据处理系统的特点是数据处理的计算机化，目的是提高数据处理速度。根据数据的综合处理程序，电子数据处理系统又分为单项数据处理阶段和综合数据处理阶段。

（1）单项数据处理阶段。

在单项数据处理阶段，计算机硬件和软件都比较落后。在硬件方面，以磁介质作为存储器的磁盘、磁带技术刚刚萌芽，外存容量小，数据和程序一起输入，且计算机不能长期保存数据。

（2）综合数据处理阶段。

在综合数据处理阶段，出现了具有高速存取和容量较大的外存储器，大容量的外存储器可以促使操作系统的产生和文件管理功能的完善。这时数据被整理成数据文件储存在磁盘上，由操作系统完成程序和数据的管理，简化了人工数据的处理，实现了数据与程序的分享，大大提高了计算机的信息处理能力。

2. 管理信息系统阶段

电子数据处理系统的数据，不能为企业管理决策提供过去的、现在的或未来的信息，因此，对计算机信息处理系统提出了新的需求。统计学、运筹学、管理科学和计算机科学结合在一起，形成了以决策制定为基础的现代管理理念，并出现了大规模集成电路及大容量的存储器、网络技术和数据库技术，计算机性能和价格遵循摩尔定律发展，使计算机的应用更加普及。

20世纪80年代，条形码技术、电子扫描和传输技术的产生和使用为物流的发展提供了技术支持，提高了物流信息的及时可得性。到20世纪90年代初期，信息技术有了更快的发展，其性价比大幅度提高，计算机及多媒体技术的发展使物流信息系统处理各种类型的数据成为可能。信息技术应用于整个物流管理过程中，通过计算机应用系统，能够系统地组织、保存和处理信息，辅助企业进行计划、生产、经营和销售。

管理信息系统不仅用于企业内部的各个组织及部门，还可以通过计算机网络将分散在不同地区的计算机相连，如通过互联网络与企业的供应商、客户建立数据联系，将供应商和客户作为企业的一种资源进行管理，形成企业资源规划系统。在这个阶段，各种先进的信息管理理念不断涌现，如准时制、全面质量管理、供应链管理、客户关系管理、电子商务等理念极大地丰富了物流管理和物流信息管理的内容。

3.决策支持系统阶段

决策支持系统是以信息技术为手段,应用决策科学及有关学科的理论和方法,针对某一类型的半结构化和非结构化的决策问题,通过提供背景资料、借助明确问题、修改完善模型、列举可能方案、进行分析比较等方式,为管理者作出正确决策,建立人机交互式的信息系统。

(五)物流信息系统的作用

现代物流管理以信息为基础,因而建立物流信息系统具有重要的战略意义:

(1)在企业日益重视经营战略的情况下,建立物流信息系统是不可或缺的。具体来说,为确保物流竞争优势,建立将企业内部的供应信息系统、生产信息系统、销售信息系统综合起来的信息系统势在必行。

(2)由于信息化的发展,各个企业之间的关系日益紧密。如何与企业外部销售渠道的信息系统、采购系统中的信息系统,以及运输信息系统连接起来,对于企业的长远战略具有至关重要的作用。

(3)企业物流不仅是一个企业的问题,进入社会系统的部分将日益增多,在这种形势下,物流信息系统将日益成为社会信息系统的一个重要组成部分。

第二节　物流信息系统的技术基础

➤一、物流信息技术的概念

物流信息技术是指运用于物流各环节中的信息技术。它是建立在计算机、网络通信技术平台上的各种技术应用,包括硬件技术和软件技术,如计算机技术、通信网络技术、全球卫星定位技术、地理信息技术、条形码技术、射频技术,以及在这些技术手段支撑下的数据技术、面向行业的管理信息系统等软件。

现代物流认为物流活动不是单个生产、销售部门或企业的事,而是包括供应商、批发商、零售商等关联企业在内的统一体的共同活动,因而现代物流通过这种供应链强化了企业间的关系。供应链管理通过各节点企业的联盟追求流通过程的高效率,这种供应链管理带来的一个直接结果是产需的结合在时空上比以往任何时候都要紧密,并带来了企业经营方式的转变,即从原来的投机型经营模式转向时需型经营模式。

➤二、物流信息技术的种类

(一)电子数据交换技术

电子数据交换(electronic data interchange,EDI)是现代计算机技术和远程通信技术相结合的产物。进入20世纪90年代以来,EDI已成为全球性的热门话题。为了在国际贸易中取得主动,各国企业在商业领域都积极采用EDI来改善生产和流通,以获得最佳经济效益。

1.EDI的产生

20世纪60—70年代,西欧、北美等工业发达国家逐渐从工业社会向信息化社会过渡,以计算机技术、通信技术为核心的高新技术得到迅速发展,信息技术逐渐在各个领域得到普及和应用,这就为EDI的产生和发展奠定了技术基础。

工业、交通、通信的发展和生产社会化等促进了经济全球化、产业结构调整、资本的大量转移和跨国公司的涌现,推动了国际贸易的发展。全球贸易额的上升使各种贸易单证、纸面文件激增。通过人工处理这些单证、文件,不仅劳动强度大、效率低,而且出错率高、成本高。为了提高商业文件传递和处理速度,以计算机网络通信和数据标准化为基础的 EDI 应运而生。

2. EDI 的含义

联合国标准化组织将 EDI 描述为:按照统一标准,将商业或行政事务处理转换成结构化的事务处理或报文数据格式,并借助计算机网络实现的一种数据电子传输方法。

相对于其他的信息传输方式,EDI 具有以下特点:

(1) EDI 的使用对象是具有固定格式的业务信息和具有经常性业务联系的单位。

(2) EDI 所传送的资料是一般业务资料,如发票、订单等,而不是一般性的通知。

(3) 采用共同标准化的格式,如联合国 EDIFACT 标准。

(4) 尽量避免人工的介入操作,由收送双方的计算机系统直接传送、交换资料。

3. EDI 的系统构成

EDI 系统由数据标准、EDI 软件及硬件、通信网络三个要素组成。

(1) 数据标准。

EDI 标准是由各企业、各地区代表共同讨论、制定的电子数据交换标准,可以使各组织之间的不同文件格式,通过共同的标准,达到彼此之间文件交换的目的。国际上最有名的是联合国欧洲经济委员会(UNECE)于 1986 年制定的《用于行政管理、商业和运输的电子数据交换》标准——EDIFACT(Electronic Data Interchange For Administration, Commerce and Transport)。EDIFACT 已被国际标准化组织(ISO)接受为国际标准,编号为 ISO9735。同时,还有北美地区广泛应用的,由美国国家标准化协会鉴定委员会于 1985 年制定的 ANSI X.12 标准。

(2) EDI 软件及硬件。

EDI 的正常运行需要配备相应的 EDI 软件和硬件。EDI 软件(见表 9-1)具有将用户数据库系统中的信息译成 EDI 的标准格式,以供传输交换的能力。由于 EDI 标准具有很大的灵活性,可以适应不同行业的众多需求,然而每个公司有其自己规定的信息格式。因此,当发送 EDI 电文时,必须通过某种方法从公司的专有数据库中提取信息,并把它翻译成 EDI 标准格式进行传输,这就需要 EDI 相关软件的帮助。

表 9-1　EDI 相关软件表

软件名称	软件介绍
转换软件	该软件可以帮助用户将原有计算机系统的文件转换成翻译软件能够理解的平面文件(flat file),或是将从翻译软件接收来的平面文件转换成原计算机系统中的文件
翻译软件(Translator)	该软件可以将平面文件翻译成 EDI 标准格式文件,或将接收到的 EDI 标准格式文件翻译成平面文件
通信软件	该软件可以将 EDI 标准格式的文件外层加上通信信封(envelope),再送到 EDI 系统交换中心的邮箱(mailbox);或在 EDI 系统交换中心内,将接收到的文件取回

EDI 所需的硬件设备大致有:计算机、调制解调器(Modem)及通信线路,如表 9-2 所示。

表 9 - 2　EDI 相关硬件表

硬件名称	硬件介绍
计算机	计算机主要包括 PC、工作站、小型机、主机等
调制解调器	由于使用 EDI 进行电子数据交换，须通过通信网络。目前采用电话网络进行通信是很普通的方法。因此，调制解调器是必备的硬件设备。调制解调器的功能与传输速度应根据实际需求进行选择
通信线路	一般最常用的是电话线路，如果传输时效及资料传输量上有较高要求，可以租用专线(leased line)

（3）通信网络。

通信网络是实现 EDI 的手段。EDI 的通信方式有多种，点对点方式只有在贸易伙伴数量较少的情况下使用。但随着贸易伙伴数量的增多，当多家企业进行直接电脑通信时，会出现计算机厂家不同、通信协议不同以及工作时间不同等问题，造成相当大的困难。为了克服这些问题，许多应用 EDI 的企业逐渐采用第三方网络与贸易伙伴进行通信，即增值网络(VAN)方式，通过增值网络传送 EDI 文件，可以大幅度降低相互传送资料的复杂度和困难，极大地提高 EDI 的效率。

4. EDI 的工作原理

EDI 的工作原理如表 9 - 3 所示。

表 9 - 3　EDI 的工作原理

工作过程	具体内容
转换过程	用户应用系统与平面文件之间的转换过程是联结翻译和用户应用系统的中间过程。用户应用系统存储了生成报文所需的数据，该过程的任务就是读取用户数据库中的相关数据，按照不同的报文结构生成平面文件以备翻译。平面文件不必包含用户文件的全部数据，只需包含要翻译的数据。在实际应用中，用户可以将翻译系统和应用系统集成起来，在输入数据时，直接生成平面文件，然后再翻译
翻译过程	翻译就是根据报文标准、报文类型和版本，将平面文件转换成 EDI 标准报文。而报文标准、报文类型和版本由 EDI 系统的贸易伙伴清单确定，或由服务机构提供的目录服务功能确定。实际上，翻译过程就是翻译程序根据标准的句法规则，用规定分隔符将平面文件中的数据连接起来，生成不间断的 ASCⅡ码字符串，并根据贸易伙伴清单生成报文头，最后生成报文尾
通信过程	翻译过程结束，生成 EDI 交换通信参数文件，一般包含电话拨号、网络地址或其他的特殊地址符号，以及表示停顿、回答和反应的动作描述码。通信软件根据这些通信设置拨通网络，建立用户的 EDI 服务通道，进行文件传输

（二）数据库管理技术

数据库系统(data base system，DBS)是由计算机系统、数据库、数据库管理系统和有关人员组成的具有高度组织性的总体，如表 9 - 4 所示。

表 9-4 数据库系统的组成部分

系统组成	具体内容
计算机系统	计算机系统是指用于数据库管理的计算机软件、硬件系统。数据库需要大容量的主存以存放和运行操作系统、数据库管理系统程序、应用程序以及数据库等。辅存方面,则需要大容量的直接存取设备。此外,系统还应具有较高的网络功能,以实现数据资源的共享
数据库	数据库在数据库系统中主要起存储数据的作用
数据库管理系统	数据库管理系统是一组对数据库进行管理的软件,通常包括数据库定义语言及其编译程序、数据操纵语言及其编译程序以及数据管理例行程序等软件,如 Visual Foxpro、Sybase、Oracle、Informix、SQL Server 等
人员	数据库管理技术所需人员包括数据库管理员、系统程序员和用户

(三)条形码技术

条形码是一种利用光电扫描阅读设备识读并实现数据输入计算机的特殊代码。它是由一组规则排列的条、空及其对应字符组成的标记,用以表示一定的信息。

尽管条形码的标准很多,但在国际上公认的用于物流领域的条形码标准主要有三种,即通用商品条形码(EAN 码)、储运单元条形码(ITF-14 码)和贸易单元 128 码,这三种条形码标准或码制基本上可以满足物流领域的条形码应用需求。选用条形码时,要根据不同的货物和不同的商品包装,采用不同的条形码制。单个大件商品往往采用 EAN-13 码。储运包装通常采用 ITF-14 码或 UCC/EAN-128 码。

1. EAN 码

EAN 码是由国际物品编码协会制定的国际通用商品代码,是一种模块组合型条形码,它和美国统一编码委员会(UCC)制定的通用商品代码 UPC 码相互兼容。EAN/UPC 码作为一种消费单元代码,可以在全球范围内唯一标识一种商品。

2. ITF-14 条形码

ITF-14 条形码是一种定长、连续,具有自校验功能,且条、空都表示信息的双向条形码。它的条形码字符集、条形码字符的组成和交叉二维码相同。ITF-14 码由矩形保护框、左侧空白区、条形码字符和右侧空白区组成。

3. UCC/EAN-128 码

UCC/EAN-128 码是由国际物品编码协会、美国统一代码委员会和自动识别制造协会共同设计而成的。它是一种连续型、非定长、有含义的高密度代码,由起始符号、数据符、检验符、终止符及左右侧空白区组成。

条形码识读的基本工作原理为:由光源发出的光线经过光学系统照射到条形码符号上面,被反射回来的光经过光学系统成像在光电转换器上,使之产生电信号。信号经过电路放大后产生模拟电压,它与照射到条码符号上被反射回来的光成正比,再经过滤波、整形,形成与模拟信号对应的方波信号,经译码器解释为计算机可以直接接受的数字信号。

(四)射频技术

无线电射频技术(radio frequency identification,RFID),是指利用无线电波对记录媒体进行读写,射频识别的距离可达几十厘米至几十米,且根据读写的方式,可以输入数千字节的信息,同时,还具有极高的保密性。射频识别技术适用的领域包括物料跟踪、运载工具和货架识别等要求非接触数据采集和交换的场合,对于要求频繁改变数据内容的场合尤其适用。

射频技术是对条形码技术的补充和发展。它规避了条形码技术的一些局限性,为大量信息的存储、改写和远距离的识别奠定了基础。

RFID 的工作原理是:标签进入磁场后,如果接收到阅读器发出的特殊射频信号,就能凭借感应电流所获得的能量发送出存储在芯片中的产品信息,或者主动发送某一频率的信号,阅读器读取信息并解码后,送至中央信息系统对物流信息系统进行有关数据处理。

RFID 系统在具体的应用过程中,根据不同的应用目的和应用环境,系统的组成也会有所不同,但从 RFID 系统的工作原理来看,系统一般都由信号发射机、信号接收机、编程器、天线几部分组成。

1. 信号发射机

在 RFID 系统中,信号发射机为了不同的应用目的会以不同的形式存在,典型的形式是标签(tag)。标签相当于条形码技术中的条形码符号,用来存储需要识别传输的信息。另外,与条形码不同的是,标签必须能够自动或在外力的作用下,把存储的信息主动发射出去。标签一般是带有线圈、天线、存储器与控制系统的低电集成电路。

2. 信号接收机

在 RFID 系统中,信号接收机一般称为阅读器。阅读器基本的功能就是提供与标签进行数据传输的途径。另外,阅读器还具有相当复杂的信号状态控制、奇偶错误校验与更正功能等。标签中除了存储需要传输的信息外,还必须含有一定的附加信息,如错误校验信息等。识别数据信息和附加信息后按照一定的结构将其编制在一起,并按照特定的顺序向外发送。阅读器通过接收到的附加信息来控制数据流的发送。一旦到达阅读器的信息被正确地接收和译解后,阅读器通过特定的算法决定是否需要发射机对发送的信号重发一次,或者指导发射器停止发送信号,这就是"命令响应协议"。使用这种协议,即便在很短的时间、很小的空间阅读多个标签,也可以有效地防止"欺骗问题"的产生。

3. 编程器

只有可读可写标签系统才需要编程器。编程器是向标签写入数据的装置。编程器写入数据一般是离线完成的,也就是预先在标签中写入数据,等到开始应用时直接把标签黏附在被标识项目上。也有一些 RFID 应用系统,写数据是在线完成的,尤其是在生产环境中作为交互式便携数据文件来处理时。

4. 天线

天线是标签与阅读器之间传输数据的发射、接收装置。在实际应用中,除了系统功率,天线的形状和相对位置也会影响数据的发射和接收,需要专业人员对系统的天线进行设计和安装。

(五)地理信息系统

地理信息系统(geography information system, GIS)是多门学科交叉的产物,它以地理空间数据为基础,在计算机软件和硬件的支持下,对空间相关数据进行采集、操作、管理、分析、模拟和显示,并采用地理模型分析方法,适时地提供多种空间和动态的地理信息,是为地理研究和地理决策服务而建立起来的计算机技术系统。其基本功能是将表格型数据转移为地理图形显示,然后对显示结果进行浏览、操作和分析。其显示范围可以从洲际地图到非常详细的街区地图,显示对象包括人口、销售情况、运输线路以及其他内容。

从应用的角度,GIS 由硬件、软件、数据、方法和人员五部分组成。硬件和软件为 GIS 建设提供环境;数据是 GIS 的重要内容;方法为 GIS 建设提供解决方案;人员是 GIS 建设中的关键和能动性因素,直接影响和协调其他组成部分。

1. 硬件

硬件主要包括计算机和网络设备、存储设备、数据输入、显示和输出的外围设备等。中央处理器与磁盘驱动器连接在一起提供存储数据和程序的空间;数字化仪或其他数字化设备将地图或航片等资料转换成数字存入计算机;绘图仪及其他类型的显示设备用于显示数据处理结果;磁盘机主要用来存储数据、程序或与其他系统进行通信。用户通过可视显示器或终端控制计算机和外围设备。

2. 软件

GIS 软件系统是 GIS 运行所必需的各种程序,它包括系统软件、核心软件和应用软件三部分。其中,系统软件指操作系统、数据库管理系统等;核心软件包括数据输入和检验、数据存储和管理、数据变换、数据输出和表示等;应用软件是 GIS 开发人员或用户根据某个专题或模型编制完成特定任务的程序,它与系统软件紧紧相连,是系统软件的扩充和延伸。

3. 地理空间数据

地理空间数据是以地球表面空间位置为参照,描述自然、社会和人文经济景观的数据。这些数据可以是图形、图像、文字、表格和数字等。它可以通过数字化仪、扫描仪、键盘等输入设备输入到 GIS 中,通过 GIS 的输入处理模块按照一定的数据结构将其转换为标准的数据文件,存放在地理数据库中,便于 GIS 对数据进行处理和提供给用户使用。

4. 方法

方法是指系统采用何种技术路线,采用何种解决方案来实现系统目标。方法的采用会直接影响系统的性能、可用性和可维护性。

5. 人员

人员是 GIS 中的重要构成要素。GIS 不同于一幅地图,而是一个动态的地理模型,仅有系统软、硬件和数据无法构成完整的 GIS,需要人员进行系统组织、管理、维护和数据更新、系统扩充完善、应用程序开发,并采用地理分析模型提取多种信息,为地理学研究和地理决策提供服务。只有在对 GIS 合理投资与综合配置的情况下,才能建立有效的 GIS。

(六)全球定位系统

全球定位系统(global positioning system,GPS)是利用导航卫星进行测时和测距,使在地球上任何地方的用户,都能计算出他们所处的方位。目前,有两个公开的 GPS 系统可以利用:一是 NAVSTAR 系统,由美国研制,归美国国防部管理和操作;二是 GLONASS 系统,为俄罗斯所拥有。因为首先使用的是 NAVSTAR 系统,故又将这一全球卫星定位导航系统简称为 GPS。

GPS 系统包括以下三大部分:

1. 空间部分——GPS 卫星星座

GPS 卫星星座由 21 颗工作卫星和 3 颗在轨备用卫星组成,记作(21+3)GPS 星座。位于地平线以上的卫星颗数随着时间和地点的不同而不同,最少可见到 4 颗,最多可见到 11 颗。

在用 GPS 信号导航定位时,为了计算测站的三维坐标,必须观测 4 颗 GPS 卫星,称为定位星座。

2.地面控制部分——地面监控系统

对于导航定位来说,GPS 卫星是一动态已知点。卫星的位置是依据卫星发射的星历描述卫星运动及其轨道的参数所得。每颗 GPS 卫星所播出的星历是由地面监控系统提供的。卫星上的各种设备是否正常工作,以及卫星是否一直沿着预定轨道运行,都要由地面设备进行监测和控制。地面监控系统的另一重要作用是保持各卫星处于同一时间标准——GPS 时间系统,这就需要地面站监测各卫星的时间,算出钟差。然后由地面注入站发给卫星,卫星再由导航电文发给用户设备。GPS 工作卫星的地面监控系统包括 1 个主控站、3 个注入站和 5 个监测站。

3.用户设备部分——GPS 信号接收机

GPS 信号接收机的作用是:能够捕获到按一定卫星高度截止角所选择的待测卫星的信号,并跟踪这些卫星的运行,对所接收到的 GPS 信号进行变换、放大和处理,以便测量出 GPS 信号从卫星到接收机天线的传播时间,解译出 GPS 卫星所发送的导航电文,实时地计算出测站的三维位置,甚至三维速度和时间。

第三节　物流信息系统的规划、设计与开发

➤一、物流信息系统规划

(一)物流信息系统规划概述

理查德·诺兰(Richard Nolan),是著名的信息技术领域"阶段理论"的创始人,于 20 世纪 80 年代初提出了企业 MIS 建设的阶段划分理论,通称"诺兰模型"。该模型将信息系统建设划分为初装阶段、蔓延阶段、控制阶段、集成阶段、数据管理阶段、成熟阶段六个阶段。

1.初装阶段

组织购置第一台计算机并初步开发管理应用程序。在该阶段,计算机的作用被初步认识到,个别人具有初步使用计算机的能力。一般而言,初装阶段大多发生在单位的财务、人事等数据处理量大的部门。

2.蔓延阶段

随着计算机应用初见成效,信息系统从少数部门扩大到多数部门,并开发了大量的应用程序,使组织的事务处理效率有了提高。但这个阶段由于系统开发缺乏综合性,出现了数据冗余性、不一致性、难以共享等问题,只有少部分计算机的应用收到了实际的效果。

3.控制阶段

各管理部门逐渐认识到了计算机信息系统的优越性,纷纷购置设备,开发支持自身管理的信息系统,使得硬件、软件投资和开发费用急剧增长。计算机预算高比例增长,但投资回收不理想。应用项目不断积累,要求加强组织协调,出现了由组织的领导和职能部门负责人参加的领导小组,对整个组织的系统建设进行统筹规划,特别是利用数据库技术解决数据共享问题。诺兰认为,第三阶段将是实现从以计算机管理为主到以数据管理为主转换的关键。

4.集成阶段

在控制的基础上,对子系统中的硬件进行重新连接,建立集中式的数据库及能充分利用和管理各种信息的系统。由于重新装备大量设备,预算费用又一次迅速增长。

5.数据管理阶段

信息系统开始从支持单项应用发展到在逻辑数据库支持下的综合应用。组织开始全面考察和评估信息系统建设的各种成本和效益,全面分析和解决信息系统投资中各个领域的平衡与协调问题。

6.成熟阶段

成熟的信息系统可以满足组织中各管理层(高、中、基层)的要求,从而真正实现信息资源的管理。

(二)物流信息系统规划的主要内容

物流信息系统规划是物流信息系统生命周期的开始,是信息系统概念的形成时期,系统规划一般包括3年或更长时间的计划,也包括短期的计划。一般来说,物流信息系统规划包含以下主要内容:

1.对企业物流现状分析

对物流现状分析包括对软硬件、通信设施、现有系统功能、应用环境、缺陷和需求的了解和评价;同时对于企业当前的组织结构、业务流程、企业文化等情况进行分析。

2.物流信息系统的目标、约束

物流信息系统规划应该根据企业物流活动的战略目标和内外约束条件确定系统的总目标和总体结构。根据总目标,进一步确立各个物流信息系统发展阶段和阶段目标,同时还给出衡量具体工作完成的标准,以及对企业带来的预期变革。

3.对影响计划的物流信息技术发展的预测

物流信息系统规划很大程度上依赖于当前物流信息技术的发展,物流信息技术包含了物流信息系统数据采集、传输、存储和处理等各个阶段。

二、物流信息系统设计

系统设计是物流信息系统开发过程中的一个重要阶段,主要任务是在系统分析提出的逻辑模型的基础上,科学合理地进行物流模型的设计,其主要工作是解决"怎么做"的问题。系统设计的基本任务可以分为总体设计和详细设计两个大的子阶段。

1.总体设计

将系统划分成模块,确定每个模块的功能,明确模块的调用关系以及确定模块的界面,即模块间信息的传递。总体设计是系统开发过程中关键的一步,系统的质量及一些特征基本上是由这一步决定的,包括物流信息系统的体系结构设计、系统流程图设计、功能结构图设计和功能模块图设计等。

2.详细设计

在总体设计的基础上进行详细设计。在详细设计阶段,为各个具体任务选择适当的技术手段和处理办法,包括代码设计、数据库设计、输入输出设计、模块详细设计,而且还要进行计算机物理系统具体配置方案的设计,要解决计算机硬件系统的配置、通信网络系统的配置、机房设备的配置等问题。

三、物流信息系统开发

系统开发有多种方式,各有优点和缺点,要根据资源、技术力量、外部环境及各种因素等进行选用。

1. 自行开发

自行开发方式是一种完全依靠物流企业自身的开发力量,由物流企业自身的员工组成项目组,根据物流企业自身的特点来开发信息系统。采用此种开发方式开发出的系统能满足物流企业个性的要求,还能满足经常变化的需求,从而系统易于维护。但是这种开发方式需要物流企业自身具有知识结构完整的、具有系统开发经验的专业人才。

2. 外包

外包是指承包商根据物流企业提出的开发要求而提出信息系统的大体架构和开发所需要的费用等,当物流企业认定后,将系统开发的任务全部外包给专业软件开发单位。使用此方式,必须满足开发人员熟悉开发业务,经验丰富,开发的速度等条件。对于本企业而言,要重视人员的培训工作,特别是对系统硬件和软件技术人员的培训,减少以后系统维护工作的压力和难度。

3. 联合开发

联合开发是由物流企业与合作的企业共同组成系统开发小组,由对方负责,针对企业具体的情况和要求,共同完成系统开发任务。联合开发所开发出的系统不仅能满足企业特定的要求,而且物流企业的参加者也同时掌握了系统各阶段的模型,因此系统易于维护,能满足经常变化的需求。通过联合开发,可以使物流企业在较短的时间内培养自己的专业人员。

采用这种方式开发系统,由于合作企业具有知识结构完整的、具有经验的专业人才,因此可以保证所开发的系统不仅从功能上满足企业现行的需求,系统还具有良好的结构,当出现需求变化时,对所构建系统的结构稍作修改就能满足。

4. 购买软件包

采取这种方式获得信息系统的主要优势是时间短、费用低,且可靠性高,但是可能存在不能满足物流企业特有需求的情况,系统应用软件部分的维护困难较大。

一般信息系统的商品软件都比较大,除了基本功能之外,供应商是以菜单的方式让物流企业购买系统的可选功能。在采购系统时,物流企业应该由精通业务的人员、系统分析员来选购市场上的软件产品。

当物流企业采取购买的方式获得信息系统的应用软件时,可能会在某些部分不能满足自身的需求,因此,可以按照个性的要求,对被实例化的系统进行修改,即进行二次开发。

5. 租赁

基于 SaaS(软件即服务)思想,物流企业可以租赁所需的系统,软件公司将信息应用软件统一部署在自己的服务器上,包括应用软件在内的运行与维护,用户只需根据自己实际需求,通过 Internet 向软件公司订购所需的应用软件服务,按订购的功能服务和使用时间向软件支付费用即可。

案例

海尔物流信息技术的建设

现代物流区别于传统物流的特征是信息化与网络化。信息化贯穿于海尔物流发展的全过程。在资源重组阶段，海尔实施了 ERP 系统。在供应链管理阶段，海尔公司建立了 B2B 采购平台，并建立起与集团 CRM 系统的无缝连接。在物流产业化阶段，海尔实施了大物流 LES 系统。

建立 ERP 系统是海尔实现高度信息化的第一步。在成功实施 ERP 系统的基础上，海尔建立了 SRM（招标、供应商关系管理）、B2B（订单互动、库存协调）、扫描系统（收发货、投入产出、仓库管理、电子标签）、定价支持（定价方案的审批）、模具生命周期管理、新品网上流转等信息系统，并使之与 ERP 系统连接起来，用户的信息可同步转化为企业内部的信息，以信息替代库存。

海尔通过搭建 ERP 采购平台，实现了全球供应商网上查询计划、网上接收订单、网上查询库存、网上支付等活动，使供应商足不出户就可以完成一系列的业务操作。随着全球化信息网络和市场的形成，海尔物流开始着眼于全球供应链资源网络。

在物流产业化阶段，海尔通过研发信息集成化的物流执行系统 LES，成功构建了第三方物流运作管理的系统架构，实现全国范围内的配送中心的订单管理、条形码扫描、GPS 运输管理、仓储管理在内的基本业务流程系统管理。通过实时取数、透明追踪、条形码扫描、成本管理和决策支持来实现对多仓库、多客户、跨地域管理、复杂的仓位控制、安全存量设置、自动补货警示等先进技术，搭建高效的第三方物流操作平台。

目前，海尔应用最广泛的条形码主要分为七种：托盘条码、物料条码、仓位条码、成品条码、操作人员条码、工位条码及设备条码。托盘条码由六位数字组成，具有唯一性。物流条形码相当于物资标签，每个容器外部都有一张物流条码，包括物料号、物流描述、批号、供应商及送货数量等信息。

海尔物流中心包括原材料、成品两个自动化物流系统，采用了激光导引、条形码识别、无线数字通信、红外通信、智能充电、工业控制、现场总线和计算机网络等国际先进技术，成功集成了具有国际先进水平的工业机器人、巷道堆垛机、环行穿梭车、激光导引车、摄像及语音监控等先进的自动化物流设备。该系统对原材料和成品自动化仓储与收发的全过程实施完全的控制、调度、管理和监控，并与海尔集团的 ERP 系统实现了信息集成，以最少的人机接口实现了最大的物流自动化。

复习思考题

一、填空题

1. _____是反映物流各种活动内容的知识、资料、图像、数据和文件的总称。

2. 从系统的观点来看，构成物流信息系统的主要组成要素有硬件系统、软件系统、数据资源、_____以及相关人员等。

3. _____是指按照统一标准，将商业或行政事务处理转换成结构化的事务处理或报文数据格式，并借助计算机网络实现的一种数据电子传输方法。

4. GPS 系统包括三大部分：空间部分——GPS 卫星星座；_____——地面监控

系统;用户设备部分——GPS 信号接收机。

二、单项选择题

1. 物流信息按信息沟通联络方式可分为_____。

A. 正式信息和口头信息　　　B. 口头信息和书面信息

C. 正式信息和书面信息　　　D. 上传信息和下达信息

2. 物流信息系统的特点有:管理性、适应性、_____、网络化。

A. 集成化　　B. 自动化　　C. 规模化　　D. 智能化

3. GPS 工作卫星的地面监控系统包括 1 个主控站、3 个注入站和_____个监测站。

A. 2　　　B. 3　　　C. 4　　　D. 5

4. "诺兰模型"将信息系统建设划分为初装阶段、蔓延阶段、控制阶段、集成阶段、_____

_____、成熟阶段六个阶段。

A. 计划阶段　　　B. 组织阶段　　　C. 数据管理阶段　　　D. 协调阶段

5. 系统设计的基本任务可以分为_____两个大的子阶段。

A. 总体设计和局部设计　　　B. 整体设计和详细设计

C. 总体设计和样本设计　　　D. 总体设计和详细设计

三、简答题

1. 简述物流信息的层次。

2. 简述物流信息系统的结构。

3. 简述物流信息系统的发展阶段。

4. 简述物流信息系统的作用。

5. 简述物流信息技术的种类。

6. 简述物流信息系统规划的阶段。

7. 简述物流信息系统规划的主要内容。

8. 简述物流信息系统开发的方式。

第十章

企业物流

企业物流合理化主要表现在兼顾成本和服务。

知识目标

1. 了解企业物流的概念、特征
2. 掌握供应物流的概念、内容
3. 掌握生产物流的类型
4. 掌握销售物流的主要环节
5. 掌握回收物流的意义
6. 掌握废弃物物流的处理方式

技能目标

1. 掌握企业物流合理化的主要措施
2. 掌握供应物流的模式
3. 熟悉废弃物物流合理化的具体措施

关键概念

企业物流；企业物流合理化；供应物流；生产物流；销售物流；回收物流；废弃物物流

第一节 企业物流概述

➤一、企业物流的概念

《物流术语》中对企业物流的定义为："企业物流（enterprise logistics）是指生产和流通企业在经营活动中所发生的物流活动。"

➤二、企业物流的特征

企业物流是微观物流，它与全社会整体的社会物流，也就是通常所说的宏观物流，有很大的不同，具体表现为以下几方面：

1. 关联性

就某一个具体企业而言，供应物流、生产物流、销售物流、回收物流和废弃物物流构成了企业完整统一的物流运作系统，这个系统中的任何一个环节发生问题，都将影响整个系统的正常运行。供应物流运行不畅,不能及时供应生产所需的原材料,企业就不能进行原材料的加工,生产物流和销售物流就会中断,企业的生产经营就会处于停滞状态。同样,如果生产物流发生问题,就会在供应物流的末端产生库存积压;如果销售物流发生梗塞,不仅会造成产成品的积压,生产物流不得不放慢速度,还会造成供应物流的库存上升。因此,每个环节的运行不畅都会造成资金周转速度下降,财务成本上升。

2. 精确性

企业产品的生产过程,是由前后衔接的若干道工序逐次加工共同完成的。这种流水线式的加工方式,要求前道工序在规定的时间内生产出规定数量的产品,并在规定的时间送达规定的地点。生产物流的目标就是保证物流能准确、快速地在工序间流动,保证生产活动顺利进行。因此,必须合理选择搬运设备,充分利用物流空间,才能实现提高物流效率的目标。

3. 二律背反性

所谓物流的二律背反就是指在物流的各环节间,服务成本与服务水平存在矛盾,一方水平的提高,往往会导致另一方水平的下降。如追求库存的合理性,减少库存,降低成本,就必须多批次、少批量进货,这必然要导致订货中运输和其他成本上升;追求包装费用的节约,必然导致运输、搬运、装卸、维护、保养费用的增加等。

三、企业物流合理化

所谓企业物流合理化,就是指对企业物流设备的配置和物流活动的组织进行调整、改进,实行物流系统整体优化的过程。企业物流合理化主要表现在兼顾成本和服务,物流成本是物流系统为提供物流服务所投入的活劳动和物化劳动的体现,物流服务是物流系统投入后的产出。合理化是指投入和产出的合理化,即以尽可能少的物流成本,创造客户可以接受的物流服务,或以企业可以接受的物流成本,达到尽可能高的物流服务水平。企业物流合理化的主要措施有:

1. 企业生产建筑合理布局

企业生产系统和服务系统的各类设施的空间布局和设计是企业物流合理化的前提。企业的规模大小有所不同,但在规划设计时,必须考虑以下因素:

(1)集团级物流分析,确定集团内各公司的相关位置。

(2)公司级物流分析,确定各公司的相关位置。

(3)工厂级物流分析,确定工厂内各部门,包括生产车间、仓库、辅助车间和有关部门的相关位置。

(4)车间级物流分析,确定车间内各生产区域或生产线的相关位置。

(5)生产线或生产区域级物流分析,确定生产线或生产区域内相关设备的位置。

(6)从生产流程和生产的特点出发确定装卸搬运机械的选型、台数和停放的位置等。

总之,生产建筑设施的布局应有利于物理运作的连续、直接原则,实现"空间"和"时间"的优化目标。

2. 提高物流技术

物流技术是对有形物资进行输送、存储等为社会提供服务的技术。物流技术包括围绕物流服务的物流硬技术和物流软技术。其中,物流硬技术是指组织实物运动的各种运输工具、机械设备、仓库建筑、场站设施以及服务物流的电子计算机、通讯网络设备等;物流软技术是指为组成高效率的物流系统而使用的应用技术,指对各种设备、设施、人才等的合理调配使用的指挥调度技术。先进的物流技术代表着物流先进的生产力,提高和推广先进的物流技术对提高物流生产率、降低物流成本、增强企业的市场竞争力具有重要的基础作用。

3. 提高物流效率

在物流活动中提高物流效率,除了采用先进的物流设备和物流技术外,还可以在具体的物流运作中采取其他的科学方法和手段。如在搬运过程中可以实行单元装载化原则,即将搬运物资尽可能整理为托盘或集装箱方式,这样做不但可以避免货物在搬运途中倒塌,还可提高搬运效率;水平直线原则,采取直线搬运,流程距离最短,设备利用率最高,成本最低;利用重力原则,即在搬运货物时,尽可能使用借助重力的设备,这对搬运的成本而言是最经济的方法。此外,还有配送中的共同配送原则等,都可以提高物流运作效率,降低物流总成本。

4. 改善物流管理

企业物流管理是指在企业中,根据物资实体的运动规律,应用管理的基本原则和科学方法,对物流进行计划、组织、指挥、协调、控制和监督,使多环节物流活动实现最佳的协调配合,提高物流效率和经济效益。物流管理的方法很多,最常用最普遍的方法是经济方法、行政方法、法律方法和教育方法,如表 10-1 所示。

表 10-1 物流管理方法

方法	具体内容
经济方法	用经济方法引导物流活动,是由经济活动本身的性质决定的。如通过制定运输、仓储、装卸搬运、流通加工、配送等活动中的一些经济指标,引导有关部门加强管理,降低成本,提高经济效益
行政方法	依靠领导机构的权威,运用行政命令的手段,对物流活动实施管理。如根据物流活动的状况和需要,有关领导和部门可以发布指示、指令,尤其是在紧急情况下,可以迅速排除阻力,使物流畅通无阻
法律方法	利用经济立法和经济司法的手段,执行物流管理职能。它可以保护企业的合法权益,禁止违法行为,维护物流活动的秩序。如我国的各级立法和行政管理部门在铁路运输、公路运输、水路运输、航空运输、仓储环节、供应环节、包装环节、搬运环节、信息环节等方面制定了大量的法律法规,对物流活动中的违法行为,依法实行管理,这些法律法规对企业物流的合理化都起到了重要的保障作用
教育方法	运用系统学习和普及宣传的手段执行物流管理职能。教育方法最重要的作用是可以提高物流专业人员和物流专业相关人员的思想素质和业务素质,增强责任感,刻苦钻研业务,从根本上提高物流工作效率

第二节 供应物流

➤ 一、供应物流概述

供应物流是指包括原材料等一切生产物资的采购、进货运输、仓储、库存管理、用料管理和供应管理,也称为原材料采购物流。

任何企业,无论生产企业还是流通企业,都存在供应物流问题。尤其是大型生产企业,如飞机制造业、汽车制造业等,其供应物流问题对企业生产至关重要。因为这些企业生产存在多品种、大数量的原材料、零部件和辅助材料供应问题。供应物流的基本任务就是要保证适时、适量、适质、适价、配套齐全的供应企业所需的各种物料,尤其要通过对供应物流的科学管理,运用现代科学技术,实现物料的合理流动,加速资金周转,降低成本,创造良好的经济效益。

二、供应物流的内容

供应物流的过程,因不同的企业、不同的生产工艺、不同的生产组织模式而有所不同,但供应物流基本流程和内容大致相同。

1. 采购

采购包括购置、运输、收货、仓储等。采购是企业购置货物和服务的行为,是生产企业为获得生产所需要的物资而进行的活动。采购活动的过程如表 10-2 所示。

表 10-2 采购活动的工作流程

工作流程	具体内容
制订采购订单	通常由企业各部门将需要的物资报到采购部门,由采购部门汇总,制订采购订单
制订采购计划	采购部门在接到采购任务之后,要制订具体的采购工作计划。首先进行资源市场调查,确定供应商;接着确定采购方法、采购日程计划
联系供应商	可以通过电话、书信、电子邮件或直接洽谈等方式联系供应商
签订订货合同	通过与供应商洽谈,签订订货合同。这是采购工作的核心步骤,要和供应商反复磋商谈判,内容包括物资的价格、质量、运输、服务及风险赔偿等条件达成共识,并通过合同把这些条件明确规定下来,订货成交
运输进货及进货控制	签订订货合同以后,开始履行合同,组织运输进货。运输进货可以由供应商承担,也可以由生产企业自行承担
到货验收、入库	到货后,相关工作人员进行检验、验收和入库
支付货款	货物验收入库后,依据合同的规定支付货款
善后处理	一次采购完成以后,进行采购评估总结,妥善处理一切未尽事宜

2. 厂外物流

厂外物流是指采购中的合同签订以后,按照合同的规定,物资从供应地向目的地转移的过程。可以采取铁路运输、公路运输或水路运输,特殊情况可以采取管道或航空运输的形式。可以由供应商组织运输,或需求方自行组织运输,也可以由第三方物流企业代为运输。

3. 仓储与库存

仓储是供应物流与生产物流的接点,负责供应物流的接货、仓储、发货工作。在这个环节上要严把进货关,入库前保证入库物资的数量和质量符合合同规定。入库后的物资,认真执行库存物资维护保养的规定,尽量减少库存物资的人为和非人为耗损。库存是供应物流的重要组成部分,主要执行生产计划下达的库存任务,负责制定库存策略,通过订货点法、ABC 法、CVA 法、MRP 和 MRP Ⅱ 等传统和现代的库存控制方法,做好库存控制和管理工作。

4. 装卸与搬运

装卸与搬运是接货、发货和仓储堆码作业中的物流活动,对保证物资的完好率具有非常重要的作用,同时它也是物流作业机械化、自动化的重点。装卸搬运是与运输和仓储相伴而存在的。从某种意义上讲,没有装卸与搬运的现代化,就没有运输和仓储的现代化,也就没有物流的现代化。

三、供应物流的模式

供应物流具有多种模式,具体包括:需求企业自提模式、委托销售企业代理、委托第三方企业代理、供应链供应物流模式。

1. 需求企业自提模式

生产企业与供应商签订合同以后,按照合同规定的条款,供应商在适当的时间通知需求方准备在指定的地点提货。这种模式,需求方应事前联系或组织必要的运输工具,并按约定时间在指定地点提货。在货物装车前要核对数量,检验质量,并办好全部交接手续。此后,需求方就要对供应物流负全责。

2. 委托销售企业代理模式

委托销售企业代理是指供应商企业负责联系组织运输工具,承担运输业务,实施"门到门"的服务。该模式使供应商能获得较为稳定的客户和增值服务,有利于自身的持续发展;对于需求方,可以大大节约为组织供应物流所耗用的人力、物力和财力,集中精力发展企业的核心业务。

3. 委托第三方企业代理模式

委托第三方企业代理是指企业在完成采购任务后,由相对于"第一方"发货人和"第二方"收货人而言的第三方专业物流企业承担供应物流活动的一种物流形态。第三方物流企业,通过与第一方或第二方合作来提供专业化的物流服务。它不拥有商品,不参与商品买卖,而是通过签订合同,为顾客提供系列化、个性化、信息化的物流代理服务。

4. 供应链供应物流模式

供应链供应物流是指将物流供应商、生产商、批发商、零售商及消费者组成供需网络链,供应商和各企业结成最高层次上的联盟,彼此互利互惠、共享信息、共担风险、相互信任,并在此基础上建立长期合作的供应关系。这种供应链供应物流模式主要有 JIT 供应模式和零库存供应模式等。

第三节 生产物流

一、生产物流的概念

生产物流是指在生产过程中,原材料、在制品、半成品、产成品等在企业内部的实体流动。生产物流包括从原材料出库,进入生产线,经过加工过程中的存放、装卸、搬运、运输和成品包装,到验收入库以及贯穿于全过程的信息传递活动。企业生产物流是企业物流的关键环节,高效的生产物流有利于生产物流和生产过程的优化组合,有利于提高企业的劳动生产率,提高企业的整体实力。

二、生产物流的特征

生产企业的生产过程,是由一个个加工程序串联而成的。由这样的加工过程所形成的生产物流具有以下几方面的特征：

1.连续性

连续性是指物料总是处于不停的流动中,包括空间上的连续性和时间上的连续性。空间上的连续性,要求各加工环节在布局上尽可能紧凑,缩短流程的距离,避免出现迂回往返现象。时间的连续性,要求物料在加工中由一个环节过渡到另一个环节时,尽可能缩短时间,避免或减少停留等待现象。

2.平行性

平行性是指物料在生产过程中实行平行交叉流动。平行指同一品种的在制品可以在数台生产加工设备上同时加工;交叉指零件加工的上一道工序完成以后即可进入下一道工序加工,直至生成产成品。这种平行交叉流动可以大大缩短生产周期,提高工作效率。

3.比例协调性

比例协调性是指各个加工工艺、工序之间加工能力的协调。这种协调主要体现在各环节的加工人数、设备、面积等的配备比例一定要协调,否则会出现部分生产能力不足,部分生产能力过剩,造成资源浪费,成本上升。

4.均衡性

均衡性是指全年、季或月的投料加工的数量要按比例合理分配,实现年、季、月的均衡生产。均衡生产有利于避免时松时紧、突击加班的现象;有利于设备正常运转,工人工作精力的合理分配;有利于保证产品质量。

5.准时性

准时性是指生产的各阶段、各工序都必须按后续阶段和工序的需要组织生产,在需要的时候能按照需要的数量和质量生产所需的零配件。只有各个加工岗位都实现了准时性才会实现连续性、平行性和均衡性的目标。

6.柔性

柔性是指加工制造的灵活性、可变性和可调节性,即在短时间内以最少的资源从一种产品的生产转换为另一种产品的生产,从而实现市场多样化、个性化的需求。

三、生产物流的类型

(一)按物流流向角度划分

1.项目型生产物流

项目型生产物流是固定式生产中的物流凝固型,即当生产系统需要的物料进入生产场地后,几乎处于停止的凝固状态,或者说在生产过程中物料流动性不强。项目型生产物流分为两种状态:一种是物料进入生产场地后被凝固在场地中,同生产场地一起形成最终产品,如厂房、公路、铁路、机场等;另一种是在物料流入生产场地后,"滞留"时间很长,形成最终产品后再流出,如轮船、飞机等。

2.连续型生产物流

连续型生产物流是指在流程式生产方式中物料均匀、连续地流动,不出现中断。连续型生产物流的特点是:生产出的产品和使用的设备、工艺流程都是固定且标准化的;工序之间几乎没有在制品储存。

3. 离散型生产物流

离散型生产物流是指在加工装配式生产中,产品生产的投入要素由可分离的零部件构成,各个零部件的加工过程彼此独立。离散型生产物流的特点是:制成的零件通过部件装配和总装,最后成为产品。整个产品的生产是离散的,各个生产环节之间有一定的在制品储备。

(二)按物料流经区域和功能角度划分

1. 工厂间物流

工厂间物流是指大企业的分厂与分厂之间,中小企业的车间与车间之间的物流。这种物流的内容是各分厂或各车间生产的零部件和半成品在分厂或车间之间的流动。为了合理规划生产过程中分厂或车间之间的物流,从供应链的角度考虑,重点是进行企业内部的供应链管理,合理布局生产单位,确定合理的协作计划,运用信息技术,建立数据库,实现信息共享。

2. 工序间物流

工序间物流也称为工位间物流或车间物流,是指在生产过程中,车间内部和车间与仓库之间的物流。其主要包括接受各工序原材料、零部件及其后的储存活动;仓库集中向生产车间输送材料、燃料的活动;产品的集中储存和搬运活动。

为了尽量压缩工序间物流在生产过程中耗用的时间,从管理的角度考虑,重点是进行仓储合理布局,确定合理的库存量,合理配置设备与人员,建立合理搬运作业流程和适当的搬运路线。对储存、搬运项目的信息搜集、汇总、统计、分析做到科学及时准确,使用得当,实现"适时、适量、高效、低耗"的生产目标。

第四节 销售物流

➤ 一、销售物流概述

销售物流是指生产企业、流通企业出售商品时,物品在供方与需方之间的实体流动。即生产者至用户或消费者之间的物流。其包括产成品的库存管理、仓储发货运输、订货处理与客户服务等活动。

随着经济发展和科技进步,国内、国际的竞争日益激烈,传统制造领域的技术和产品的特征优势日益缩小,人们认识到销售物流服务是否独具特色,是企业能否创造较高的销售额以及在市场竞争中成败与否的关键因素。为此,首先要通过不懈的努力提高客户服务的满意度。所谓的客户服务是指在合适的时间(right time)和合适的场合(right place),以合适的价格(right price)和合适的方式(right channel or way)向合适的顾客(right customer)提供合适的产品和服务(right product and service),使顾客的合适需求(right want or wish)得到满足、价值得到提高的过程。

为了实现目标必须选择合适的分销渠道,全面掌握销售物流的主要环节的特点、销售物流服务的要素,对销售物流服务实施有效管理。

➤ 二、分销渠道的结构和类型

(一)分销渠道的结构

分销渠道又称流通渠道、分配线路。它是指产品由生产者向消费者或用户移动过程中所经过的通道或路线。分销渠道是商品流通环节、流通空间和流通时间的总和。商品的流通环节表现为两种形式:商品的经营形式和商品流通的客观形式。商品的流通空间包括渠道的长度和宽度两个方面。渠道的长度是商品流通中所经过的路线或途径的长短,流通环节多,渠道就长,反之就短。渠道的宽度指在商品流通中,同一环节上要经过多少种形式。商品面向全国市场,渠道就较为宽广;面向本地市场就较为狭窄。商品流通时间是指商品从生产企业传送到消费者手中所要经过的全部时间。分销渠道的结构大体如下:

(1)生产者—消费者。

(2)生产者—零售商—消费者。

(3)生产者—批发商—零售商—消费者。

(4)生产者—代理商—零售商—消费者。

(5)生产者—代理商—批发商—零售商—消费者。

以上五种形式中,第一种分销渠道最短,第五种分销渠道最长,其余三种,长度介于第一种和第五种分销渠道之间。

(二)分销渠道的类型

分销渠道可分为以下两种类型:

1.直接渠道

直接渠道是指不经过任何中间环节,由生产者直接把产品服务转移到最终消费者的方式。采用直接渠道,可以使生产者的产品直接到达消费者,而不经过任何中间商,这样可以缩短运输时间,节约运输费用,同时保证产品的质量。

2.间接渠道

间接渠道是指生产企业通过流通领域的中间环节,把商品和服务销售给消费者的方式。在这种多层次的销售渠道中,中间商作为生产与生产、生产与消费的桥梁纽带,具有集中、平衡、扩散、分担风险等功能。在现代经济条件下,中间商作为媒介的商品流通形式是商品流通的主要形式。但由于流通环节的增加,使物流的运输、仓储费用增加,从而使产品的成本上升,加重了需求者的负担。

➤三、销售物流的主要环节

企业在完成产品的制造后,需要及时组织销售物流,使得产品能够及时、完好地送达用户指定地点。为了保证销售物流的顺利完成,需要做好以下几方面的工作:

1.产成品的包装

包装是生产企业生产物流系统的终点,也是销售物流系统的起点。产品的包装具有保护功能、便利功能和促销功能,尤其是产成品的运输包装在销售物流过程中将起到便于保护、仓储、运输、装卸搬运的作用。因此,在包装材料、包装形式上一定要考虑运输、仓储环节的需要,同时也要考虑材料和工艺的成本费用。

2.产成品的储存

保持合理的库存水平,及时满足客户需求,是产成品储存最重要的内容。客户对企业产成品的可得性非常敏感,缺货不仅使客户需求得不到满足,而且还会提高企业进行销售服务的物流成本。为了避免缺货,企业一方面可以提高自己的存货水平;另一方面可以帮助客户进行库存管理,实现与客户长期合作。

3. 发送运输

无论销售渠道如何,消费者是否直接取货,生产者或供应者是否直接发货给客户,企业的产成品都需要通过运输才能到达客户指定地点。而运输方式的确定要考虑批量、运送距离、地理等各方面的因素。

对于生产者或供应者送货的情况,应考虑批量大小问题,它将直接影响物流成本费用。因此,配送是一种较先进的形式,它可以提高设备的利用率,降低运输成本。运输方面的良好服务,包括运输速度快、及时满足客户需要;运输手段先进,减少途中商品损坏率;合理组织运输途径,减少运输里程及运输安全系数高,避免丢失等问题发生。

4. 装卸运输

客户希望在物料搬运设备方面的投资最少化,可能要求使用托盘或集装箱装货;也可能要求将特殊货物集中在一起装车,这样可以直接再装,不需要重新分类。对于这些要求供货方都应尽可能满足。

➤ 四、销售物流服务要素

销售物流服务有四个要素,即时间性、可靠性、沟通性和方便性。

1. 时间性

时间要素通常是指订货周期的时间。订货周期是指从客户确定对某种产品有需求到需求被满足的时间间隔,也称为提前期。时间要素主要受以下几个变量的影响:订单传送、订单处理、订货准备及订货装运。企业只有有效地管理与控制这些活动,才能保证订货周期的合理性和可靠性的一致,进而提高企业的客户服务水平。

2. 可靠性

可靠性是指根据客户订单的要求,按照预定的提前期,将订货安全送达客户指定地点。可靠性包括提前期的可靠性、安全交货的可靠性、正确供货的可靠性。这三个可靠性中,以提前期的可靠性最为客户所关注。因为提前期的可靠性,对于客户的库存水平和缺货损失有直接影响,可靠的提前期可以减少客户面临的供应的不稳定性。生产企业预定的提前期保证兑现,将使客户的库存、缺货、订单处理和生产计划的总成本最小化。其次是安全交货的可靠性。安全交货是物流系统的最终目的,如果货物破损或丢失,客户不仅不能使用这些产品,还会增加库存、生产和销售成本。最后是正确供货的可靠性。当客户收到所供货物与订货货物不符时,将给客户造成停工待料的损失。销售物流领域中订货信息的传递和订货挑选会影响企业的正确供货。在订货信息传递阶段使用 EDI 可以大大降低出错率,产品标识及条形码的标准化,可以减少订货挑选过程中的差错。

3. 沟通性

与客户沟通是对客户服务实施管理的重要手段。设计客户服务水平必须包括客户沟通。沟通渠道和方式应对所有客户开放并准入,这是销售物流外部约束的信息来源。没有与客户的联系,管理者就不能提供有效及经济的服务。

4. 方便性

由于消费者的需求千差万别,要想满足全部消费者的所有需求难度较大,企业只能有针对性地提供若干种不同的产品和服务。为了更好地满足客户的需求,需要根据客户的规模、市场区域、购置的产品及其他因素将客户细分,为客户提供适宜水平的服务。客户的服务水平决策需要具有灵活性,在每一个特定的条件下,都必须考虑服务水平与服务成本之间的经济利益关系。

五、销售物流的管理

(一)销售物流的运输管理

运输是销售物流的重要组成部分。运输费用是销售物流费用的重要组成部分,会直接影响商品的价格,所以运输是企业销售物流管理的重要内容之一。

1.选择运输方式

运输方式的选择对于销售物流系统的运作效率和成本控制起着十分重要的作用。管理者首先要根据销售系统的要求从铁路、公路、航空等运输方式或联合运输方式中作出选择,其中包括对不同方式的运价和服务水平的评价。

由于运输成本在总物流成本中占有重要比例,而且不同的运输方式,运价相差很大,因此运价是选择运输方式一个非常重要的因素。但是,运输成本最低的运输方式经常会导致物流系统中其他部分成本上升,因此难以保证物流总成本最低。所以,运价因素不是唯一的因素,企业还需要考虑运输服务的质量以及这种服务质量带来的对整个物流总销售系统运作成本的影响。

2.销售物流的运输策略

(1)实行集约化管理。

对运输进行集约化管理是指企业在整体经营安排、成本预算以及协调企业销售物流等方面预先进行集中管理,而不是反应式运输管理。预先管理的意义在于:预先分析运输中存在的问题,寻找解决问题的方法,以利于企业整体效益的提高。

(2)优选第三方物流企业。

企业相对减少承运人数量,使企业产成品的销售运输业务相对集中于一些运输公司即第三方物流企业,使其业务量和营业收入增加。这样承运人便可提供生产企业要求的合理运价和服务。

(3)实施复合运输。

复合运输是吸取铁路、公路、水路、航空等所有运输形式的长处,把它们有机地结合起来,实行多环节、多区段、多工具相互衔接的运输方式。这种运输方式的主要方向是杂货运输的现代化。复合运输从整体上保证了全程运输的最优化和效率化。复合运输的形式有水陆联运、陆陆联运、陆空联运和一条龙运输。

(二)企业销售配送管理

越来越多的企业已经改变重生产轻销售的传统理念,开始构筑有力的物流销售系统,并向位于流通最后环节的零售店或客户直接配送产品。不仅如此,他们还将分散的库存,集中到大型物流中心,而物流中心则通过现代化技术,实现进货、保管、在库管理、发货管理等物流活动的效率化、省力化和智能化。

1.销售配送的形式和种类

在配送的形式和种类上可以实行单(少)品种大批量配送、多品种少批量配送或配套成套配送;根据需要的时间和数量实行定时配送、定量配送、定时定量配送、定时定路线配送和即时配送；还可以根据需要实行共同配送，如同产业间共同配送、异产业间共同配送，更好地为生产和生活服务。

2.销售配送服务的合理化

销售配送服务的管理，就是对配送全过程的所有环节，如进货、储存、分拣、配货、分置、装配、送货、送达实施科学管理，实现配送的合理化。配送合理化的标志是：①库存总量和周转；②资金占用和周转；③社会保障，即客户是否缺货；④社会运力节约标志；⑤人力物力节约标志；⑥经济效益标志。

就企业配送中心和客户综合情况看，如果这些指标均好于配送前，则配送是合理的；否则就是不合理或者局部不合理的，需要找出原因，加以改进。

第五节　回收和废弃物物流

企业在生产过程中，除了生产出产成品之外，还相伴生成了一些非产成品物资。这些物资中，有的还有一定的使用价值，有的已不具有或很少具有使用价值，对这种具有和不具有使用价值的物资，采用不同的处置方式，从而产生了不同的物流活动，即回收物流与废弃物物流。

➤ 一、回收物流

（一）回收物流的概念

回收物流是指不合格物品的返修、退货以及周转使用的包装容器从需方返回到供方所形成的物品实体流动。企业在其生产过程中，由于产品的性质和加工工艺过程的不同，除了加工出产成品外，还会生成不同的副产品，如炼钢厂的煤灰、炉渣；机械加工厂的废钢屑、边角余料等。另外在生产过程中，由于各种原因，产生不合格品和残次品。同时，工厂的生产设备、生产加工工具，由于寿命周期已到或其他原因失去了使用价值，而不得不淘汰。前面所提到的生产中的副产品、加工中产生的边角余料、不合格品和残次品、报废的设备和工具等有的还具有一定的使用价值，或经过一定的加工处理后，可产生一定的使用价值。对这些经过加工后可以生成新的使用价值的物资进行运输、包装、拣选、加工、利用的活动就是回收物流。此外，企业生产出的产品在出售之后，发生退货、返修及包装物的回收等也属于回收物流。

（二）回收物流的意义

1.保持或恢复物资原有的使用价值

机械加工厂产生的边角余料，虽然在当时的需求条件下不能使用，但是，在其他场合，当需求的规格尺寸发生变化时，还可以加以使用。包装箱、酒瓶以及化工产品包装用的桶、罐等，经过简单的处理清洗，仍可重新投入使用。

2.重新获得使用价值

废旧物资的深加工采用的是物理、化学的方法，使废旧物资恢复到最初的原始状态。如从旧电器提取铂、金、银、镍；橡胶、塑料、纤维的再生产利用；灰渣制成空心砖，在建筑行业可替代普通红砖，节约大量建筑材料。

3.推动社会经济的可持续发展

工业生产的多种排放物的回收，不仅创造了巨大的经济价值，而且多种废旧物资的回收利用和循环使用,避免了废旧物资对现存耕地的占用,防止有毒有害物资对江、河、湖、海的污染。

(三)企业可再生资源的回收利用

1. 废钢铁的回收利用

废钢铁是企业再生资源的重要组成部分,它是指失去原有价值的钢铁材料及其制品。废钢铁的回收具有重大的经济意义,回收的废钢铁通过直接回炉冶炼,加工改制,可以扩大社会的钢铁资源。其中企业对废钢铁的回收加工,包括气割、剪切、破碎、打包压块、分选等过程。对废钢铁的再利用主要是社会的再利用。废钢铁的用途很广,它是炼钢、铸造、制造农具及小五金的重要原料。

2. 企业废纸、纸板的回收利用

企业的废纸资源较分散,回收难度较大。废纸、纸板回收利用的一个明显特点是必须建立一个稳定的回收系统。只有具备足够的废纸、纸板回收力度,才能批量供给再生加工。企业废纸、纸板的集货系统的起点是,依靠简单的人力劳动或半机械化劳动,在集货结点处进行集货、分拣,经过加工以后再复用。

3. 废玻璃的回收利用

废玻璃的回收利用,主要是玻璃生产企业的碎玻璃原厂复用,将各生产工序产生的碎玻璃回运到配料端。由于这种废玻璃的成分与本企业生产的玻璃成分相同,无需再进行成分的化验和计算,只需要以一定的比例与混合料一起重新熔制。因此,这是一种经济可行的再生资源物流方式。

4. 企业废旧包装的回收利用

企业废旧包装的回收利用,是将使用过的产品包装容器和辅助材料,通过各种渠道和多种方式收集起来,经过修复改制,再次使用的过程。

(四)企业废旧包装回收渠道

1. 商业部门

商业部门主要经销生活资料商品,是废旧回收包装的主渠道。如各级百货商店、五金公司、纺织品公司、医疗器械公司、医药公司、零售商店等都可进行废旧包装回收。

2. 生产资料产品销售部门

生产资料产品销售部门是经营生产资料的机电设备公司、化工轻工材料公司、建筑材料公司等,都有废旧包装。其中相当部分是专用包装,如包装平板玻璃的木箱、包装化工原材料的铁桶等。

3. 社会废旧回收公司

社会废旧回收公司可以回收那些专业回收单位或综合回收机构不回收的旧包装,如各种玻璃瓶、塑料瓶和其他包装物。

4. 企业废旧回收包装渠道

企业废旧回收包装渠道主要是企业专门设立的回收门市部,在固定地点回收多种产品包装,并且在产品销售部门设置回收包装柜台,实行回收。常见的是企业与使用单位签订合同,规定产品使用过后,将包装物返还,交生产单位重新使用。

➤ 二、废弃物物流

(一)废弃物物流的概念

废弃物物流是指将经济活动或人民生活中失去原有使用价值的物品,根据实际需要进行收集、分类、加工、包装、搬运、储存等,并分送到专门处理场所的物流活动。

知识链接

回收物流与废弃物物流都属于逆向物流。逆向物流是指产品卖给消费者并配送给消费者后,从消费者端开始,通过逆向渠道(废弃物从消费者到生产者流通的渠道)对使用过、损坏或过期的物品,从事回收与搬运储存的过程。

(二)废弃物物流的特点

1.无使用价值或使用价值较低

废弃物物流在物流过程中本身不能增值。处理废弃物物流需要较大的费用支出,随着废弃物物流处理的现代化、科学化,支出费用越来越小。

2.呈现出复杂性、多样性、分散性、普遍性的特征

由于废弃物呈现出复杂性(成分复杂,来源多样)、多样性(物体的形状、体积、流动性、粉碎程度等千变万化)、分散性(分散在各处需收集)、普遍性(几乎每个企业都产生)等,增加了废弃物物流的处理难度。

3.污染环境

废弃物处理不当会给环境造成严重危害:一是侵占大量土地;二是污染农田;三是污染地下水;四是污染大气;五是传播疾病。

(三)废弃物物流的方式

1.废弃物掩埋

企业可对产生的废弃物,在政府规划的区域,利用原有的低洼地或用人工挖出深坑将其掩埋。这种物流方式,适于对地下水无毒害的固体垃圾。

2.垃圾焚烧

垃圾焚烧是指在一定地区用高温焚烧垃圾,该方式只适用有机物含量高的垃圾或经过分类处理,将有机物集中的垃圾。有机物在垃圾中会发生化学反应,是造成空气、水及环境污染的主要原因,因此该办法可以减轻对环境的污染。

(四)废弃物物流合理化

1.废弃物物流合理化的基本原则

(1)减量化。

废弃物减量化原则主要是通过适宜手段,减少废弃物的数量、容积、比例和排放量。这一任务必须从两方面着手:一是对废弃物进行科学处理和综合利用;二是减少废弃物的产生。

(2)无害化。

废弃物无害化原则是将废弃物通过工程处理,达到不危害人体健康、不污染周围环境的目的。实现废弃物的无害化要求科学的废弃物物流处理工程,从收集、中转、运输到处置均采用

先进的科学技术,实行科学的管理办法,避免污染自然环境。

(3)资源化。

废弃物资源化原则是采取工艺措施,从废弃物中回收有用的物料和能源。废弃物中蕴藏着巨大的资源,它们虽然不具有原来的使用价值,但是通过回收、加工等途径可以使其获得新的使用价值。

2.**废弃物物流合理化的措施**

(1)淘汰落后的生产工艺。

按照国务院发布的《国务院关于环境保护若干问题的决定》明确规定的原则,取缔、关闭或停产污染严重的企业。这对保护环境,削减废弃物排放,特别是有毒有害物质的排放意义重大。

(2)推广清洁生产工艺。

利用清洁"绿色"的生产方式代替污染严重的生产方式和工艺,既可节约资源,又可不排或少排废弃物,减轻环境污染。

(3)发展物质循环利用工艺。

在企业生产中,发展物质循环利用工艺,使第一种产品的废弃物变成第二种产品的原料,并以第二种产品的废弃物再生产第三种产品,如此循环和回收利用,最后只剩下少量废弃物进入环境,取得经济的、环境的和社会的综合效益。

(4)构建废弃物物流合理化系统工程。

该系统要实现三个目标:一是尽可能减少废弃物的排放量;二是对废弃物排放前实施处理,以减少对环境的污染;三是对最终的排放物进行有效处理。

3.**生产过程中产生的废弃物物流合理化的具体措施**

(1)建立一个对废弃物收集、处理的管理体系,对企业产生的废弃物进行系统管理,使废弃物的排放量控制在最小的范围内。

(2)在设计、研发产品时,要考虑废弃物的收集和无害化处理问题。

(3)采取具体措施,寻求每道生产工序变废为宝的具体办法。

(4)尽可能使废弃物在厂内消化,暂时消化不了的,经无害化处理后,再进行厂外排放。

4.**流通消费领域产生的废弃物物流合理化的具体措施**

(1)遵守政府的有关规章制度,鼓励商业企业和消费者支持产品废弃物的收集和处理工作。

(2)要求消费者将产品包装物纳入企业废弃物回收系统,不再作为城市垃圾而丢弃,减轻对社会环境的压力。

(3)教育职工增强环境保护意识,采取措施努力避免废弃物物流流向流通领域和消费者。

案例

汽车逆向物流

由于受科学技术水平的限制和汽车在实际使用过程中的差异,当汽车报废时,汽车内部各系统的零部件有些可以继续使用,有些经维修后仍可使用,绝大部分材料可以回收重新利用。发达国家早在20世纪80年代就开始对汽车工业再循环工程进行研究与实践,且目前已达到较高水平。

汽车逆向物流是指以顾客满意和环境保护为目的,将汽车产品、资源和相关信息从供应链下游向上游回流的过程。它包括回收物流和废弃物物流两大部分。对于有缺陷的汽车国外实施召回制度,具体实施情况略有不同。

1.美国

早在1966年,美国就开始对有缺陷的汽车进行召回,主管部门为美国国家高速公路交通安全局。全球几乎所有汽车制造厂在美国都曾经历过召回案例。在这些召回案例中,大多数是由厂家主动召回的,但也有些是美国国家高速公路交通安全局通过法院强制厂家召回的。美国法律规定,如果汽车厂家发现某个安全缺陷,必须通知美国国家高速公路交通安全局以及车主、销售商和代理商,然后再进行免费修复。美国国家高速公路交通安全局负责监督厂家的修复措施和召回过程,以保证修复后的车辆能够满足法定要求。

2.日本

日本从1969年开始实施缺陷汽车召回制度,1994年将召回制度写进了《公路运输车辆法》,并在2002年作了进一步修改和完善。日本的汽车召回大多数是由企业依法自主召回的。

3.韩国

韩国从1992年开始实施汽车召回,但当时无论是汽车厂家还是车主,对召回的认识都不十分清楚。随着政府对汽车安全的要求更加严格,车主权利意识的不断提高,召回数量也在不断增加。从一个侧面可以反映出,汽车召回有时并不是汽车质量出现问题,而是公众的质量意识不断提高。

国外汽车企业实施逆向物流管理比国内早,有很多的经验值得国内汽车企业借鉴。

1.政府立法保护消费者利益

对于汽车企业来说,消费者处于弱势地位,如何保护好消费者的利益,除了企业主动承担社会责任外,政府相关部门必须以法律的形式来保障,要求汽车企业在召回方面满足一系列法律要求。

2.提高企业诚信

在发达国家,汽车召回是汽车制造商售后服务的一部分,是汽车产业技术进步的体现。从已实施召回制度多年的欧美等国家和地区的实际情况看,汽车企业对产品质量要求严格,重视顾客满意度,追求经济效益、社会效益和可持续发展。他们对缺陷产品召回,特别是企业对有缺陷的汽车产品的主动召回行动,不但不会影响企业在公众中的信誉,反而会增加汽车消费者对汽车制造商的信任和好感,还会提升企业的信誉。

复习思考题

一、填空题

1._____是指生产和流通企业在经营活动中所发生的物流活动。

2.供应物流是指包括原材料等一切生产物资的采购、进货运输、仓储、库存管理、用料管理和供应管理,也称为_____。

3.供应物流具有多种模式,具体包括:需求企业自提模式、委托销售企业代理模式、_____、供应链供应物流模式。

二、单项选择题

1.物流管理的方法很多,最常用最普遍的方法是经济方法、_____、法律方法和教育方法。

    A. 行政方法   B. 强制手段   C. 计量方法   D. 预测方法

    2. 生产物流按物流流向角度可分为：_____、连续型、离散型三种类型。

    A. 生产型   B. 流通型   C. 定量型   D. 项目型

    3. 分销渠道可分为两种类型：_____。

    A. 直接渠道和间接渠道   B. 上游渠道和下游渠道

    C. 定性渠道和定量渠道   D. 线上渠道和线下渠道

    4. 销售物流服务有四个要素，即时间性、_____、沟通性和方便性。

    A. 流动性   B. 生产性   C. 可靠性   D. 柔性

    5. _____是指不合格物品的返修、退货以及周转使用的包装容器从需方返回到供方所形成的物品实体流动。

    A. 供应物流   B. 回收物流   C. 销售物流   D. 生产物流

    6. 废弃物物流合理化的基本原则有_____、无害化、资源化。

    A. 自动化   B. 智能化   C. 信息化   D. 减量化

三、简答题

    1. 简述企业物流合理化的主要措施。

    2. 简述供应物流的模式。

    3. 简述生产物流的类型。

    4. 简述销售物流的主要环节。

    5. 简述销售物流的服务要素。

    6. 简述回收物流的意义。

    7. 简述废弃物物流的处理方式。

    8. 简述废弃物物流合理化的具体措施。

第十一章

物流成本管理

物流成本信息是物流企业经营决策的重要依据,也是制造企业或销售企业进行业务流程改造的重要依据,同时也是国家规划物流产业与制定物流产业发展政策的重要依据。

知识目标

1. 了解物流成本的概念、分类、构成
2. 掌握研究物流成本的意义
3. 掌握物流成本管理的目的
4. 掌握物流成本管理的内容
5. 掌握物流成本管理的方法

技能目标

1. 掌握影响物流成本的各种因素
2. 掌握物流成本管理的发展阶段
3. 掌握降低物流成本的各种途径

关键概念

物流成本;物流成本管理;物流成本预测;物流成本决策;物流成本计划;物流成本控制;物流成本核算;物流成本分析;物流成本考核;物流成本检查

第一节 物流成本概述

一、物流成本的概念

国家标准《物流术语》中对物流成本(logistics cost)的定义为:"物流成本是指物流活动中所消耗的物化劳动和活劳动的货币表现。"也就是从原材料开始,一直到将商品送达消费者手中所发生的全部费用。

由于以往物流成本没有被单独列入企业财务会计科目,制造企业习惯将物流费用计入产品成本,商业企业则把物流费用与商品流通费用混在一起。因此,无论是制造企业还是商业企业,都难以按照物流成本的内涵完整地进行计算,而且连已经从生产领域或流通领域分开来的物流成本,往往也并不是物流成本的真实反映,很难了解物流成本的全貌。"物流是经济的黑暗大陆""物流成本冰山说"都是这种现状的形象表述。物流成本之所以难以计算,主要是由于物流成本具有隐含性。同时,在物流成本中,很多项目物流部门无法控制。

另外,在物流各项成本之间存在权衡规律。就物流本身来说,各种物流功能之间,一种功能成本的削减可能会使另一种功能的成本增多。因为多种费用互相关联,所以在费用策划时,必须考虑整体的最佳成本。

二、物流成本的分类

1. 按物流成本支出形式的不同划分

物流成本按物流成本支出形式的不同可分为:本企业支付的物流成本和其他企业支付的物流成本。

本企业支付的物流成本是指企业在供应、生产、销售、退货等阶段,因运输、包装、装卸搬运、流通加工等发生的由企业自己支付的物流成本。其他企业支付的物流成本是指由于企业采购原材料、销售产品等业务发生的由有关供应商或消费者支付的各种包装、发运、运输、验收等物流成本。

2. 按物流活动构成划分

物流成本按物流活动构成可分为:物流环节费、信息流通费和物流管理费。

物流环节费是指产品实体在空间位置转移(包括停留)所流经环节而发生的成本,包括运输费、包装费、保管费及流通加工费等。信息流通费是指为实现产品价值交换,处理多种物流信息而发生的成本,包括与库存管理、订货管理、客户服务等有关的信息费用。物流管理费是指为了计划、组织、控制、协调物资及有关活动而发生的各项管理费,包括现场物流管理费和机构物流管理费。

3. 按物流过程划分

物流成本按物流过程可分为:供应物流费、生产物流费、销售物流费、回收物流费、废弃物物流费等。

供应物流费是指为生产产品而购买各种原材料、燃料、外购件等所发生的运输、装卸、搬运等成本。生产物流费是指在生产产品时由于原材料、半成品、成品的位置转移而发生的搬运、配送、发料、收料等方面的成本。销售物流费是指企业为实现商品价值,在产品销售过程中发生的运输、存储、包装及服务等成本。回收物流费是指产品销售后因运货、换货所引起的物流成本。废弃物物流费是指因废品、不合格产品的物流所形成的物流成本。废弃物物流费是指因废品、不合格产品的物流所形成的物流成本。

三、影响物流成本的因素

1. 进货路线及方向的选择

进货方向决定了企业运输距离的远近,同时也影响着运输工具、运输路线的选择及进货批量等各个方面。因此,进货方向是决定物流成本水平的一个重要因素。

2. 运输工具的选择

不同的运输工具,成本有所不同,运输能力也大小不等。运输工具的选择,一方面取决于货物的物理、化学性质,货物的体积、重量及价值的大小;另一方面也取决于企业对某种物品的需求程度及工艺要求。所以,选择运输工具不但要同时保证生产与运输的需要,还要保证实现物流成本最低的目标。

3. 存货控制

存货往往是仅次于运输的物流成本发生的重要环节,要充分运用定量订货法、定期订货法及"零库存"法等对存货实行严格控制,严格掌握进货数量,减少资金占用和货款利息支出,降低存储空间、库存服务和库存风险成本的支出。

4. 货物保管制度

良好的货物保管、维护、发放制度,可以减少货物的霉烂、损耗、丢失和各种人为事故,从而降低物流成本;反之,在保管过程中,如果保护措施不力,可能会导致货物发生较大的物理、化学变化,引起货物的霉烂、损耗、丢失等问题,增加物流成本。

5. 产品废品率

影响物流成本的一个重要方面还在于产品的质量,即产品的废品率的高低。生产高质量产品可以杜绝次品、废品的回收和退货的发生,大大降低各种物流成本。

6. 管理成本开支的大小

管理成本与流通中的储存数量没有直接的函数关系,但管理成本的大小直接影响物流成本的大小。节约办公费、水电费、差旅费等管理成本,相应可以降低总的物流成本。

7. 资金利用率

企业利用贷款进行生产或流通,必然要支付一定的利息,有一部分利息要分摊到物流成本上。因此,资金利用率的高低,影响着利息支出的大小,自然影响着物流成本的高低。

➤ 四、物流成本的构成

(一) 按所处企业的领域不同划分

1. 生产企业物流成本

生产企业主要是生产满足市场需求的各种产品。为了进行生产活动,生产企业必须同时进行有关生产要素的采购和产品的销售。另外,为保证产品质量,为消费者提供高质量的服务,生产企业还要进行产品的返修和废物的回收。

因此,生产性企业物流成本是指企业在进行供应、生产、销售、回收等过程中所发生的运输、包装、仓储、配送、回收等方面的成本。其物流成本的基本构成如下:

(1) 人工费用。

人工费用是指企业从事物流工作的员工的工资、奖金、津贴、福利费等。

(2) 仓库保管费。

仓库保管费是指仓库的维护保养费、搬运费等。

(3) 采购费用。

采购费用是指运输费、保险费、合理损耗、采购人员的差旅费等。

(4) 营业费用。

营业费用指在物流活动中的能源、材料消耗费、办公费、差旅费、保险费、劳动保护费等。

(5) 产品销售费用。

产品销售费用是指在产品销售过程中所发生的物流费用,包括销售活动中的运输费、仓储费、装卸费、搬运费、配送费、保险费等。

(6) 财务费用。

财务费用是指物流活动中的贷款利息、手续费、资金占用费等。

（7）物流信息费。

物流信息费是指物流硬件费用、软件费用、维护费用等。

2.流通企业物流成本

流通企业物流成本是指在组织货物的采购、运输、保管、销售等一系列活动中所耗费的人力、物力和财力的货币表现。其基本构成如下：

（1）人工费用。

人工费用是指流通企业员工的工资、奖金、津贴、福利费等。

（2）管理费用。

管理费用是指行政办公费、差旅费、税金等。

（3）营业费用。

营业费用是指运杂费、能源消耗费、设施设备折旧费、保险费、办公费、差旅费以及经营过程中的合理消耗，如商品损耗等。

（4）财务费用。

财务费用是指流通企业支付的贷款利息、手续费、资金的占用费等。

（5）物流信息费。

物流信息费是指流通企业的硬件、软件费用及维护费等。

（二）按物流的功能因素不同划分

1.采购成本

采购是企业成本控制的首要环节，采购环节节约 1%，企业利润将增加 $5\%\sim10\%$。采购成本一般包括采购价格、运输费、装卸费、保险费、进口关税、税金以及其他可直接归属于存货采购的费用。直接费用应直接计入各种物资的采购成本，间接费用中不能直接计入采购成本的，应按物资的重量或买价等比例，分摊计入各种物资的采购成本。

2.运输成本

运输成本是指完成客货位移全部生产过程的费用支出，是运输总成本。运输成本是制订货物运输价格的重要依据，一般指完成单位运输产品或旅客应分摊的运输支出。

一般来讲，运输成本由基础设施成本、运转设备成本、营运成本和作业成本构成。

运输成本的特点是不包含原料费，而工资、燃料、折旧以及修理等支出所占比重较大。在各种不同的运输工具或者运输方式之间，运输成本存在着一定的差别，也存在着各种比价关系。

3.库存成本

库存是供应链环节的重要组成部分，指一个组织所储备的所有物品和资源的总和。库存成本是指存储在仓库里的货物所需成本，它包括订货费、购买费、保管费等。

库存成本一般可分为以下三个主要部分：

①库存持有成本。库存持有成本是指为保有和管理库存而需承担的费用开支。

②库存采购成本。库存采购成本是指企业为了得到库存而需承担的费用。

③库存缺货成本。库存缺货成本是指由于库存供应中断而造成的损失。

库存成本的控制具体通过合理优化来实现，对库存的管理内容又可分为以下三个层次：

①库存决策——控制库存持有成本。经营者需要通过对市场的分析决定什么产品需要库存，什么产品不需要库存以及库存的规模、分布情况和周转率。

②确定库存的订货方法——控制库存采购成本。管理者需要确定库存的订货点、订货周期和每次的订货量。

③需求预测——控制库存的缺货成本。库存管理的一个重要内容就是获得相对准确的需求预测，包括产品的市场需求量等。

4. 仓储成本

仓储是以改变"物"时间状态为目的的活动，以克服产需之间的时间差异，从而获得更好的效用。

大多数仓储成本不随存货水平变动而变动，而是随存储地点的多少而变。仓储成本是指物流活动中所消耗的物化劳动和活劳动的货币表现，它是伴随物流活动而发生的各种费用。仓储成本管理的任务是用最低的费用在适当的时间和适当的地点取得适当数量的存货。

仓储成本包括仓库租金、设备折旧、仓库折旧、装卸费用、货物包装材料费用和管理费等。

现代仓储是保证社会再生产顺利进行的必要条件，是国家满足急需特需的保障，是平衡市场供求关系、稳定物价的重要条件，是物资供销管理工作的重要组成部分，是保持物资原有使用价值的重要手段。

5. 包装成本

在物流过程中，几乎大多数商品都必须经过一定的包装后才能进行流转。因此，为了方便商品正常流转，通常企业都会发生一定的包装费用。对于物流企业来说，其包装费用一般由以下几方面构成：

(1)包装材料费用。

包装材料费用是指各类物资在实施包装过程中耗费在材料费用支出上的费用。常用的包装材料种类繁多，功能亦各不相同，企业必须根据各种物资的特性，选择适合的包装材料，既要达到包装效果，又要合理节约包装材料费用。

(2)包装技术费用。

为了使包装的功能充分发挥作用，达到最佳的包装效果，在包装时，也需采用一定的技术措施。

(3)包装人工费用。

在实施包装过程中，必须有工人或专业人员进行操作。对这些人员发放的计时工资、计件工资、资金、津贴和补贴等各项费用支出，构成了包装人工费用支出，不包括这些人员的劳动保护费支出。

(4)包装机械费用。

包装过程中使用机械作业可以极大地提高包装作业的劳动生产率，同时可以大幅度提高包装水平。

使用包装机械就会发生购置费用支出，日常维护保养费支出以及每个会计期间终了计提折旧费用，构成了物流企业的包装机械费用。

(5)其他辅助费用。

除了上述主要费用以外，物流企业有时还会发生一些其他包装辅助费用，如包装标记、包装标志的印刷、拴挂物费用的支出等。

6. 配送成本

通过配送，物流活动最终得以实现，但完成配送活动是需要付出代价的，即需配送成本。

配送成本是配送过程中所支付的费用总和。

根据配送流程及配送环节,配送成本实际上包含配送运输费用、分拣费用、配装及流通加工费用。

(1)配送运输费用。

配送运输费用主要包括车辆费用和营运间接费用。

①车辆费用。车辆费用是指从事配送运输生产而发生的各种费用,具体包括驾驶员及助手的工资和福利费、燃料、轮胎、修理费、折旧费、差旅费、车船使用税等项目。

②营运间接费用。营运间接费用是指营运过程中发生的不能直接计入各成本计算对象的站、队经费,包括站、队人员的工资及福利费、办公费、水电费、折旧费等内容,但不包括管理费用。

(2)分拣费用。

分拣费用主要包括分拣人工费用和分拣设备费用。

①分拣人工费用。分拣人工费用是指从事分拣工作的作业人员及有关人员工资、奖金、补贴等费用的总和。

②分拣设备费用。分拣设备费用是指分拣机械设备的折旧费用和修理费用。

(3)配装费用。

配装费用主要包括:配装人工费用、配装材料费用和配装辅助费用。

①配装人工费用。配装人工费用是指从事配装工作的工人及有关人员的工资、奖金、补贴等费用总和。

②配装材料费用。常见的配装材料有木材、纸、自然纤维和合成纤维、塑料等。这些包装材料功能不同,成本差异也很大。

③配装辅助费用。除上述费用外,还有一些辅助性费用。

(4)流通加工费用。

流通加工费用主要包括流通人工费用、流通加工设备费用和流通加工材料费用。

①流通人工费用。流通人工费用是指在流通加工过程中从事加工活动的管理人员、工人以及相关人员工资、奖金等费用的总和。

②流通加工设备费用。流通加工设备因流通加工形式不同而不同,购置设备所支出的费用,以流通加工费用的形式转移到被加工产品中去。

③流通加工材料费用。流通加工材料费用是指在流通加工过程中,投入到加工过程中的一些材料消耗所需要的费用。

7. 装卸搬运成本

装卸搬运成本是指物资在装卸搬运过程中所支出费用的总和。控制点在于管理好储存物资、减少装卸搬运过程中商品的损耗率、装卸时间等。

8. 流通加工成本

流通加工成本是指在流通过程中所发生的各项费用的总和。其主要包括:流通加工设备费用、流通加工材料费用、流通加工劳务费用、流通加工其他费用。

▶五、研究物流成本的意义

降低物流成本对提高企业和社会的经济效益都有着重要的意义:

（一）从微观的角度来看

（1）物流成本在产品成本中占有很大的比重，在其他条件不变的情况下，降低物流成本，就意味着降低了企业总成本，提高了利润水平。

（2）物流成本的降低，增强了企业在本行业中产品价格竞争方面的优势。企业可以用相对低廉的价格，在市场上出售自己的产品，从而提高产品在市场上的竞争力，增加销售，为企业带来更多的利润。

（二）从宏观的角度来看

（1）如果全行业的物流效益得到普遍提高，物流费用水平会降低到一个新的最低点，那么，该行业在国际市场上的竞争力将会增强。对于一个地区行业来说，可以提高其在全国市场上的竞争力。

（2）全行业物流成本的普遍下降，将会对产品的价格产生影响，导致物价相对下降，有利于保持消费水平的稳定，相对提高国民的购买力水平。

（3）物流成本的下降对于全社会而言，意味着创造同等数量的财富，在物流领域所消耗的物化劳动和活劳动得到节约，即以较少的资源投入，创造了较多的物质财富。

第二节　物流成本管理概述

➤一、物流成本管理的概念

物流成本管理是指通过成本去管理物流，即管理的对象是物流而不是成本。物流成本管理可以说是以成本为手段的物流管理方法。

物流成本管理的意义在于：通过对物流成本的有效把握，利用物流要素之间的效益背反关系，科学、合理地组织物流活动，加强对物流活动过程中费用支出的有效控制，降低物流活动中的物化劳动和活劳动的消耗，从而达到降低物流总成本，提高企业和社会经济效益的目标。

➤二、物流成本管理的目的

企业在进行物流成本管理时，首先要明确管理目的。一般情况下，企业物流成本管理的目的主要有：

（1）对各个物流相关部门进行比较和评价。

（2）通过掌握物流成本现状，发现企业物流中存在的主要问题。

（3）通过物流成本管理，发现降低物流成本的环节，强化总体物流管理。

（4）依据物流成本计算结果，制订物流规划，确立物流管理战略。

➤三、物流成本管理的发展

（一）物流成本管理的发展阶段

从欧美国家企业物流成本管理的一般发展过程来看，大致经历了物流成本认识阶段、物流项目成本管理阶段、引入物流预算管理制度阶段、物流预算管理制度确立阶段、物流业绩评价制度确立阶段。

1. 物流成本认识阶段

物流成本管理在物流管理中占有重要的位置,"物流是经济的黑暗大陆""物流是第三利润源"等观点都说明了物流成本问题是物流管理初期人们最为关心的问题。

2. 物流项目成本管理阶段

在对物流成本认识的基础上,根据不同部门、不同领域或不同产品出现的物流问题,开始组织专门的人员研究解决。但对于物流成本管理的组织化程度及对物流成本的持久把握方面仍存在不足。在这个阶段,物流管理组织开始出现。

3. 引入物流预算管理制度阶段

随着物流管理组织的设置,对物流成本有了一个统一、系统的把握,开始引入物流预算管理制度。也就是说,通过物流预算的编制、预算与实际的比较,对物流成本进行差异分析,从而达到控制物流成本的目的。但是,这个阶段编制的物流预算缺乏准确性,对于成本变动原因的分析也缺乏全面性,对物流成本的把握仅限于运费和对外支付的费用。

4. 物流预算管理制度确立阶段

在这个阶段推出了物流成本的计算标准,物流预算及其管理有了比较客观准确的依据,物流部门成为独立的成本中心或利润中心。

5. 物流绩效评估制度确立阶段

物流预算管理制度确立后,进一步发展的结果是形成物流绩效评估制度。通过物流部门对企业绩效的贡献度的把握准确评价物流部门的工作。物流部门的绩效评估离不开其对于降低物流成本的贡献度,降低物流成本是物流部门的永恒目标。

(二)日本物流成本管理的发展

在日本,物流技术兴起于 20 世纪 50 年代,至今已发展形成了一套完整的体系,由重视功能变为重视成本,进而变为重视服务。物流成本管理一直受到日本物流界的重视,在长期的发展中物流成本与财务结算制度逐步联结起来。

(三)我国物流成本管理的发展

我国的物流起步较晚,1979 年第一次把"物流"这一概念从日本介绍到国内。20 世纪 80 年代初,国有物资部门开始了从宏观角度研究物流。90 年代初,激烈的竞争、业态的多样化导致了流通利润的下降,使得商业系统开始重视物流。特别是连锁经营与物流配送关系的研究。物流成本开始进入初步的研究和试验性管理阶段。

进入 20 世纪 90 年代后期,国内一些企业内部开始设立专门的物流部门,也开始出现了不同形式的物流企业,已有少数物流企业开始根据物流理论,按照物流运作规律进行组织与管理,物流成本管理开始组织化。

进入 21 世纪,我国物流业发展开始走向国际化、全球化。对物流成本管理理论与方法的研究进入了一个全新的阶段,一些企业开始引入物流成本预算制度,作为物流环节的运输、储存、装卸搬运等,都有了行业的定额指标。

➤ 四、我国企业物流成本管理存在的问题

当前,我国企业的物流成本管理方面的问题主要有:

1. 核算方法有误

对于物流费用的核算方法明显存在理解上的偏差,不能从外部把握企业实际的物流成本。

在通常的企业财务决算表中表示的物流费，核算的是企业对外部运输业者或第三方物流供应商所支付的运输费，或向合同共用仓库支付的商品保管费等传统的物流费用。

对于企业内部与物流相关的人工费、设备折旧费、固定资产税等各种费用则与企业其他经营费用统一归集核算。因而，从现代物流管理的角度来看，企业难以正确把握实际的企业物流成本。

2. 物流成本没有分列记账

物流在企业财务会计制度中没有单独的项目，一般采取的是将企业的成本都列在费用一栏中，因而较难对企业发生的各种物流费用作出全面、明确的计算与分析。

3. 不能清楚划分物流成本的组成

在一般的物流成本中，物流部门无法掌握的成本很多，因此，增加了物流成本管理的难度。

4. 对物流成本的计算和控制比较分散

对物流成本的计算和控制，企业通常是分散进行的，也就是说，各企业根据自己不同的理解和认识来把握物流成本，这样就带来一个管理控制上的问题，即企业间无法就物流成本进行比较分析，也无法得出产业平均物流成本值。

第三节　物流成本管理的内容

一、物流成本预测

物流成本预测是指依据物流成本与各种技术经济因素的依存关系，结合发展前景及采取的各种措施，利用一定的科学方法，对未来的物流成本水平及其变化趋势作出科学的推测和估计。

物流成本预测能使企业对未来的物流成本水平及其变化趋势做到"心中有数"，并能与物流成本分析一起为企业的物流成本决策提供科学的依据，以减少物流成本决策中的主观性和盲目性。

知识链接

物流成本预测有其必要性，主要体现在：

(1)物流成本预测为企业物流成本决策提供依据。

(2)物流成本预测为确定目标成本打下基础。

(3)物流成本预测可确定最佳的物流成本投入方案。

二、物流成本决策

成本决策是在成本预测的基础上，结合其他有关资料进行分析，在市场调研和可行性分析研究基础上，筛选备选方案，选择最优方案，以确定目标成本。成本决策的结果为编制成本计划提供了依据。

物流成本决策是以物流成本数据为依据，结合其他技术、经济因素进行研究、分析，决定采取的行动方针，并进行可行性分析，然后选择最佳方案。

三、物流成本计划

成本计划是在成本预测的基础上,根据计划期的生产任务和目标利润,通过一定的程序,遵循一定的原则,以货币计量形式规定计划期内产品生产耗费的控制标准和成本水平,并以书面文件的形式下达企业各部门执行。

成本计划是成本控制和考核的依据。为适应市场经济的发展变化,企业成本计划应考虑各种因素对成本产生的影响,编制成本滚动计划、弹性计划,以及保证降低成本措施计划等。

通过成本计划管理,可以降低物流各环节的成本,给企业提出明确的目标,推动企业加强成本管理责任制,增强企业的成本意识,控制物流环节费用,挖掘降低成本的潜力,保证企业降低物流成本目标的实现。

四、物流成本控制

物流成本控制有狭义和广义两种理解。狭义的物流成本控制,就是在企业的物流活动中,对日常的物流成本支出,采取各种方法进行严格的控制和管理,使物流成本减少到最低限度,以达到预期的物流成本目标。

广义的物流成本控制则包括事前、事中和事后对物流成本进行预测、计划、计算、分析的全过程,也就是物流成本管理。具体体现在:

(1)成本事前控制。成本事前控制是整个成本控制活动中最重要的环节,直接影响以后各作业流程成本的高低。事前成本控制活动主要有物流配送中心的建设控制,物流设施、设备的配备控制,物流作业过程改进控制等。

(2)成本事中控制。成本事中控制是对物流作业过程实际劳动耗费的控制,包括设备耗费的控制、人工耗费的控制、劳动工具耗费和其他费用支出的控制等方面。

(3)成本事后控制。成本事后控制是通过定期对过去某一段时间成本控制的总结、反馈来控制成本。

通过成本控制,可以及时发现存在的问题,采取纠正措施,保证成本目标的实现。

五、物流成本核算

成本核算是成本管理的基础职能,企业应正确组织成本核算,根据企业的生产工艺特点和生产组织的特点以及成本管理的要求,采用适应的成本计算方法,提供企业成本管理所需要的资料。进行核算,应如实反映企业生产经营过程中发生的各种耗费,正确归集、分配生产费用和期间费用,以便正确计算损益。

成本核算的过程,既是对实际发生的各项费用进行核算的过程,也是信息反馈和采取有效措施对成本实施控制的过程,使脱离计划的偏差在生产经营过程中得到发出和纠正。

通过对产品实际成本的核算可以反映成本计划的实际执行情况,并为进行未来成本预测、编制下期的成本计划提供可靠资料,也为成本分析和成本考核提供了依据。

六、物流成本分析

通过物流成本分析找差距、查原因、研究成本的真实情况,借以揭露物流环节中的主要矛盾,挖掘企业的潜在力量,寻求克服薄弱环节的途径,提出降低物流成本的具体措施,以保证物流成本的不断降低。

物流成本分析的方法是多种多样的,具体采用哪种方法,要根据其目的、物流特点和所掌握资料的性质与内容而确定。常用的方法有指标对比分析法和因素分析法等。

➤七、物流成本考核

成本考核是定期对成本计划和有关指标的实际完成情况进行评价和考核,是提高企业综合成本管理水平的重要手段之一。

按成本责任的归属考核各部门及有关岗位人员的成本指标情况,并据此进行奖惩,能够使各责任部门明确其责任范围,使考核结果与相关当事人的经济利益、任免和升迁直接联系起来,促使各责任部门及相关责任人自觉地执行各项成本的计算,使物流成本分析具有层次性和针对性,以便进一步提示物流成本变化的原因和造成的后果,使物流成本分析不致流于形式,进而使成本管理水平得到改进和提高。

➤八、物流成本检查

成本检查是成本监督的一种重要形式,它通过对企业成本管理各项工作的检查,揭露矛盾,明确责任,保证成本制度和财经纪律的贯彻执行,改进成本管理。

成本检查可以由企业外部有关机构进行,如上级主管部门、审计机构等,或行业企业之间互查,也可由企业内部专门人员执行;既可定期检查,也可突击性检查。

知识链接

成本检查的内容一般包括:

(1)企业目标成本管理责任制的建立和执行情况。

(2)目标成本管理基础工作是否健全和完善。

(3)成本核算方法程序是否真实,数据是否真实,成本数据所反映的生产费用支出是否合理合法,是否遵守了成本开支范围。

(4)成本计划及其执行情况等。

第四节　降低物流成本的途径

➤一、采用物流标准化降低物流成本

物流标准化是以物流作为一个大系统,制定系统内部设施、机械设备、专用工具等各个子系统的技术标准。

制定系统内各个子领域如运输、包装、装卸等方面的工作标准,以系统为出发点,研究各子系统与子领域中技术标准与工作标准的配合性,统一整个物流系统的标准。

物流标准化使货物在运输过程中的基本设备统一规范,如托盘标准与各种运输装备、装卸设备标准之间能够进行有效衔接,大大提高了托盘在整个物流过程中的通用性,也在一定程度上促进了货物运输、储存、搬运等过程的机械化和自动化水平的提高,有利于物流配送系统的运作效率,从而降低物流成本。

二、通过物流合理化降低物流成本

物流合理化是指使一切物流活动和物流设施趋于合理，以尽可能低的成本获得尽可能好的物流服务。

根据物流成本的效益背反理论，物流的各个活动的成本往往此消彼长，若不综合考虑，必然会造成物流成本的增大，造成物流费用的极大浪费。

对于一个企业而言，物流合理化，是降低物流成本的关键因素，它直接关系到企业的效益，也是物流管理追求的总目标。物流的合理化要根据实际的流程来设计、规划，不能单纯地强调某环节的合理、有效、节省成本，而是以系统为指导全盘考虑大局。

三、通过供应链管理提高顾客服务水平

实行供应链管理不仅要求本企业的物流体制具有效率化，也需要企业协调与其他企业以及客户、第三方物流企业之间的关系，实现整个供应链管理的效率化。

追求成本的效率化，不仅企业中物流部门或生产部门要加强控制，而且采购部门等各职能部门也要加强成本控制。

提高对顾客的物流服务水平可以确保企业利益，同时也是企业降低物流成本的有效方法之一。

四、通过效率化的配送降低物流成本

对于用户的订货要求应该尽量建立短时间、正确的供货体制，但是，随着配送产生的成本费用不断增加，特别是多频度、小单位配送要求的发展，需要企业采取效率化的配送，重视配车计划管理，不断提高装载率以及车辆运行管理，以满足用户的各种订货要求。

通过构筑有效的配送计划信息系统可以使生产商配车计划的制订与生产计划联系起来进行，同时通过信息系统也能使批发商将配车计划或进货计划相匹配，从而提高配送效率，降低运输和进货成本。

五、通过消减退货来降低物流成本

退货成本也是企业物流成本中一项重要的组成部分，往往占有相当大的比例，这是因为退货会产生一系列的物流费用，包括退货产生的经济费用以及处理退货商品所需要的人员费和各种事务性费用。而且在退货过程中，一般是商品提供者承担退货所发生的各种费用，而退货方不承担。因此，容易很随便地退回商品，并且由于这类商品大多数数量较少，配送费用有增加的趋势。不仅如此，由于这类商品规模较小，且较为分散，商品入库、账单处理等业务也很复杂。因此，消减退货成本是物流成本控制活动中非常重要的问题。

六、构筑现代信息系统降低物流成本

要实现企业与其他交易企业之间效率化的交易关系，必须借助于现代信息系统，尤其是利用互联网等技术来完成物流全过程的协调、控制和管理，实现从网络前端到最终端客户的所有中间过程服务。

通过构筑现代物流信息系统，可以使各种物流作业或业务处理正确、迅速地进行，同时能

由此建立起战略的物流经营系统。通过现代物流信息技术可以将企业订购的价格、数量、意向等信息在网络上进行传输,从而使生产、流通全过程的企业或部门分享由此带来的利益,充分应对可能发生的各种需求,进而调整不同企业间的经营行为和计划,企业间的协调和合作有可能在短时间内迅速完成,从整体上控制物流成本发生的可能性。

同时,物流管理信息系统的迅速发展,使混杂在其他业务中的物流活动的成本能精确地计算出来,而不会把成本转嫁到其他企业或部门。

七、加强物流质量管理降低物流成本

加强物流质量管理,也是降低物流成本的有效途径。这是因为只有不断提高物流质量,才能减少并最终消除各种事故,降低不必要的费用支出,降低物流过程中的消耗,从而保持良好的信誉,吸引更多的客户,形成规模化的集约经营,提高物流效率,从根本上降低物流成本。

知识链接

物流质量的内容主要有:

1. 物流服务质量

物流服务质量是指物流企业对客户提供服务,使客户满意的程度。由于信息和物流设施的不断改善,企业对客户的服务质量必然会不断得到提高。

2. 物流工作质量

物流工作质量是指物流服务各环节、各岗位具体的工作质量。这是相对于企业内部而言的,是在一定的标准下的物流质量的内部控制。具体的控制是物流工作质量指标,包括运输工作质量指标、仓库工作质量指标、包装工作质量指标、配送工作质量指标、流通加工工作质量指标及信息工作质量指标等。

3. 商品质量

商品质量指商品运送过程中对原有质量(数量、形状、性能)的保证,尽量避免商品的破损。

八、提高物流速度降低物流成本

提高物流速度,可以减少资金占用,缩短物流周期,降低存储费用,从而节省物流成本。提高物流速度可以通过加快采购物流、生产物流、销售物流的速度,来缩短整个物流周期,提高资金的利用率。

第五节 物流成本管理的方法

一、比较分析法

1. 横向比较

横向比较是指把企业的供应物流、生产物流、销售物流、回收物流和废弃物物流等各部分物流费,分别计算出来,然后进行横向比较,看哪部分发生的物流费用最多。

如果是供应物流费最多或者异常多,则再详细查明原因,堵住漏洞,改进管理方法,以便降低物流成本。

2.纵向比较

纵向比较是指把企业历年的各项物流费用与当年的物流费用加以比较,如果增加了,分析其增加的原因。若增加的是无效物流费用,则立即改正。

3.计划与实际比较

计划与实际比较是指把企业当年实际开支的物流费用与原来编制的物流预算进行比较,如果超支,则分析其原因,这样能够掌握企业物流管理中的问题和薄弱环节。

➤ 二、责任划分法

在生产企业里,物流的责任究竟在哪个部门,是物流部门还是销售部门。客观地讲,物流本身的责任在物流部门,但责任的源头却是销售部门或生产部门。

分清类似的责任有利于控制物流总成本,防止销售部门随意改变配送计划,防止无意义、不产生任何附加价值的物流活动。

➤ 三、排除法

活动标准管理(activity based management,ABM)的具体管理方法是把物流相关的活动划分为两类:一类是有附加价值的活动;另一类是非附加价值的活动。

其实,在商品流通过程中,如果能采用直达送货的话,则不必设立仓库或配送中心,实现零库存,等于避免了物流中的非附加价值活动。如果将上述非附加价值的活动加以排除或尽量减少,就能节约物流费用,达到物流管理的目的。

🗒 案例

沃尔玛降低运输成本的学问

沃尔玛是全球第一个发射物流通信卫星的企业,物流通信卫星使得沃尔玛产生了跳跃性的发展,很快就超过了美国零售业的龙头——凯马特和西尔斯。沃尔玛从乡村起家,而凯马特和西尔斯在战略上以大中城市为主。沃尔玛通过便捷的信息技术赢得市场先机,终于获得了成功。

沃尔玛作为全球最大的商业零售企业,在物流经营过程中,尽可能地降低成本是其经营的理念。沃尔玛有时采用空运,有时采用船运,也采用卡车公路运输。而在中国,沃尔玛主要采用公路运输。因此,如何降低卡车运输成本,成为沃尔玛物流管理的核心问题。其主要措施有:

(1)尽可能使用大的卡车,大约有16米加长的货柜,比集装箱运输卡车更长或更高,并且卡车装得很满,产品从车厢的底部一直装到最高,有助于节约成本。

(2)车辆自有,司机也是自己的员工。沃尔玛车队大约有5000名非司机员工,还有3700多位司机,车队每周每次运输可达7000~8000千米。

沃尔玛知道,卡车运输比较危险,有可能会出现交通事故。因此,对于运输车队来说,保证安全是节约成本最重要的环节。其口号是"安全第一、礼貌第一",而不是"速度第一"。在运输过程中,卡车司机都必须遵守交通规则。公司定期对车队进行调查,如发现司机违章驾驶,立刻由调查人员向上报告,进行惩处。因为沃尔玛知道,卡车运输不出事故,就是为企业节省费用,就是最大限度地降低物流成本。

（3）沃尔玛采用全球定位系统对车辆进行定位，在任何时候，调度中心都可以知道车辆所在位置，离店多远，多久能够将商品运到商店。这样可以大大提高整个物流系统的效率，有助于降低成本。

（4）沃尔玛连锁商店的物流部门，采用24小时工作制，无论白天或晚上，都能为卡车及时卸货。另外，沃尔玛的运输车队利用夜间进行运输，从而做到当日下午进行集货、夜间进行异地运输，保证在最短时间内完成整个运输过程。

（5）卡车把产品运到商场后，商场不需要对每个产品逐个检查，节省了很多时间和精力，加快了沃尔玛物流的循环过程，降低了成本。其先决条件是，沃尔玛能够确保商场所收到的货物与发货单完全一致。

（6）沃尔玛的运输成本比供货厂商自己运输产品还要低，因此，厂商也用沃尔玛的车队来运输货物，从而做到了把产品从工厂直接运送到商场，节省了产品流通过程中的仓储成本和转运成本。

沃尔玛的集中配送中心把这些措施有机地结合在一起，作出了最经济合理的安排，从而使沃尔玛的运输车队能以最低的成本高效率地完成运输任务。

复习思考题

一、填空题

1. 物流成本是指物流活动中所消耗的_____和活劳动的货币表现。
2. 物流成本按物流活动构成可分为：_____、信息流通费和物流管理费。
3. 物流成本按物流过程可分为：供应物流费、生产物流费、销售物流费、回收物流费、_____等。
4. 物流成本按物流的功能因素不同可分为：采购成本、运输成本、库存成本、仓储成本、包装成本、配送成本、_____、流通加工成本。

二、单项选择题

1. 从欧美国家的企业物流成本管理的一般发展过程来看，大致经历了物流成本认识阶段、_____、引入物流预算管理制度阶段、物流预算管理制度确立阶段、物流业绩评价制度确立阶段。
A. 物流成本成熟阶段　　　　B. 物流项目成本管理阶段
C. 物流成本发展阶段　　　　D. 物流成本核算管理阶段
2. 物流成本决策是以_____为依据，结合其他技术、经济因素进行研究、分析，决定采取的行动方针，并进行可行性分析，然后选择最佳方案。
A. 物流成本　　B. 数据　　C. 成本理论　　D. 物流成本数据
3. 物流成本控制包括成本事前控制、_____和成本事后控制。
A. 成本事中控制　　　　B. 成本辅助控制
C. 成本反馈控制　　　　D. 成本预测控制
4. 物流成本分析的方法是多种多样的，常用的方法有_____和因素分析法等。
A. 指标分析法　　B. 对比分析法　　C. 指标对比分析法　　D. 综合分析法

三、简答题

1. 简述物流成本的分类。

2. 简述影响物流成本的因素。

3. 简述物流成本的构成。

4. 简述掌物流成本管理的目的。

5. 简述物流成本管理的发展阶段。

6. 简述物流成本管理的内容。

7. 简述降低物流成本的途径。

8. 简述物流成本管理的方法。

第十二章

第三方物流

相比传统的物流公司,第三方物流更专业化,综合成本更低,配送效率更高,已经成为国际物流业发展的趋势,社会化分工和现代物流发展的方向。

知识目标

1. 了解第三方物流的概念
2. 掌握第三方物流的特征
3. 掌握第三方物流产生的背景与优势
4. 掌握第三方物流创造利润的来源
5. 掌握国内外第三方物流的发展现状与趋势

技能目标

1. 掌握第三方物流各种类型的优缺点
2. 掌握第三方物流的不同经营策略
3. 掌握第四方物流的运作模式

关键概念

第三方物流;第四方物流

第一节　第三方物流概述

➤ 一、第三方物流的概念

第三方物流(third party logistics,简称 3PL,也简称 TPL),这一概念源自管理学中的"业务外包"(outsourcing),将"业务外包"引入物流管理领域,就产生了第三方物流的概念。所谓第三方物流是指生产经营企业为集中精力搞好主业,把原来属于自己处理的物流活动,以合同方式委托给专业物流服务企业,同时通过信息系统与物流企业保持密切联系,以达到对物流全程管理的控制的一种物流运作与管理方式。因此第三方物流又叫合同制物流。

➤ 二、第三方物流的特征

第三方物流具有以下几方面的特征:

1. 契约物流服务

第三方物流也叫契约物流（contract logistics）或外包物流（outsourcing logistics）。对于第三方物流来讲，所有的业务都是通过合同或契约得到的。对于厂商来讲，第三方物流提供的是具有长期契约性质的综合性物流服务，其最终职能是保证客户物流体系的高效运作和不断优化的供应链管理。

2. 个性化物流服务

第三方物流企业的服务对象一般较少，只有一家或数家，服务的时间却很长，往往长达几年。因此要求第三方物流服务应按照客户的业务流程来制定，向客户提供的是以合同为导向的一系列个性化服务。可以说，第三方物流是物流社会化的产物，代表着专业化与一体化的物流服务，是物流服务的一种高级形态，是现代化的物流业务模式。

3. 核心能力专业化

大多数第三方物流服务企业的利润来源于规模效益，具有高度的专业化水平。物流专业人员承担基本物流服务的能力远远大于非专业人员，因此对供应商、制造商产生很强的吸引力。第三方物流以全面的、客户为导向的角度审视有关物流过程，包括所有的业务范围和中间流通过程。

4. 信息网络化

第三方物流在服务过程中，注重应用信息技术，以实现数据的快速、准确传递，提高了物流的自动化水平，促进了物流管理的科学化，提高了工作效率。第三方物流符合现代物流的信息化、自动化、网络化、智能化和柔性化等特征。

5. 物流联盟化

依靠现代电子信息技术的支撑，第三方物流企业之间信息共享、风险共担、利益共享，企业之间是物流联盟的关系。物流服务业与客户之间的关系不仅仅是追求利润的关系，与客户利益一体化是第三方物流获得利润的基础，第三方物流的利润来源于与客户一起在物流领域创造的新价值，所以更应该注重合作发展的要求和维持长远的关系，并通过增值性服务的提供与客户获得双赢。

三、第三方物流的类型

商品经济发展到一定阶段必然出现第三方物流。就第三方物流本身来讲，很难按照某种单一标准进行分类。按照不同的标准，可以将第三方物流企业分为不同的类型。

（一）按物流企业完成的物流业务范围的大小和所承担物流功能的不同划分

1. 单向型物流企业

单向型物流企业也称为功能型物流企业，它仅仅承担和完成某一项或少数几项物流功能。这类物流企业按照其主营的业务范围，又进一步分为运输企业、仓储企业、流通加工企业等。目前这类企业的数量众多，如美国的联邦快递公司、日本的左川急便等。

2. 综合型物流企业

综合型物流企业是指能够完成和承担多项甚至全部功能的企业，包括从配送中心的设计到物流的战略策划乃至货物运输等各方面。综合型物流企业一般规模较大、资金雄厚，并且有良好的物流服务信誉。这类公司由于承担综合型物流企业服务，所要求的管理水平比较高，具有相当的竞争力。

（二）按照企业的运作方式划分

1. 物流自理企业

物流自理企业是指自行完成全部或大部分物流业务的企业。按照业务范围,它还可以进一步划分为单向型物流自理企业和综合型物流自理企业。

2. 物流代理企业

物流代理企业也可以按照物流业务代理的范围,分成综合型物流代理企业和单向型物流代理企业。从事综合型物流代理业务的企业可以不进行大的固定资产投入,用低成本和简便入市的方式,将主要的业务操作及产品服务部门的大部分工作委托他方处理,着力建设自己的销售队伍和管理网络,实行特许代理制,将协作单位纳入自己的经营轨道,公司的核心业务就是实行综合物流代理业务的销售、采购、协调管理和组织设计,并注重流程创新。单向型物流代理企业按照其功能的不同,包括运输代理企业、仓储代理企业、包装和流通加工企业等。

此外,根据资产和管理特征,第三方物流又可以分为资产型(侧重设施及信息资产)、管理型(侧重管理、信息和人才要素)和整合型(兼顾设施、信息以及管理的优化)三种类型。

➤ 四、第三方物流产生的背景与优势

（一）第三方物流产生的背景

从世界范围来看,第三方物流的快速兴起,主要有以下几方面的原因:

1. 企业对核心竞争力的关注

进入20世纪90年代以来,由于科学技术不断进步和经济不断发展、全球化市场的形成及技术变革的加速,使得企业竞争环境变得相当复杂。要想在严峻的市场竞争环境中生存,企业就必须提高资源配置效率,以赢得竞争优势。而要提高资源配置效率,必须拥有比竞争对手更低的成本、更快的速度。由于任何企业的资源都是有限的,它不可能在所有的领域都获得竞争优势,因而必须将有限的资源集中在核心业务上,企业专门从事某一领域、某一专门业务,而将非核心竞争力业务委托其他企业完成,物流外包应运而生。

2. 资源整合的需要

在初期的物流服务市场,已经出现以运输和仓储为主要服务内容的低层服务市场的过剩状态,个体车队的无限制发展加剧了这一矛盾。因此,物流公司在发展过程中,没有必要进行基础资源的重复投资,他们只要有效地整合社会物流资源,就可以为客户提供特定的物流服务。

3. 跨国公司的需求

随着经济全球化和市场竞争的加剧,跨国公司对第三方物流的需求推动了第三方物流的发展。大批跨国公司在我国投资建厂,随着规模的扩大,这些企业对物流的要求越来越高,我国传统物流企业已经很难满足他们对物流的需求。市场需要有现代物流服务理念、服务能力的企业出现。

4. 信息技术发展的要求

信息技术特别是计算机技术的飞速发展,实现了数据的快速准确传递,提高了仓库管理、运输、采购、订货配送、订单处理的一体化,企业可以更方便地使用信息技术与物流企业进行交流与协作,并能精确地计算混杂在其他业务中的物流活动成本。常用于支撑第三方物流的信

息技术有:EDI技术、EFT技术、条形码技术和实现网上交易的电子商务技术等。

(二)第三方物流的优势

1.降低物流成本

在激烈的市场竞争中,降低成本、提高利润率往往是企业追求的首选目标。物流成本通常被认为是企业经营中较高的成本之一,控制了物流成本,就等于控制了总成本。企业将物流业务外包给第三方物流企业,由专业化物流管理人员和技术人员利用规模作业的专业优势和成本优势,充分提高各环节的利用率,节省费用,使委托企业可以大幅度降低物流成本。

2.提供增值服务

随着专业化分工愈加细化,服务已经成为企业竞争的关键因素,而物流服务是企业服务的主要内容之一,会制约企业的客户服务水平。服务水平的提高可以提高客户满意度,增强企业信誉,扩大销售,提高利润率,进而提高市场占有率。第三方物流的增值服务方式,一般是指从运输、仓储等基本功能中进行延伸,而作为更高级的增值服务,是指实现一体化物流和供应链集成的增值服务。物流一体化的增值服务是向客户端延伸的服务,通过参与、介入客户的供应链管理以及物流系统来提供服务,能够帮助客户提高其物流管理水平和控制能力,优化客户自身的物流系统,加快响应速度,为企业提供制造、销售及决策方面的支持。

3.提高竞争力

通过第三方物流企业专业的管理控制能力和强大的信息系统,可以实现企业物流资源的统一管理、共同配送,提高整体物流效率,使企业实现资源优化配置,将有限的人力、物力、财力集中到主营业务,进而提高竞争力。

4.缓解城市交通压力

通过第三方物流企业的专业技能,加强运输控制,制定合理的运输路线,采用合理的运输方式,组织共同配送,减少城市交通运行数量,减免车辆空驶、迂回运输等现象,解决由于货车运输的无序化造成的城市交通混乱、堵塞等问题,减少了废气排放量和噪声等污染环境的各种因素,有利于环境的保护和改善,促进经济的可持续发展。

第二节 第三方物流的经营模式与战略

➤一、第三方物流的经营模式

第三方物流的经营模式主要有以下三种:

1.企业独立经营型

在物流服务中,实施单一物流服务的企业几乎全部属于独立经营型,而实施综合物流服务的物流企业尽管从总体上讲是独立经营,但内部各环节则相当复杂,尤其涉及运输、仓储、联运,甚至国际联运的情况时。该经营模式一般适用于货源数量较大、较为稳定的路线,要求企业具有较强的实力和业务基础。由于全部工作由自己雇佣的人员完成,工作效率较高,利润也较高。

2.大企业联营型

涉及综合的跨地区或跨国的物流服务时,各物流服务企业往往采用该经营模式,即采用位于服务全程两端的地区或国家的两个或几个类似的企业联合经营的方式,联营的双方互为合作人,分别在各自的地区或国家开展业务活动,签订供货合同后,按货物的流向及运输区段划分双方应承担的工作。这种方式多适用于企业经济实力不足以设立众多的办事处和分支机构,或线路的货源不够大、不够稳定,或企业开展国际物流服务业务的初期等情况。

3. 代理方式

该经营模式与第二种类型的使用情况相似,即在服务全程的两端和中间各衔接地点委托企业或国外同业作为物流服务代理,办理或代安排全程服务中的分运工作和交接货物,签发或回收联运单证,制作有关单证,处理交换信息,代收支费用和处理货运事故或纠纷等。这种代理模式可以是相互的,也可以是单方面的,一般由物流服务商向代理人支付代理费用,不存在分利润、分摊亏损等问题。该经营模式适用于企业经济实力不足、货源不够稳定等情况,工作效率及利润较低。

➤ 二、第三方物流的经营策略

1. 以合作双赢为出发点

第三方物流企业与客户之间稳固的利益关系就是"双赢"战略。与传统的储运服务相比,第三方物流公司的利润来源与物流需求企业的利益是一致的,而不是对立的。第三方物流服务的利润来源不是运费、仓储费等直接收入,不是以物流需求企业的成本性支出为代价的,而是来源于创造的新价值,为物流需求企业节约的物流成本越多,利润率就越高,这与传统的经营方式有着本质的不同。因此,第三方物流要树立"战略伙伴式"的服务意识,通过合作实现"双赢"。

2. 以客户满意为中心

以客户的需求为中心,全面加强提供的服务质量。这就要求第三方物流企业的经营理念要从"我能提供什么服务就提供什么服务"转为"客户需要什么服务,我就提供什么服务",把物流企业和客户双方的利益整合在一起,为用户提供一体化、系统化的解决方案,形成利益共享的关系。

3. 以信息技术为支撑

从某种程度上来讲,未来第三方物流的竞争,就是基于信息技术应用能力的资源整合竞争。这就要求第三方物流企业整合网络资源,为客户的电子商务开展提供有利的物流支撑,并为客户提供最优化的增值服务。

4. 以人力资源为核心

人才是企业参与市场竞争的关键因素。物流企业实施人力资源开发与管理,首先要大力引进高级物流经营与管理人才,在此基础上,重视企业的员工培训,合理安排员工的职务。因此,第三方物流企业要把人才的集聚和培养放在发展的制高点,实现"知识资本"+"信息能力"+"物流资源"的有机结合。

5. 以战略发展为导向

如何发展第三方物流,目前是困扰许多物流经营者的问题,由于对第三方物流本身把握不准,许多物流企业在向这一业务模式转型时迷失了方向。因此,必须在对发展环境和大趋势把握的前提下,结合企业的实际情况,制订一个明晰的发展战略,具体包括经营模式的选择、主导服务区域和行业的确定、网络拓展思路、核心客户锁定等,并以此为导向长期不懈地坚持下去。

▷三、第三方物流创造利润的来源

第三方物流发展的推动力是要为客户及自己创造利润。第三方物流企业必须提供有吸引力的服务来满足客户需要,服务水平必须符合客户的期望,要使客户在物流方面得到利润,同时自己也要获得收益,因此,第三方物流企业必须通过自己物流作业的高效化、物流设施的现代化、物流管理的信息化、物流运作的专业化、物流量的规模化来创造利润。

1. 物流运作的专业化

现代社会,生产的社会化程度越来越高,而专业化分工却越来越细。物流运作的专业化有利于企业集中优势资源,紧紧抓住关键环节,提高企业的运作效率,降低物流成本,提升企业的核心竞争力。

2. 物流量的规模化

物流业是一个要求较大规模才能获得规模经济收益的行业。物流企业只有达到较大的规模,才能获取由于集合签约而降低交易费用、集中储存而降低平均库存、组合运输而降低运输费用、减少返程空载而提高运输工具的使用效率等所带来的规模经济效益。

3. 物流作业的高效化

第三方物流企业可以通过各种物流作业的高效化获得相应的收益。

(1)包装。运输包装的作用是方便产品的储存、运输、装卸搬运和堆码等,物流企业在包装材料的选择、包装物形状的设计、产品包装与运输工具的配合以及包装物的合理利用与回收等方面都比生产企业更具优势,可以从中获得相应的收益。

(2)储存保管。为保证生产或消费的连续进行,企业必须要有适当的储备。第三方物流企业通过建立储存场地、对物资实施保管和保养等方式实现增值服务。

(3)流通加工。在组织物资从生产地向消费地转移的过程中,对于一些特殊的物资进行适当的加工可以带来减少运力浪费、提高运输工具的使用效率、方便顾客使用等诸多好处,第三方物流企业也可以通过为顾客提供流通加工服务在方便顾客的同时获利。

(4)物流信息。第三方物流企业通过现代情报信息技术和网络技术,为客户提供系统化、高效率的物流解决方案并帮助其付诸实施;最大限度地利用运输和分销网络有效地进行跨运输方式的货物跟踪、进行电子交易、完成提供供应链管理效率所必须的报表和进行其他相关的增值服务。

▷四、国内外第三方物流的发展现状与趋势

(一)国外第三方物流的发展现状

物流外包在欧洲已经有几个世纪的历史,现在欧洲的许多著名的第三方物流企业,实际上起源于中世纪,只是当时没有提出第三方物流的概念。这些企业逐渐发展成为今天的辛克、德迅和丹莎等物流服务商,现在仍为欧洲的许多大制造商、大零售商和大批发商处理物流业务。

目前第三方物流正处在高速发展期,以两位数的速度持续发展。欧洲使用第三方物流的企业比率为76%,全年达1290亿欧元的物流服务市场,约1/4由第三方物流完成。德国99%的运输业务和50%以上的仓储业务交给了第三方物流;英国第三方物流在商业领域已从货物配送发展到店内物流,即零售店把从开门到关门、从清扫店堂到补货上架等原先由商店营业员负责的一系列服务工作,全部交给第三方物流完成。

美国使用第三方物流的企业比率为 58％,苹果电脑、通用汽车等企业就是依托第三方物流达到近乎"零库存"管理。

日本的物流网络遍布全国各地,20 世纪 80 年代中期就有 5 万多家物流企业,货运量达 34 亿多吨。日本由通产省和运输省主管物流业,有许多私营企业从事物流业。

(二)国内第三方物流的发展状况

我国第三方物流的发展起步于 20 世纪 90 年代初,当时许多跨国公司在我国投资建厂,随着规模的扩大和市场竞争的加剧,这些企业对综合性外部物流服务的配套要求越来越高。中国传统的物流企业,已经很难满足跨国公司对物流服务的要求。在这种背景下,催生了一批第三方物流企业。我国第三方物流市场的发展,具有以下几个方面的特征:

1.市场潜力巨大

我国真正意义上的第三方物流还处于发展初期,发展潜力巨大。推动我国第三方物流发展的主要因素,首先在于跨国企业正在将更多的业务转向我国,并通过外包物流功能来降低供应链成本;其次是我国企业面临着降低成本而增加物流外包的需求;最后是政府的激励措施,也是刺激我国第三方物流市场迅速发展的重要因素。

2.服务质量不高

我国第三方物流企业仍以运输、仓储等基本物流业务为主,而提供物流系统设计、库存管理等复杂性的高附加值服务还很少。增值服务薄弱的原因主要有:物流服务商认为客户没有做好外包准备;客户认为我国缺少高水平的物流服务商,并且认为自己有条件把物流干好。

3.流通体制的约束

现代物流的发展,要求打破传统的行业与区域限制,建立一个统一、开放、竞争有序的大市场。但是目前我国现代物流业处于初步发展阶段,物流市场管理与行业管理还没有理顺,整个第三方物流市场相当分散,企业规模小。目前,我国物流市场的地域集中度很高,大多数收益都来自于长江三角洲和珠江三角洲地区。

4.专业人才匮乏

物流供应商发展的最大障碍是缺乏合格的物流管理人员来推动业务的发展。我国物流业还处在起步阶段,物流人才匮乏,管理水平较低,这已经成为阻碍第三方物流进一步发展的重要因素。

(三)第三方物流的发展趋势

1.强化增值服务

第三方物流的物流需求会推动物流服务的增值化,从简单的储存、运输等单项活动到提供全面的服务,包括物流组织、协调、管理,设计第三方物流方案,只有这样,才能为第三方物流的长远发展获得先机。

2.加强信息化建设

大力发展信息技术和电子技术是第三方物流企业发展的必经之路,也是物流行业发展的趋势。只有不断加强信息化建设,才能使第三方物流企业在激烈的市场竞争中立于不败之地。

3.加强科学管理

第三方物流涉及面广,专业性强,从业人员的素质必须得到保证,应当是管理类和技术类的综合人才。通过科学管理,不断提高运作效率,树立良好的企业形象,实现扩大企业影响力的目标。

第三节　第四方物流

➤一、第四方物流概述

　　第四方物流是 1998 年美国埃森哲咨询公司率先提出的,专门为第一方、第二方和第三方提供物流规划、咨询、物流信息系统、供应链管理等活动,不实际承担具体的物流运作活动。

　　第四方物流(Fourth Party Logistics,简称 4PL 或 FPL),是一个供应链的集成商,一般情况下政府为促进地区物流产业发展,带头搭建第四方物流平台提供共享及发布信息服务,是供需双方及第三方物流的领导力量。它通过拥有的信息技术、整合能力以及其他资源提供一套完整的供应链解决方案,以此获取一定的利润。它帮助企业实现降低成本和有效整合资源,并且依靠优秀的第三方物流供应商、技术供应商、管理咨询以及其他增值服务商,为客户提供独特的、广泛的供应链解决方案。

➤二、第四方物流的供应链解决方案

　　第四方物流的主要工作是提供一整套完善的供应链解决方案,是集成管理咨询和第三方物流服务的集成商。第四方物流和第三方物流不同,不是简单地为客户的物流活动提供管理服务,而是通过对企业客户所处供应链的整个系统或行业物流的整个系统进行详细分析后,提出具有指导意义的解决方案。第四方物流服务供应商本身并不能单独地完成这个方案,而是要通过物流企业、技术企业等企业的协助才能将方案实施。

　　第四方物流是通过对供应链产生影响的能力来实现自身价值,在向客户提供持续更新和优化的技术方案的同时,满足客户特殊需求。第四方物流服务供应商可以通过物流运作的流程再造,使整个物流系统的流程更合理、效率更高,从而将产生的利益在供应链的各个环节之间进行平衡,使每个环节的客户都可以受益。因此,第四方物流服务供应商对整个供应链所具有的影响能力直接决定了其经营的好坏,也就是说第四方物流除了具有强有力的人才、资金和技术以外,还应该具有与一系列服务供应商建立合作关系的能力。

➤三、第四方物流的运作模式

　　第四方物流结合自身的特点有三种运作模式来进行选择,虽然它们之间略有差别,但都是为了突出第四方物流的特点。

1.协同运作模式

　　在协同运作模式下,第四方物流只与第三方物流有内部合作关系,即第四方物流服务供应商不直接与企业客户接触,而是通过第三方物流服务供应商将其提出的供应链解决方案、再造的物流运作流程等进行实施。这意味着,第四方物流与第三方物流共同开发市场,在开发的过程中第四方物流向第三方物流提供供应链管理决策、技术支持、市场准入能力以及项目管理能力等,它们之间的合作关系可以采用合同方式绑定或采用战略联盟方式形成。

2.方案集成商模式

　　在方案集成商模式下,第四方物流作为企业客户与第三方物流的纽带,将企业客户与第三方物流连接起来,这样企业客户就不需要与众多第三方物流服务供应商进行接触,而是直接通

过第四方物流服务供应商来实现复杂的物流运作的管理。在这种模式下,第四方物流作为方案集成商除了提出供应链管理的可行性解决方案外,还要对第三方物流资源进行整合。

　　3. 行业创新者模式

　　行业创新者模式与方案集成商模式有相似之处:都是作为第三方物流和客户沟通的桥梁,将物流运作的两个端点连接起来。两者的不同之处在于:行业创新者模式的客户是同一行业的多个企业,而方案集成商模式只针对一个客户进行物流管理。这种模式下,第四方物流提供行业整体物流的解决方案,可以使第四方物流运作的规模更大限度地得到扩大,使整个行业在物流运作上获得收益。

　　第四方物流无论采取哪一种模式,都突破了单纯发展第三方物流的局限性,能真正地低成本运作,实现最大范围的资源整合。因为第三方物流缺乏跨越整个供应链运作以及真正整合供应链流程所需的战略专业技术,第四方物流则可以不受约束地将每一个领域的最佳物流提供商整合起来,为客户提供最佳物流服务,形成最优物流方案或供应链管理方案。

➢ 四、第四方物流与第三方物流的异同

　　第四方物流与第三方物流相比,其服务的内容更多,覆盖的地区更广,对从事货运物流服务的公司要求更高,要求它们必须开拓新的服务领域,提供更多的增值服务。第四方物流最大的优越性在于它能保证产品"更快、更好、更廉"地送到需求者手中。当今经济形势下,货主/托运人越来越追求供应链的全球一体化以适应跨国经营的需要,跨国公司由于需要集中精力在其核心业务上,因而必须更大程度地依赖物流外包。

　　第三方物流独自提供服务,通过与自己有密切关系的转包商来为客户提供服务,不提供技术、仓储和运输服务的最佳整合。而第四方物流成了第三方物流的"协助提高者",也是货主的"物流方案集成商"。

　　在实际的运作中,由于大多数第三方物流公司缺乏对整个供应链进行运作的战略性专长和真正整合供应链流程的相关技术。于是,第四方物流正日益帮助企业实现持续运作成本降低和区别于传统的外包业务的真正的资产转移。第四方物流依靠业内最优秀的第三方物流供应商、技术供应商、管理咨询顾问和其他增值服务商,为客户提供独特的、广泛的供应链解决方案。这是任何一家公司所不能单独提供的。

案例

Schenker 的物流服务理念

　　辛克物流(Schenker)是世界500强德国铁路的子公司,是一家有着悠久历史的全球领先一体化国际物流服务公司。Schenker的总部在德国,在美国纽约设有一分部,在美国有44个分公司,拥有1400多个专业技术人员。1979年进入我国,设立了广州、北京、上海、南京等21个办事处。

　　Schenker为工业及商业企业提供强有力的支持:包括陆运、全球海运和空运以及所有与之相关的物流服务。其业务范围涵盖货代、物流整合服务、供应链管理方案,甚至奥运、展会等特殊的物流服务,是世界著名的国际货代公司和第三方物流公司。

　　Schenker是世界领先的综合物流服务供应商之一,为全球国际贸易和工业产品交流提供海陆空运输和全部综合物流服务的集团公司,有近55000名员工分布在世界各地的1500家办事处,公司每年总收入达132亿欧元。

Schenker 公司拥有自己的仓库和车队,所有的办公室都已经过 ISO 认证。从事的业务范围广泛,提供高效率的门到门的运送服务。主要的目标客户是需要全球货运或物流的公司。

作为全球知名的第三方物流企业,Schenker 提供的主要业务包括:

1.空运服务

Schenker 认为在空运服务中,运输速度固然重要,但在既定的时间内将货物准时送到客户的目的地更为关键。因此,Schenker 所提供的个性化空运产品具有更高的灵活性,更加有效地调配货物运输时间。

2.海运服务

Schenker 在海运服务方面是全球公认的领头军,所提供的特有客户服务将全球强大的运输网络、物流精英及先进创新的海运经验相结合,使其海运在世界经济发展中占有重要的地位,并且保持着良好的国际经济合作关系。

3.陆路运输服务

Schenker 的陆路运输服务范围包括定期运输服务、零担货物及整车货物运输服务,在全球国际货运中展示出其强大的专业实力,成为欧洲领先的物流服务供应商。

复习思考题

一、填空题

1.第三方物流按物流企业完成的物流业务范围的大小和所承担物流功能的不同可分为:_____和综合型物流企业。

2.第三方物流按照企业的运作方式可分为:物流自理企业和_____。

3.第三方物流的经营模式主要有以下三种:_____、大企业联营型和代理方式。

二、单项选择题

1.第三方物流提供商一般需要从_____、与客户运作整合、发展客户运作三方面创造运作价值。

A.提高产品质量   B.提高物流运作效率

C.提高服务质量   D.提高周转率

2._____是一个供应链的集成商,一般情况下政府为促进地区物流产业发展,带头搭建第四方物流平台提供共享及发布信息服务,是供需双方及第三方物流的领导力量。

A.集成供应链   B.第三方物流   C.第四方物流   D.第五方物流

3.第四方物流的运作模式有:协同运作模式、_____和行业创新者模式。

A.集成模式   B.智能化模式   C.自动化模式   D.方案集成商模式

三、简答题

1.简述第三方物流的特征。

2.简述第三方物流的类型。

3.简述第三方物流的经营策略。

4.简述国内外第三方物流的发展现状。

5.简述第四方物流的运作模式。

6.简述第四方物流与第三方物流的异同。

第十三章

国际物流

在系统工程思想的指导下,依托现代信息技术,强化资源整合和优化物流过程是当今国际物流发展的最本质特征。

知识目标

1. 了解国际物流的概念
2. 掌握国际物流的发展历程
3. 掌握国际货运代理的作用
4. 掌握国际货运代理的服务范围
5. 掌握国际货运保险的主要险别

技能目标

1. 掌握国际物流的物理特点
2. 掌握国际货运代理的各种责任
3. 掌握国际货物运输保险的基本程序

关键概念

国际物流;国际货运代理;国际海运代理;国际船舶代理;国际空运代理;国际货物运输保险

第一节 国际物流概述

一、国际物流的概念

广义的国际物流(international logistics,IL),研究的范围包括国际贸易物流、非贸易物流、国际物流合作、国际物流投资、国际物流交流等领域。其中,国际贸易物流主要是指组织货物在国际间的合理流动;非贸易物流是指国际展览与展品物流、国际邮政物流等;国际物流合作是指不同国别的企业完成重大的国际经济技术项目的国际物流;国际物流投资是指不同国家物流企业共同投资建设国际物流企业;国际物流交流则主要是指物流科学、技术、教育、培训和管理方面的国际交流。

狭义的国际物流主要是指当生产和消费分别在两个或在两个以上的国家(或地区)独立进行时,为了克服生产和消费之间的空间间隔和时间距离,对货物(商品)进行物流性移动的一项国际商品或交流活动,从而完成国际商品交易的最终目的,即实现卖方交付单证、货物和收取货款,而买方接受单证,支付货款和收取货物的贸易对流条件。

国际物流的实质是根据国际分工的原则,依照国际惯例,利用国际化的物流网络、物流设施和物流技术,实现货物在国际的流动与交换,以促进区域经济的发展与世界资源的优化配置。国际物流的总目标是为国际贸易和跨国经营服务,即选择最佳的方式与路径,以最低的费用和最小的风险,保质、保量、适时地将货物从某国的供方运到另一国的需方。

二、国际物流的发展历程

第二次世界大战后,国际间的经济交往才越来越得到拓展,越来越活跃。尤其在 20 世纪 70 年代的石油危机以后,仅为满足运送必要货物的运输观念已不能适应新的要求,系统物流就是在这个时期进入到国际领域。

20 世纪 60 年代开始形成了国际间的大数量物流,在物流技术上出现了大型物流工具,如 20 万吨的油轮、10 万吨的矿石船等。70 年代,受到石油危机的影响,国际物流不仅在数量上进一步发展,船舶大型化趋势进一步加强,而且出现了提高国际物流服务水平的要求,其标志是国际集装箱及国际集装箱船的发展,国际间各主要航线的定期班轮都投入了集装箱船,使散杂货的物流水平得到了质的飞跃,物流服务水平获得很大提高。

70 年代中后期,国际物流领域出现了航空物流大幅度增加的新形势,同时出现了更高水平的国际联运。船舶大型化的趋势发展到了一个新的高峰,出现了 50 万吨的油船、30 万吨左右的散装船。

80 年代前中期,国际物流的突出特点是出现了"精细物流",物流的机械化、自动化水平不断提高。同时,伴随新时代人们需求观念的变化,国际物流着力于解决"小批量、高频度、多品种"的物流,现代物流不仅覆盖了大量货物、集装杂货,而且也覆盖了多品种的货物,基本覆盖了所有物流对象,解决了所有物流对象的现代物流问题。

90 年代,在国际物流领域的另一大发展是,伴随国际联运式物流出现的物流信息和电子数据交换系统。信息的作用,使物流向更低成本、更高服务、更大量化、更精细化方向发展,物流的每一个活动都有信息支撑,物流质量取决于信息,物流服务依靠信息。可以说,国际物流已进入了物流信息时代。

依托互联网公众平台,信息对国际物流的作用向各个相关领域渗透,同时又出现了全球卫星定位系统、电子报关系统等新的信息系统,在这个基础上,构筑国际供应链,形成国际物流系统,使国际物流水平进一步得到了提高。

三、国际物流的物理特点

1. 环境差异

国际物流的一个非常重要的特点是,各国物流环境存在明显的差异,尤其是物流软环境的差异。不同国家的不同物流适用法律,使国际物流的复杂性远高于一国的国内物流,甚至会严重影响国际物流的发展;不同国家不同经济和科技发展水平会造成国际物流处于不同科技条件的支持下,甚至有些地区根本无法应用某些技术而迫使国际物流整个系统水平的下降;不同国家不同标准,也造成国际间"接轨"的困难,因而使国际物流系统难以建立;不同国家的风俗人文也使国际物流受到很大局限。

2. 系统范围广

物流本身的功能要素、系统与外界的沟通本已非常复杂,国际物流在此复杂系统上增加了不同国家的要素,这不仅是地域的广阔和空间的广阔,而且所涉及的内外因素更多,所需的时间更长,广阔范围带来的直接后果是难度和复杂性增加,风险也随之增加。因此,国际物流一旦融入现代化系统技术之后,其效果才比以前更显著。

3. 标准化要求较高

要使国际物流畅通,统一标准是非常重要的,可以说,如果没有统一的标准,国际物流水平是无法提高的。目前,美国、欧洲基本实现了物流工具、设施的统一标准,如托盘采用 1000 毫米×1200 毫米,集装箱的几种统一规格及条形码技术等,在此基础上,大大降低了物流费用,降低了转运的难度。在物流信息传递技术方面,欧洲各国不仅实现企业内部的标准化,而且实现了企业之间及欧洲统一市场的标准化,使得欧洲各国之间系统比其与亚洲、非洲等的国家交流更简单、更直接有效。

4. 需要国际化信息系统的支持

国际化信息系统是国际物流,尤其是国际联运非常重要的支持手段。国际信息系统建立的难度,一是管理困难,二是投资巨大。由于世界上有些地区物流信息水平较高,有些地区较低,因此,经常出现信息水平不均衡,导致信息系统的建立更为困难。

当前,建立国际物流信息系统的一个好办法是和各国海关的公共信息系统联机,以及时掌握有关各个港口、机场和联运线路、站场的实际状况,为供应或销售物流决策提供支持。

➤ 四、国际物流的发展趋势

由于现代物流业对国民经济发展、国民生活提高和竞争力增强有着重要的影响,因此,世界各国都十分重视物流业的现代化和国际化,从而使国际物流发展呈现出一系列新的趋势和特点:

1. 系统更加集成化

传统物流一般只是货物运输的起点到终点的流动过程,物品从生产地到消费地通过运输、仓储、包装、装卸搬运、流通加工、信息处理等各个环节。而现代物流则不同,从纵向看:它将传统物流向两头延伸并注入新的内涵,即从最早的货物采购物流开始,经过生产物流再进入销售领域,其间要经过运输、包装、装卸、仓储、加工配送等过程到最终送达用户手中,甚至最后还有回收物流。从横向看:它将社会物流和企业物流、国际物流和国内物流等各种物流系统,通过利益输送、股权控制等形式有机地整合在一起,即通过统筹协调、合理规划来掌控整个商品的流动过程,以满足各种用户不断变化的需求,力争做到效益最大和成本最小。

国际物流的集成化,是将整个物流系统打造成一个高效、通畅、可控制的流通体系,以此来减少流通环节、节约流通费用,达到实现科学的物流管理、提高流通的效率和效益的目的,以适应在经济全球化背景下"物流无国界"的发展趋势。可以说,过去物流企业是单个企业之间的竞争,现在已经演变成一群物流企业与另一群物流企业的竞争、一个供应链与另一个供应链的竞争、一个物流体系与另一个物流体系的竞争。物流企业所参与的国际物流系统的规模越大,物流的效率就越高,物流的成本就越低,物流企业的竞争力就越强,这种竞争是既有竞争又有合作的"共赢"关系。

国际物流的这种集成化趋势,是一个国家为适应国际竞争正在形成的跨部门、跨行业、跨区域的社会系统,是一个国家流通业正在走向现代化的主要标志,也是一个国家综合国力的具体体现。当前,国际物流向集成化方向发展主要表现在两个方面:一是大力建设物流园区,二是加快物流企业整合。物流园区建设有利于实现物流企业的专业化和规模化,发挥它们的整体优势和互补优势;物流企业整合,特别是一些大型物流企业跨越国境展开并购,或形成物流企业间的合作并建立战略联盟,有利于拓展国际物流市场,争取更大的市场份额,加速该国物流业深度地向国际化方向发展。

2. 管理更加网络化

在系统工程思想的指导下,依托现代信息技术,强化资源整合和优化物流过程是当今国际物流发展的最本质特征。信息化与标准化这两大关键技术对当前国际物流的整合与优化起到了革命性的影响。同时,又由于标准化的推行,使信息化的进一步普及获得了广泛的支持,使国际物流可以实现跨国界、跨区域的信息共享,物流信息的传递更加快捷、方便、准确,加强了整个物流系统的信息传递。现代国际物流就是在信息系统和标准化的共同支撑下,借助于运输和储运等系统的参与、借助于各种物流设施的帮助,形成了一个纵横交错、四通八达的物流网络,使国际物流覆盖面不断扩大,规模经济效益更加明显。

3. 标准更加统一化

国际物流的标准化是以国际物流作为一个大系统,制定系统内部设施、机械装备、专用工具等各个分系统的技术标准;制定各系统内分领域的运输、包装、装卸、配送等方面的工作标准;以系统为出发点,研究各分系统与分领域中技术标准与工作标准的配合性;按配合性要求,统一整个国际物流系统的标准;最后研究国际物流系统与其他相关系统的配合问题,谋求国际物流大系统标准的统一。

随着经济全球化的不断深入,世界各国都很重视本国物流与国际物流的相互衔接问题,努力使本国物流在发展的初期,保证标准与国际物流的标准体系相一致。因为如果现在不做,以后不仅会加大与国际交往的技术难度,更重要的是,在现在的关税和运费本来就比较高的基础上,又增加了与国际标准不统一所造成的工作量,将使整个外贸物流成本增加。因此,国际物流的标准化问题引起了越来越多的关注。

目前,跨国公司的全球化经营,正在极大地影响物流全球性标准化的建立。一些国际物流行业和协会,在 EDI 技术和国际集装箱发展的基础上,开始进一步对物流的交易条件、技术装备规格,特别是单证、法律条件、管理手段等方面推行统一的国际标准,使物流的国际标准更加深入地影响到国内标准,使国内物流日益与国际物流相融合。

4. 配送更加精细化

随着现代经济的发展,各产业、部门、企业之间的交换关系和依赖程度也越来越错综复杂,物流是联系这些复杂关系的桥梁和纽带,它使经济社会的各部分有机地连接起来。

在市场需求瞬息万变和竞争环境日益激烈的情况下,要求物流在企业和整个系统必须具有更快的响应速度和协同配合的能力。更快的响应速度,要求物流企业必须及时了解客户的需求信息,全面跟踪和监控需求的过程,及时、准确、优质地将产品或服务送到客户手中。协同配合的能力,要求物流企业必须与供应商和客户实现实时的沟通与协同,使供应商对自己的供应能力有预见性,能够提供更好的产品、服务和价格;使客户对自己的需求有清晰的计划性,以满足自己生产和消费的需要。国际物流为了达到零阻力、无时差的协同,需要做到与合作伙伴间业务流程的紧密集成,加强预测、规划和供应,共同分享业务数据、联合进行管理执行以及完成绩效评估等。只有这样,才能使物流作业更好地满足客户的需要。

5.园区更加便利化

为了适应国际贸易的急剧扩大,许多发达国家都致力于铁路、港口、机场、高速公路、立体仓库的建设,一些国际物流园区应运而生。这些园区一般选择靠近大型港口和机场兴建,依托重要港口和机场,形成处理国际贸易的物流中心,并根据国际贸易的发展和要求,提供更多的物流服务。

6.运输更加现代化

国际物流的支点离不开运输与仓储。而要适应当今国际竞争快节奏的特点,运输和仓储都要求现代化,要求通过实现高度的机械化、自动化、标准化手段来提高物流的速度和效率。国际物流运输的最主要方式是海运,有一部分是空运,但它还会渗透在其国内的其他一部分运输,因此,国际物流要求建立起海路、空运、铁路、公路的"立体化"运输体系,来实现快速便捷的"一条龙"服务。

为了提高物流的便捷化,当前世界各国都在采用先进的物流技术,开发新的运输和装卸机械,大力改进运输方式,比如应用现代化物流手段和方式,发展托盘技术、集装箱运输等等。美国的物流效率之所以高,原因在于美国的物流模式是善于将各种新技术有机融入到具体物流活动中,因而能在全球率先实现高度的物流集成化和便利化。这也使得从事物流的企业,利润和投资收益持续增加,进而诱发新的投资进行研究开发,形成良性循环。总之,融合了信息技术与交通运输现代化手段的国际物流,对世界经济运行将继续产生积极的影响。

第二节 国际货运代理

➤一、国际货运代理的概念

国际货运代理协会联合会(FIATA)给国际货运代理(the freight forwarder)下的定义为:国际货运代理是根据客户的指示,为客户的利益而揽取货物运输的人,其本身并不是承运人。国际货运代理业可以依照这些条件从事与运输合同相关的活动,如储货、报关、验收、收款等。货运代理在不同国家有不同的名称,如关税代表人、关税经营人、清关代理人、海运与发运代理人等。

《中华人民共和国国际货物运输代理业管理规定》给国际货运代理业下的定义是:接受进出口货物收货人、发货人的委托,以委托人的名义或者以自己的名义,为委托人办理国际货物运输及相关业务并收取服务费用的行业。

货运代理的性质是中间人性质的运输业务。它既进行承运人工作,又是货主的代表,保护货主的利益,其本质作用就是"货运中间人",在以发货人与收货人为一方,承运人为另一方的两者之间行事。从业务表面上看,货运代理人是以货主的代理人身份并按代理业务项目和提供的劳务向货主收取劳务费的。但从整个对外贸易运输环节和法律上看,货运代理人与民法上的代理完全不同,因此权利和义务也不一样。随着国际物流和多种运输形式的发展,国际货运代理的服务范围不断扩大,其在国际贸易和国际运输中的地位也越来越重要。

➤二、国际货运代理的种类

（一）国际海运代理

1. 按权限分为国际海运代理和国内海运代理

（1）国际海运代理。

国际海运代理是指得到政府批准，从事进出口国际海运代理业务或接受委托后以自己名义处理海运相关业务的专业海运代理公司。

（2）国内海运代理。

国内海运代理是指从事国内海运业务的专业海运代理公司。这类代理与本地区内贸厂商联系密切，以沿海运输为主兼营其他方式的运输，也是国际海运代理分包运输商。

2. 按运输方式分为海运代理、班轮代理和液散船舶代理

（1）海运代理。

海运代理主要办理有关海运货物航线选择、订舱配载、集装箱的分拨与集运，安排货物到港运输，办理保险结关手续，将货物安全交给承运人，并获取提单提货等业务。

（2）班轮代理。

班轮代理包括杂货运输班轮和集装箱运输班轮，指为固定航线上船期、航班确定的有规则运行船舶进行货运及相关业务服务的专业代理与代理人。

（3）液散船舶代理。

液散船舶代理是指为油轮、液化气船和液散化工品船等提供货物进出口运输、装卸、仓储和分拨等事项服务的专业代理与代理人。

知识链接

国际海运代理还可以按照委托项目和业务过程分类，如订舱揽货代理、货物报关代理、航线代理、货物进出口代理、集装箱货运和拆装箱代理、货物装卸代理和转代理等。

（二）国际船舶代理

船舶代理（shipping agent），是指接受承运人（船舶所有人、船舶经营人或承租人）的委托，在授权范围内代表委托人办理船舶有关的业务，提供有关的服务或进行与在港船舶有关的其他法律行为的代理行为。

从事国际贸易货物运输的船舶往来于世界各个港口之间，当它停靠在船舶所有人或船舶经营人所在地以外的其他港口时，船舶所有人或船舶经营人将无法亲自管理与船舶有关的营运业务。解决方法有两种：一是在有关港口设立船舶所有人或船舶经营人的分支机构；二是由船舶所有人或船舶经营人委托在有关港口专门从事代办船舶营运业务和服务的机构代办船舶在港口的有关业务，即委托船舶代理人代办这些业务。委托代理船舶在港口的运营既经济又实惠，因而在航运实践中被广泛采用。

船舶代理机构或代理行业可以接受与船舶营运有关的任何人的委托，既可以接受船舶所有人或经营人的委托，代办班轮船舶的营运业务和不定期的营运业务，也可以接受租船人的委托，代办其所委托的有关业务。因此，其业务范围非常广泛。

船舶营运有很多方式，不同营运方式中的营运业务所涉及的当事人又各不相同，各个当事人所委托代办的业务也有所不同。根据委托人和代理业务范围不同,船舶代理人可分为班轮运输代理人和不定期船运运输代理人两大类。

1. 班轮运输代理人

班轮运输代理人包括班轮运输总代理人和订舱代理人。在班轮运输中,班轮公司在从事班轮运输船舶停靠的港口委托总代理人,其权利与义务通常由班轮代理合同的条款予以确定。代理人通常应为班轮制作船期广告,为班轮公司开展揽货工作,办理订舱、收取运费工作,为班轮船舶制作运输单据、代签提单、管理船务和集装箱工作。代理班轮公司根据有关费率和班轮公司营运业务等事宜与政府主管部门和班轮公司进行合作。

班轮公司为使自己所经营的班轮运输船舶能在载重和舱容上得到充分利用,力争做到满舱满载,除了在班轮船舶挂靠的港口设立分支机构或委托总代理人外,还会委托订舱代理人,以便广泛地争取资源。订舱代理人通常与货主和货运代理人有着广泛和良好的业务联系,因而能为班轮公司创造良好的经营效益,同时能为班轮公司建成一套有效的货运程序。

2. 不定期船运运输代理人

不定期船运代理人包括船东代理人、船舶经营人代理人、租家提名代理人、保护代理人、船务管理代理人和装船代理人。

(1)船东代理人。

船东代理人受船东的委托,为船东代办与在港船舶有关的诸如办理清关、安排拖轮、引航员和装卸货物等业务。租约中通常规定船东有权在装卸货港口指派代理人。

(2)船舶经营人代理人。

根据航次租约规定,船舶经营人有权在装卸货港口指派代理人。该代理人受船舶经营人的委托,为船舶经营人代办与在港船舶有关的业务。

(3)租家提名代理人。

根据航次租约规定,租家有权提名代理人,而船东必须委托由租家所指定的代理人作为自己所属船舶在港口的代理人,并支付代理费和港口的各种费用。

(4)保护代理人。

在港口的代理人是由租家提名的情况下,船东或船舶经营人为了保护自己的利益,会在委托由租家提名的代理人作为港船舶代理人之外再另外委托一个代理人来监督提名代理人的代理行为,该代理人即为保护代理人,或称为监护代理人。

(三)国际空运代理

空运代理可以给进出口空运客户和航空公司双方都带来极大的便利。在一般情况下,航空公司只负责从一个机场将货物运至另一个机场,至于揽货、接货、报关订舱及在目的地机场提货和将货物交付收货人等方面的业务则由航空货运代理办理。其经营的主体就是航空货运代理公司。

航空货运代理在国际空运货物进出口活动中具有重要的作用,是货主和航空公司之间的桥梁和纽带。航空货运代理具有以下三种功能:

(1)为货主提供服务。即代替货主向航空公司办理托运或提取货物,业务包括出口货物在始发地交航空公司承运前的订舱、储存、制单、报关、交运等,进口货物在目的地机场的航空公司或机场接货、监管储存、制单、报关、送货和转运等。

(2)代表航空公司接受货主的货物并出具航空分运单,当货物在航空公司责任范围内丢失、损坏时,空运代理可代表货主向航空公司索赔。

（3）专门为航空公司组织成批货源,承揽大批客户办理集中托运,为航空公司获利。

三、国际货运代理的作用

国际货运代理在促进本国和世界经济发展的过程中起着非常重要的作用,主要表现在以下几个方面:

1. 组织协调

国际货运代理人历来被称为"运输的设计师"、"门到门"运输的组织者和协调者,凭借其拥有的运输知识及其他相关知识组织运输活动,设计运输路线,选择运输方式和承运人,协调货主、承运人及其与仓储保管人、银行、保险人、港口、机场、车站、堆场经营人和海关、卫检、商检、动植检、进出口管制等有关当局的关系,可以省却委托人时间,减少许多不必要的麻烦,专心致力于主营业务。

2. 提供专业服务

国际货运代理人能够提供各种专业化的服务,为委托人提供货物的承揽、集运、交运、拼装、接卸、交付服务,接受委托人的委托,办理货物的保险、海关、商检、卫检、动植检、进出口管制等手续,甚至有时要代理委托人支付、收取手续,垫付税金和政府规费。

3. 沟通控制

国际货运代理人拥有广泛的业务关系、发达的服务网络、先进的信息技术手段,可以随时保持货物运输关系人之间,货物运输关系人与其他有关企业、部门的有效沟通,对货物进行运输的全过程进行准确跟踪和控制,保证货物安全、及时运抵目的地,顺利办理相关手续,准确送达收货人,并应委托人的要求提供全过程的信息服务及其他服务。

4. 咨询顾问

国际货运代理人通晓国际贸易环节,精通各种运输业务,熟悉有关法律、法规,了解世界各地有关情况,信息来源准确、及时,可以就货物的包装、储存、装卸和照管,货物的运输方式、运输路线和运输费用,货物的保险、进出口单证和价款的结算,领事、海关、商检、卫检、动植检、进出口管制等有关当局的要求等向委托人提出明确、具体的咨询意见,协助委托人设计、选择适当的处理方案,避免、减少不必要的风险,避免浪费。

5. 降低成本

国际货运代理人掌握货物的运输、仓储、装卸、保险市场行情,与货物的运输关系人、仓储保管人、港口、机场、车站、堆场经营人和保险人有着长期、密切的友好合作关系,拥有丰富的专业知识和业务经验、有利的谈判地位、娴熟的谈判技巧,通过国际货运代理人的努力可以选择货物的最佳运输路线、运输方式、最佳仓储保管人、装卸作业人和保险人,争取公平、合理的费率,甚至可以通过集运效应使所有相关各方受益,从而降低货物运输关系人的业务成本,提高其主营业务效益。

6. 融资

国际货运代理人与货物的运输关系人、仓储保管人、装卸作业人及银行、海关当局等相互了解、关系密切、长期合作、彼此信任。国际货运代理人可以代替收、发货人支付有关费用、税金,提前与承运人、仓储保管人、装卸作业人结算有关费用,凭借自己的实力和信誉向承运人、仓储保管人、装卸作业人及银行、海关当局提供费用、税金担保或风险担保,可以帮助委托人融通资金,减少资金占压,提高资金利用率。

四、国际货运代理的责任和服务范围

(一)国际货运代理的责任

国际货运代理的责任是指国际货运代理作为代理人和当事人两种情况时的责任。国际货运代理的法律责任较为复杂,因为他们实际上起着两种不同的法律作用,即代理人和当事人,而且他们的活动范围本质上已超越国境,没有一个国际公约明确规定其活动范围。然而各国法律仅能管辖本国自己的活动而不能管辖他国的活动,因此导致许多法律相互冲突。

目前,各国法律对货运代理所下的定义及其业务范围的规定有所不同,但按其责任范围的大小,原则上可分为以下三种情况:

(1)作为国际货运代理,仅对其自己的错误和疏忽负责。

(2)作为国际货运代理,不仅对自己的错误和疏忽负责,还应使货物完好地抵达目的地,这就意味着他应承担承运人的责任和造成第三人损失时的责任。

(3)国际货运代理的责任取决于合同条款的规定和所选择的运输工具等。

正是由于各国的法律规定不同,要求国际货运代理所承担的责任也就大不相同。国际货运代理作为代理人受货主的委托,在其授权范围内以委托人的名义从事代理行为,由此产生的法律后果由委托人承担。在内部关系上,委托人和货运代理人之间是代理合同关系,货运代理享有代理人的权利,承担代理人的义务。在外部关系上,货运代理不是货主与他人所签合同的主体,不享有该合同的权利,同时也不承担该合同的义务。

(二)国际货运代理人的服务范围

国际货运代理提供的服务范围广泛,包括为进出口商、承运人、港口、多式联运、运输加工和特殊项目等提供的服务。

(1)代理人为进出口商提供的服务不仅包括在进出口货物运输的不同阶段提供的各项具体服务,如选择航线、运输方式和具体承运人等,还包括向港口各部门分发有关办理出口货物运输的各种单证。应委托代办备货、验货、各种加工,签署提单和进口货物的国境、仓储,代表托运人承付运费、关税、税收、港口费等各种费用,监管货物运输进程和货物安全,协助索赔等。

(2)代理人为承运人提供的主要服务项目是向海运、飞机、铁路、公路等承运人订船、订机、订舱、订车皮、订车辆和配载,并议定费率,代收代结运费和其他杂费等。为方便集装箱运输,代理人有时还负责拼箱拆箱,集零为整或化整为零,方便运输和销售。在多式联运过程中,代理人则充当多式联运的经营人,组织在一个单一的合同下通过多种运输方式进行门到门的货物运输。

(3)代理人向港口提供的服务主要包括争取船舶在货代所在港口装卸,为港口承揽货源,在港口进行货物和单证正常交接、外贸集港、疏运、协助港船做好集装箱管理,以及日常的车、船、货、港衔接组织工作。

五、国际货运代理的选择和使用

代理人工作的好坏直接关系到委托人的利益和运输任务能否完成,所以在选择时应非常慎重。在确定代理人并与之建立关系前,必须对选择对象进行全面了解。选择代理人需要进行以下三个方面的考察：

1. 政治背景和合作态度

代理的政治背景和合作态度是建立和保持关系的基础。必须遵照外交外贸的方针政策，选择政治可靠、友好并能合作共事的代理人，因为只有他们才能处处为委托人着想，维护委托人的利益。

2. 业务能力和工作质量

能否按时、按质、按量完成代理业务，在很大程度上取决于代理人的业务能力和工作质量，仅有良好的合作态度而缺乏业务能力的代理人是无法担负委托人的任务的。所以，业务能力和工作质量是选择代理人的重要条件和标准。

3. 资信和经营作风

由于国际货运代理过程更长、业务环节更多，信息的传递更容易失真，同时文化背景、个人的品质和性格等也会影响到代理人的经营作风。选择资信程度较高、经营作风稳健的代理商对于降低经营风险至关重要。在平等互利的原则基础上，审慎选择并使用代理人，并尽可能建立友好的稳定合作关系是巩固和发展双边业务关系、提高企业竞争力的重要环节。对于能够与企业保持友好合作态度、诚信而作风稳健的代理商，应在业务上给予优惠，以调动代理人的积极性，使合作关系更加长久。对于不友好、不守信用、经营作风拖沓或急躁的或者工作能力差的代理人，必须坚决更换。

第三节　国际货物运输保险

一、国际货物运输保险的概念

保险作为一种经济补偿手段在人们的经济活动和日常生活中占有重要地位，而国际货运保险则更是国际货物买卖中不可缺少的重要环节。国际货物买卖合同签订后，根据相关贸易术语，买卖双方要对货物的运输与货运保险作出安排。

从法律角度看，保险是一种补偿性契约行为，即被保险人向保险人提供一定的对价（保险费），保险人则对被保险人将来可能遭受的承保范围内的损失负赔偿责任。保险的种类很多，其中包括财产保险、责任保险、保证保险和人身保险，国际货物运输保险属于财产保险的范畴。

国际货物运输保险是以国际货物运输过程中的各种货物作为保险标的的保险，是投保人为了规避自然灾害和意外事故风险而采取的一种经济措施。具体来说，国际货运保险是指被保险人就其货物按一定的金额和险别向保险人亦称保险公司或承保人提出投保申请，经保险人同意后，保险人便按投保金额和投保险别的费率收取保险费并出具保险单证，事后如果所保货物在运输过程中遭受保险责任范围内的损失，享有保险利益的单证持有人即可向保险人要求赔偿的行为或制度安排。

国际运输领域的相关保险已从针对货物运输的国际货物运输保险逐渐扩大到针对运输服务经营人的运输责任险，如国际货运代理责任险。国际货运代理责任险不仅源于运输本身，而且源于货运代理在履行运输、仓储、合同签订、操作、报关、签发单证、付款等多个环节，其主要承保的业务范围为针对如货物代理、无船承运人和物流行业的运输经营人的保险。

➢ 二、国际货物运输保险的作用

国际货物运输保险的作用在于以下两个方面：

1. 保障贸易企业经营的正常进行

在市场经济条件下，所有企业都是独立核算、自主经营、自负盈亏的经营单位，独自承担经营活动中的一切风险和责任，而从事进出口贸易的企业，在组织货物的国际运输过程中通常存在较大的风险，有可能因自然灾害或意外事故的发生而遭受损失。而且，进出口货物在运输途中因遇险而造成的损失额往往比较巨大，如无适当补偿措施，有可能影响企业的正常经营，甚至危及企业的生存。但是，如果企业事先向保险公司办理了货物运输险的投保手续，只要交付少量的保险费，就可以在发生损失时从保险公司取得经济补偿。由于保险费的支出可以进入经营成本，所以参加保险实际上是把可能产生的不确定的风险损失化解成确定的日常费用开支，从而有利于企业经营的正常进行。

2. 保证贸易企业获得正常的预期利润

由于国际货运保险的习惯一般都允许被保险人在货物价格上另加一定金额办理投保，因此，货物办理了保险，即使遭遇灾害事故全部损失，贸易企业仍能从保险赔款中获得正常的预期利润。

➢ 三、国际货物运输保险的原则

保险的基本原则是投保人和保险人签订保险合同，履行各自义务以及办理索赔和理赔工作所必须遵守的基本原则。与国际物流有密切关系的保险基本原则主要有最大诚信原则、近因原则、可保利益原则、损失补偿原则及代位追偿权原则。

1. 最大诚信原则

最大诚信原则作为海上货物运输保险合同的基本原则不仅贯穿于订立合同之前或之时，而且贯穿于履行合同的全过程。它不仅要求被保险人应尽最大诚信，也要求保险人尽最大诚信。依据该原则，保险合同当事人均须分别履行如实告知和保证依法经营、明确说明的义务。

2. 近因原则

近因原则即损失的主要原因是确定某项原因与损失具有最直接的因果关系的标准，是确定保险人对保险标的的损失是否负保险责任以及负何种保险责任的一条重要原则。保险中的近因是指造成损失的最主要的、最有效的及最有影响的原因。近因不一定是指时间上或空间上最接近损失的原因。所以近因原则是指保险人只对承保风险与保险标的损失之间有直接因果关系的损失负赔偿责任，而对不是由保单承保风险造成的损失不承担赔偿责任。它对保险理赔工作中的判定责任、履行义务和减少争议都具有重要的意义。

3. 可保利益原则

可保利益是指投保人对保险标的具有的法律上承认的利益。投保人对保险标的应当具有投保利益。投保人对保险标的不具有保险利益的保险合同无效。就货运保险而言，反映在运输货物上的利益主要是货物本身的价值，但也包括与此相关联的费用，如运费、保险费、关税和预期利润等。当保险标的的安全到达时，被保险人就受益；当保险标的遭受损失时，被保险人就受到损害或没有经济利益。

被保险人必须对保险标的具有可保利益其损失才能得到赔偿。在其他保险中，投保人或被保险人在合同生效时必须具有可保利益,但在海上货物运输保险合同中,则允许在保险合同订立时被保险人可以不具有可保利益,但在货物出险时,被保险人必须具有可保利益才能获得赔偿。因为货运保险单是可以背书转让的,在保险合同订立时,保险单的最后持有者可能还没有取得对其所购货物的所有利益。

4.损失补偿原则

损失补偿是指在保险事故发生而使被保险人遭受损失时,保险人必须在责任范围内对被保险人所受的实际损失进行补偿。损失补偿包括以下内容:

(1)及时赔偿。

及时赔偿的前提是被保险人及时通知保险人并提供全部证据和材料,否则保险人可以不负赔偿责任。如果保险人未能在法定期限内履行赔付义务,除支付赔偿金外还应当赔偿被保险人因此受到的损失。

(2)全部赔偿。

全部赔偿是指对被保险人因保险事故造成的损失的全部赔偿,不包括被保险人为防止或减少损失而支付的必要的合理费用。

(3)赔偿实际损失。

由于保险合同是一种补偿性合同,因此被保险人获得的保险赔偿当然不得超过其实际损失。全部赔偿与赔偿实际损失虽然都以保险金额为限,但前者强调的是"不得少赔",而后者则强调"不得多赔"。因为少赔与多赔都与赔偿原则不相符,所以保险人只有按照全部赔偿和赔偿实际损失原则给予赔偿才能真正使被保险人恢复到损失发生前的经济状况。

5.代位追偿权原则

根据保险的赔偿原则,保险是对被保险人遭受的实际损失进行补偿。当保险标的发生了保险承保责任范围内的灾害事故,而这一保险事故又是由保险人和被保险人以外的第三者承担责任时,为了防止被保险人在取得保险赔款后又重复从第三者责任方取得赔偿,获得额外利益,在保险赔偿原则的基础上又产生了代位追偿权原则。其目的就是限制被保险人获得双重补偿。

代位追偿权原则是指保险人在赔付被保险人之后,被保险人应把追偿保险标的损失的权利转让给保险人,使保险人取代被保险人地位,以被保险人的名义向第三者进行追偿。由于国际物流货物运输保险一般都是定值保险,保险人已按保险金额赔付,保险人行使代位追偿权所得多少已经同被保险人无关。即使追偿所得超过原赔偿金额,超过部分仍归保险人所有。

▶四、国际货运保险的主要险别

海运保险是各类保险中发展最早的一种,在国际海运保险业务中,各国保险界对海上风险与海上损失都有其特定的解释。

(一)海洋货物运输保险

海洋货物运输保险简称海运保险,又称水险,是指以同海洋运输有关的财产、利益或责任作为保险标的的一种保险。

海上保险在性质上属于财产保险的范畴,是一种特殊形式的财产保险。海上保险同其他保险一样,首先表现为一种经济补偿关系,其次体现为一种法律关系,即通过订立海上保险合同,一方面被保险人必须向保险人提供一定对价(保险费);另一方面保险人对被保险人将来可能遭受的海上风险、损失或责任给予补偿。

(二)航空运输货物保险

航空运输货物保险有两个基本险别:航空运输险和航空一切险,此外还有特殊附加险——航空运输货物战争险。

1.航空运输险

它对承保货物在运输途中遭受雷击、火灾、爆炸,或由于飞机遭受恶劣天气或其他危难事故而被抛弃,或由于飞机遭受碰撞、坠落或失踪等意外事故所造成的全部或部分损失负赔偿责任。此外还负责赔偿对遭受承保责任内危险的货物采取的抢救、防止或减少货损的措施而支付的合理费用,但以不超过该批被救货物的保险金额为限。

2.航空一切险

它除包括上述航空运输险的责任外,还负责由于一般外来原因所致的全部或部分损失。投保上述任何一种基本险别外经过协商还可以加保附加险。

▶五、国际货物运输保险的基本程序

(一)选择投保险别

国际货运保险的投保是指投保人向保险人提出投保申请,将自己所面临的风险和投保的要求告知保险人,向保险人发出要约或询价,保险人表示承诺或对此询价提出包括保险条件及费率的要约。

(二)确定保险金额

保险金额是保险合同中必不可少的项目,是保险人对保险标的承担的最高赔偿金额,也是保险人计算保险费的依据。因此投保人在投保时须按照保险价值申报保险金额。

(三)填写投保单

投保单是投保人在投保时对保险标的及有关事实的告知和陈述,也是保险人签订保险单和确定保险费的依据,因此投保单的填写必须准确、真实。中国人民保险公司的进出口货物运输保险投保单的具体内容主要包括被保险人、发票号码和合同号码、包装数量、保险货物项目、保险金额、装载运输工具、航次、航班、开航日期、运输路线、承保险别、赔款地、投保人签单及企业名称、电话、地址、投保日期等。

(四)支付保险费并取得保险单

按时支付保险费是投保人应履行的基本义务,也是保险人履行赔偿义务、建立各种基金以及弥补保险经营费用等支出的主要资金来源。保险费的金额取决于保险金额和保险费率的高低。按照各国法律的规定,保险金额在不超过保险价值的前提下可由保险人和投保人约定,在实践中,通常是由投保人根据货物的合同价并适当加成后经保险人同意确定的。而保险费率即保险价格是保险人为承担约定的保险赔付责任而向投保人收取保费的标准。

(五)被保险人的索赔

被保险货物遭受损失后,被保险人应按照规定办理索赔手续,向保险人要求赔偿。保险人在接到被保险人的索赔要求后,应对被保险货物的损失赔偿要求进行处理。

(六)保险理赔

保险理赔是指保险人在接到被保险人的损失通知后,通过对损失的检验和必要的调查研究确定损失的原因、损失的程度,并对责任归属进行审定,最后计算保险赔款金额并给付赔款的一系列过程。

案例

宜家的国际物流战略

宜家(IKEA)创立于1943年,在全球共有300多家连锁商店,分布在42个国家和地区,雇佣员工十几万名,是全球最大的家居商品零售商。

宜家的产品从设计、生产、销售都离不开物流,而且由于其跨国公司的身份,导致其树立了强大的国际物流战略。宜家把全球20多家配送中心和一些中央仓库大多集中在海陆空的交通要道,以便节省时间。所有商品被运送到全球各地的中央仓库和分销中心,宜家通过科学的计算,决定哪些产品在本地制造销售,哪些出口到海外的商店。同时每家"宜家商店"根据自己的需要向宜家的贸易公司购买这些产品,通过与这些贸易公司的交易,宜家可以顺利地把所有商店的利润吸收到国外低税收甚至是免税收的国家和地区。整个供应链的运转,从每家商店提供的实时销售记录开始,反馈到产品设计研发机构,再到贸易机构、代工生产商、物流公司、仓储中心,直至转回到商店。

在多年的商业运作中,宜家培养并强化了其核心竞争力。宜家不断降低成本,在以便宜的价格提供优质的产品上取得巨大成功;它在远离市中心的宜家专营店里提供大量可供组装的"平板包装品"组件;它的2000多家供应商遍布60多个国家,宜家和他们签订长期的独家经销合约,并向他们提供技术咨询和设备租赁,以便控制供应商,实现低成本的外包;独特的拥有专利的产品设计是宜家控制供应商们的另一件法宝;另外世界范围内的大规模销售造成极具成本优势的大规模生产。

总之,国际物流战略保证了宜家的全球竞争力,使宜家充分利用了国际物流的优势,实现了规模化生产,降低了产品成本,推动了其全球化战略。

复习思考题

一、填空题

1._____是根据客户的指示,为客户的利益而揽取货物运输的人,其本身并不是承运人。

2.国际海运代理按运输方式分为海运代理、班轮代理和_____。

3.海洋货物运输保险简称海运保险,又称_____,是指以同海洋运输有关的财产、利益或责任作为保险标的的一种保险。

二、单项选择题

1.根据委托人和代理业务范围不同,船舶代理人可分为_____和不定期船运运输代理人两大类。

A.班轮运输代理人   B.定期船运运输代理人

C.班轮代理人   D.班轮定期代理人

2.不定期船运代理人包括_____、船舶经营人代理人、租家提名代理人、保护代理人、船务管理代理人和装船代理人。

    A.船舶代理人   B.船东代理人   C.租家代理人   D.管理代理人

    3.航空运输货物保险有两个基本险别：航空运输险和＿＿＿＿＿＿＿＿＿＿。

    A.罢工险   B.水险   C.航空一切险   D.战争险

三、简答题

    1.简述国际物流的发展历程。

    2.简述国际物流的发展趋势。

    3.简述国际货运代理的作用。

    4.简述国际货运代理的责任。

    5.简述国际货运代理的服务范围。

    6.简述国际货物运输保险的作用。

    7.简述国际货运保险的主要险别。

    8.简述国际货物运输保险的基本程序。

第十四章

绿色物流

绿色物流是一个系统化、层次化的工程,不仅是企业的运营,还需要全社会的广泛参与。

知识目标

1. 了解绿色物流的概念
2. 掌握绿色物流的起因
3. 掌握绿色物流管理的内容
4. 掌握逆向物流的原则
5. 掌握影响绿色供应链的因素

技能目标

1. 掌握绿色物流的各种策略
2. 掌握逆向物流与正向物流的区别
3. 掌握实施绿色供应链的各种措施

关键概念

绿色物流;逆向物流;绿色供应链

第一节 绿色物流概述

一、绿色物流的概念

绿色物流(environmental logistics),是指在物流过程中抑制物流对环境造成危害的同时,实现对物流环境的净化,使物流资源得到最充分利用。它包括物流作业环节和物流管理全过程的绿色化。从物流作业环节来看,包括绿色运输、绿色包装、绿色流通加工等。从物流管理过程来看,主要是从环境保护和节约资源的目标出发,改进物流体系,既要考虑正向物流环节的绿色化,又要考虑供应链上的逆向物流体系的绿色化。绿色物流的最终目标是可持续发展,实现该目标的准则是经济利益、社会利益和环境利益的统一。

绿色物流以降低对环境的污染、减少资源消耗为目标,利用先进物流技术规划和实施运输、储存、包装、装卸、流通加工等物流活动。它是以经济学一般原理为基础,建立在可持续发展理论、生态经济学理论、生态伦理学理论、外部成本内部化理论和物流绩效评估的基础上的物流科学发展观。绿色物流的内涵主要包括以下五个方面:

1.集约资源

集约资源是绿色物流的本质内容,也是物流业发展的主要指导思想之一。通过整合现有资源,优化资源配置,可以推动企业提高资源利用率,减少资源浪费。

2.绿色运输

运输过程中的燃油消耗和尾气排放,是物流活动中造成环境污染的主要原因之一。因此,要想推行绿色物流,首先要对运输线路进行合理布局与规划,通过缩短运输路线,提高车辆装载率等措施,实现节能减排的目标。同时,还要注重对运输车辆的养护,使用清洁燃料,减少能耗及尾气排放。

3.绿色仓储

绿色仓储一方面要求仓库选址要合理,有利于节约运输成本;另一方面,仓储布局要科学,使仓库得以充分利用,实现仓储面积利用的最大化,减少仓储成本。

4.绿色包装

包装是物流活动的一个重要环节,绿色包装可以提高包装材料的回收利用率,有效控制资源消耗,避免环境污染。

5.废弃物物流

废弃物物流是指在经济活动中失去原有价值的物品,根据实际需要对其进行搜集、分类、加工、包装、搬运、储存等,然后分送到专门处理场所后形成的物品流动活动。

➤二、绿色物流的起因

1.人类环境保护意识的提高

随着世界经济的不断发展,人类的生存环境也在不断恶化。具体表现在:能源危机、资源枯竭、臭氧层空洞扩大、环境遭受污染、生态系统失衡等。人类的认识往往滞后于客观自然界的发展,当前生态环境保护的意义逐渐被人类所认识。自20世纪60年代以来,人类环境保护意识开始提高,于是,绿色消费运动在世界各国兴起。消费者不仅关心自身的安全和健康,还关心地球环境的改善,拒绝接受不利于环境保护的产品、服务及相应的消费方式,进而促进绿色物流的发展。

2.各国政府和国际组织的倡导

绿色物流的发展与政府行为密切相关。凡是绿色物流发展较快的国家,都得益于政府的积极倡导。各国政府在推动绿色物流发展方面所起的作用主要表现在:一是追加投入以促进环保事业的发展;二是组织力量监督环保工作的开展;三是制定专门政策和法令来引导企业的环保行为。

3.经济全球化潮流的推动

随着经济全球化的发展,一些传统的关税和非关税壁垒逐渐淡化,环境壁垒逐渐兴起。为此,ISO14000成为众多企业进入国际市场的通行证。ISO14000的两个基本思想是预防污染和持续改进,它要求建立环境管理体系,使其经营活动、产品和服务的每一个环节对环境的影响最小化。ISO14000不仅适用于第一、二产业,也适用于第三产业,更适用于物流业。物流企业要想在国际市场上占一席之地,发展绿色物流是其必然选择。

4.现代物流业可持续发展的需要

绿色物流是现代物流可持续发展的必然产物。物流业作为现代新兴产业,有赖于社会化大生产的专业分工和经济的高速发展。而物流要发展,一定要与绿色生产、绿色营销、绿色消费等绿色经济活动紧密衔接。人类的经济活动不能因物流而过分地消耗资源、破坏环境,以至于造成严重的环境污染。此外,绿色物流还是企业最大限度降低经营成本的必经之路。一般认为,产品从生产到销售,制造加工时间仅占10%,而几乎90%的时间为运输、仓储、装卸、分装、流通加工、信息处理等物流过程。因此,物流专业化无疑为降低成本奠定了基础。

知识链接

可持续发展理论的基本内容包括以下五点:一是发展是重点;二是发展经济与环境保护,使之构成一个有机整体;三是应建立一个合理有效的经济和政治运行机制;四是人们的自身发展需要与资源、环境的发展相适应,人们应放弃传统的生产方式与生活方式;五是树立全新的现代文化观念。

三、绿色物流管理

1.绿色供应商管理

供应商的原材料、半成品质量的好坏优劣直接决定着最终产成品的性能,所以要实施绿色物流还要从源头上加以控制。由于政府对企业的环境行为的严格管制,并且供应商的成本绩效和运行状况对企业经济活动构成直接影响,因此,在绿色供应物流中,有必要增加供应商选择和评价的各项指标,即要对供应商的环境绩效进行详细考察。

2.绿色生产管理

绿色生产包括绿色原材料的供应、绿色设计与制造以及绿色包装。绿色产品的生产首先要求构成产品的原材料具有绿色特性,绿色原材料应符合以下要求:废弃后能自然分解并能为自然界吸收的材料;易加工且加工中无污染或污染最小;易回收、易处理、可重用的材料,并尽量减少材料的种类,这样有利于原材料的循环使用。

绿色制造追求两个目标:通过可再生资源、二次能源的利用及节能降耗措施缓解资源枯竭,实施可持续利用;减少废料和污染物的生成排放,提高工业品在生产过程和消费过程中与环境的相容程度,降低整个生产活动给人类和环境带来的风险,最终实现经济和环境效益的最优化。

包装是商品营销的一个重要手段,但大量的包装材料在使用一次后就被消费者遗弃,从而造成环境问题。绿色包装是指采用节约资源、保护环境的包装。其特点是材料最省,废弃最少且节约资源和能源;易于回收利用和再循环;可自然降解并且降解周期短;对人体和生态无害。

3.绿色运输管理

由于交通运输工具的大量能源消耗,并且在运输过程中排放大量的有害气体,产生噪音污染,同时运输易燃、易爆、化学品等危险原材料或产品可能引起爆炸、泄露等事故,都会对环境造成严重后果。因此,构建企业绿色物流运输体系就显得至关重要,主要包括以下几方面:

(1)开展共同配送。

合理配置配送中心,制订配送计划,提高运输效率以降低货损量和货运量。开展共同配送,减少污染。共同配送是以城市一定区域内的配送需求为对象,人为地进行有目的、集约化的配送。它是由同一行业或同一区域的中小企业协同进行的配送。共同配送统一集货、统一送货可以明显地减少运输频率;有效地消除交错运输,缓解交通拥挤状况,提高市内货物运输效率,减少空载率。同时,通过提高配送服务水平,使企业库存水平大大降低,甚至实现"零"库存,降低物流成本。

(2)实施联合一贯制运输。

联合一贯制运输是指以件杂货为对象,以单元装载系统为媒介,有效地巧妙组合各种运输工具,从发货方到收货方始终保持单元货物状态而进行的系统化运输方式。通过运输方式的转换可削减总行车量。联合一贯制运输是现代物流的支柱之一。

(3)建立环境评价机制。

评价运输的环境绩效,通过专门运输企业使用专门运输工具负责危险品的运输,并制定应急保护措施。企业如果没有绿色运输,将会加大经济成本和社会环境成本,影响企业经济运行和社会形象。

4. 绿色储存管理

储存在物流系统中起着缓冲、调节和平衡的作用,是物流的一个中心环节。储存的主要设施是仓库。现代化的仓库是促进绿色物流运作的物资集散中心。绿色仓储要求仓库布局合理,以节约运输成本。布局过于密集,会增加运输的次数,从而增加资源消耗;布局过于松散,则会降低运输的效率,增加空载率。仓库建设前还应当进行相应的环境影响评价,充分考虑仓库建设对所在区域的环境影响。

5. 绿色流通加工管理

流通加工是指在流通过程中继续对流通中商品进行简单生产性加工,以使其成为更加适合消费者需求的最终产品。流通加工具有较强的生产性,也是流通部门对环境保护极为关键的领域。

绿色流通加工的途径主要有两个方面:一方面变消费者分散加工为专业集中加工,以规模作业方式提高资源利用效率,减少环境污染;另一方面是集中处理消费品加工中产生的边角废料,以减少消费者分散加工所造成的废弃物污染。

6. 产品绿色设计、绿色包装和标识

绿色物流建设始于产品设计,以产品生命周期分析等技术提高产品整个生命周期,在推动绿色物流建设上发挥着先锋作用。包装是绿色物流管理的一个重要方面,过度的包装造成了资源的极度浪费。因此,为食品包装时应尽量采用不污染环境的原料,用纸袋包装取代塑料容器,这样可以有效解决将用过的包装收集到工厂再循环所面对的技术和成本困难。

▷四、绿色物流的策略

1. 树立绿色物流观念

观念是一种带根本性和普遍意义的世界观,是一定生产力水平、生活水平和思想素质的反映,是人们活动的指南。由于长期的生产力低下,人们更多地考虑温饱等低层次问题,往往为眼前利益忽视长远利益,为个体利益忽视社会利益,企业因这种非理性需求展开掠夺式经营,忽视了长远利益、生态利益及社会利益,进而导致自然的警告。因此,绿色物流的建立和推进,首先需要重新审视传统观念,树立正确的绿色物流思维,在关注短期利益、个人利益的同时,更需要考虑长远利益和生态利益。

2. 推行绿色物流经营

物流企业要从保护环境的角度制定其绿色经营管理策略,从而推动绿色物流进一步发展。

（1）选择绿色运输。

通过有效利用车辆，降低车辆运行，提高配送效率。通过合理规划网点及配送中心、优化配送路线、提高共同配送、提高往返载货率，以及改变运输方式，由公路运输转向铁路运输或海上运输，并且使用绿色工具，降低废气排放量等措施来实现绿色运输。

（2）提倡绿色包装。

包装不仅是商品卫士，也是商品进入市场的通行证。绿色包装要醒目环保，还应符合4R要求，即少耗材（reduction）、可再用（reuse）、可回收（reclaim）和可再循环（recycle）。

（3）开展绿色流通加工。

由分散加工转向专业集中加工，以规模作业方式提高资源利用率，减少环境污染，集中处理流通加工中产生的边角废料，减少废弃物污染等措施来开展绿色流通加工。

（4）搜集和管理绿色信息。

物流不仅是商品空间的转移，也包括相关信息的搜集、整理、储存和利用。绿色物流要求搜集、整理、储存的都是各种绿色信息，必须及时将这些绿色信息运用于物流中，才能促进物流的绿色化。

3. 开发绿色物流技术

绿色物流的关键所在，不仅依赖绿色物流观念的树立、绿色物流经营的推行，更离不开绿色物流技术的应用和开发。没有先进物流技术的发展，就没有现代物流的立身之地。没有先进绿色物流技术的发展，就没有绿色物流的长远发展。如果绿色物流技术得不到投资与研发，那么绿色物流就无从谈起。

4. 制定绿色物流法规

绿色物流是当今社会经济可持续发展的一个重要组成部分，它对社会经济的不断发展和人类生活质量的不断提高具有非常重要的意义。正因如此，绿色物流的实施不仅是企业的事情，而且还必须从政府约束的角度，对现有的物流体制进行强化管理。

西方发达国家的政府非常重视制定政策法规，在宏观上对绿色物流进行管理和控制，尤其控制物流活动的污染发生源。物流活动的污染发生源主要表现在：运输工具的废气排放污染空气，流通加工的废水排放污染水质，一次性包装的丢弃污染环境，等等。因此，他们制定了诸如控制污染发生源、限制交通量、控制交通流等的相关政策法规。国外的环保法规种类很多，有些规定相当具体、严厉。

📚 **知识链接**

我国现有的有关绿色物流的规定存在着不系统、不具体、不协调的问题，绿色物流行为大多分散规定在不同的规范中，如《中华人民共和国环境保护法》《中华人民共和国大气污染防治法》《中华人民共和国清洁生产促进法》《中华人民共和国固体废物污染环境防治法》《中华人民共和国环境噪声污染防治法》《废弃电器电子产品回收处理管理条例》等法律条例。

5. 加强对绿色物流人才的培养

绿色物流作为新生事物，对营运筹划人员和各专业人员的素质要求较高，因此，要实现绿色物流的目标，培养和造就一批熟悉绿色理论和实务的物流人才是当务之急。

第二节　逆向物流

➤一、逆向物流的概念

随着供应链管理理论的发展,绿色供应链、生态供应链的概念也应运而生,绿色物流理论主要是改变原来由"资源—产品—废弃物排放"所构成的开环型物质单向流动模式,转变成一种"资源—产品—再生资源"的闭环型物质流动系统。为此引入了逆向物流的概念,所谓逆向物流(reverse logistics),是指在废弃物回收利用过程中产生的物流活动。

目前,理论界对逆向物流概念的表述很多,较专业、准确地概括其特点的定义是:与传统供应链反向,为价值恢复或处置合理而对原材料、中间库存、最终产品及相关信息从消费地到起始点的有效实际流动所进行的计划、管理和控制过程。

综上所述,逆向物流有广义和狭义之分。狭义的逆向物流(returned logistics)是指对那些由于环境问题或产品已过时的产品、零部件或物料回收的过程。它是将废弃物中有再利用价值的部分加以分拣、加工、分解,使其成为有用的资源重新进入生产和消费领域。广义的逆向物流(reverse logistics)除了包含狭义的逆向物流的定义之外,还包括废弃物物流的内容,其最终目标是减少资源使用,并通过减少使用资源达到减少废弃物的目标。

➤二、逆向物流的分类

(一)按回收物品的特点划分

逆向外流按回收物品的特点可分为:退货逆向物流和回收逆向物流。

1.退货逆向物流

退货逆向物流是指下游顾客将不符合订单要求的产品退回给上游供应商,其流程与常规产品流向正好相反。

2.回收逆向物流

回收逆向物流是指将最终顾客所持有的废旧物品回收到供应链上各节点企业。

(二)按逆向物流材料的物理属性划分

逆向物流按逆向物流材料的物理属性可分为:钢铁和有色金属制品逆向物流、橡胶制品逆向物流、木制品逆向物流、玻璃制品逆向物流等。

(三)按成因途径和处置方式及产业形态划分

逆向物流按成因、途径和处置方式及产业形态可分为:投诉退货、终端使用退回、商业退回、维修退回等。

➤三、逆向物流与正向物流的区别

逆向物流作为企业价值链中特殊的一环,与正向物流相比,既有共同点,也有不同点。二者的共同点在于都具有运输、储存、包装、装卸、流通加工等物流功能。但是,逆向物流与正向物流相比又具有其鲜明的特殊性。

1.分散性

逆向物流产生的时间、地点、质量和数量是难以预见的。废旧物资可能产生于生产领域、流通领域或生活消费领域,涉及任何领域、任何部门、任何个人,在社会的每个角落都在日夜不停地发生。正是这种多元性使其具有分散性。而正向物流则不同,准时、按量和指定发货点是其基本特点。这是由于逆向物流发生的原因通常与产品的质量或数量的异常有关。

2.缓慢性

逆向物流在其初步发展阶段,表现出数量少、种类多的特点,只有在不断汇集的情况下才能形成较大的流动规模。废旧物资的产生也往往不能立即转换成新的产品来满足人们的某些需要,它需要经过回收、研发、加工、改制等环节,甚至只能作为原料回收使用,这一系列过程的时间较长。同时,废旧物资的收集和整理也是一个较复杂的过程,这一切都决定了废旧物资缓慢性的特点。

3.混杂性

回收的产品在进入逆向物流系统时往往难以划分,因为不同种类、不同状况的废旧物资常常是混杂在一起的。当回收产品经过检查、分类后,逆向物流的混杂性随着废旧物资的产生而逐渐衰退。

4.多变性

由于逆向物流的分散性及消费者对退货、产品召回等回收政策的滥用,有的企业很难控制产品的回收时间与空间,这就导致了多变性。其主要表现在以下四个方面:不确定性;处理系统与方式的复杂性与多样性;技术的特殊性;相对高昂的成本。

四、逆向物流的原则

逆向物流实施过程中的基本原则是"事前防范重于事后处理",即"预防为主、防治结合"的原则。对回收的各种物料进行处理,往往会给企业带来许多额外的经济损失,这势必增加供应链的总物流成本,与物流管理的总目标相违背。因而,对生产企业来说要做好逆向物流一定要注意遵循"事前防范重于事后处理"的基本原则。循环经济、清洁生产都是实践这一原则的有效方法。

知识链接

循环经济(cyclic economy)即物质闭环流动型经济,是指在人、自然资源和科学技术的大系统内,在资源投入、企业生产、产品消费及其废弃的全过程中,把传统的依赖资源消耗的线形增长的经济,转变为依靠生态型资源循环来发展的经济。

清洁生产(cleaner production)是指将综合预防的环境保护策略持续应用于生产过程和产品中,以期减少对人类和环境的风险。从本质上来讲,清洁生产是对生产过程与产品采取整体预防的环境策略,减少或者消除它们对人类及环境的可能危害,同时充分满足人类需要,使社会经济效益最大化的一种生产模式。

1.绿色原则

绿色原则即将环境保护的思想观念融入企业物流管理过程中。

2.效益原则

生态经济学认为,在现代经济、社会条件下,现代企业是一个由生态系统与经济系统复合组成的生态经济系统。物流是社会再生产过程中的重要一环,物流过程中不仅有物质循环利用、能源转化,而且有价值的转移和价值的实现。因此,现代物流涉及了经济与生态环境两大系统,理所当然地架起了经济效益与生态环境效益之间彼此联系的桥梁。经济效益涉及目前和局部的更密切相关的利益,而环境效益则关系更宏观和长远的利益。经济效益与环境效益是对立统一的。后者是前者的自然基础和物质源泉,而前者是后者的经济表现形式。

3. 法制化原则

尽管逆向物流还只是一个新兴产业,但是从逆向物流活动的来源可以看出,它是伴随着人类的社会实践活动而生的,只不过在工业化迅猛发展的过程中浮出"水面"而已。由于人们以往对这一问题的关注较少,所以市场自发产生的逆向物流活动难免带有盲目性和无序化的特点,这些问题亟须政府制定相应的法律法规来引导和约束。

4. 社会化原则

从本质上讲,社会物流的发展是由社会生产的发展带动的,当企业物流管理达到一定水平,对社会物流服务就会提出更高的质量和数量要求。企业回收物流的有效实施离不开社会物流的发展,更离不开公众的积极参与。国外企业与公众参与回收物流的积极性较高,在许多民间环保组织如绿色和平组织(Green Peace)的巨大影响力下,已有不少企业参与了绿色联盟。

▶五、逆向物流的特点

1. 高度不确定性

逆向物流产生的时间、地点及回收产品的质量和数量难以预测,这导致了逆向物流供给的高度不确定性,再加上已恢复或再使用产品市场的高度不确定性,使得对回收产品的需求更是难以预测,导致供需平衡难以掌握。相反,正向物流的供给根据系统的需要是可以控制的。原材料在适当的时间和地点按一定的数量和质量投入生产是其基本要求,所以正向物流对产品的需求几乎完全由需求方决定,供给和需求容易达到平衡。

2. 运作的复杂性

逆向物流的恢复过程和方式按产品的生命周期、产品特点、所需资源、设备等条件不同而复杂多样,因此比正向物流中的新产品生产过程存在更多的不确定性和复杂性。一般而言,逆向物流的实施直接受到四种环境因素的影响,即消费者、供应商、竞争对手以及政府机构,因此,企业很难作出有效的战略决策来高效且经济地运作逆向物流系统。

3. 实施的困难性

逆向物流普遍存在于企业的各项经营活动中,从采购、配送、仓储、生产、营销到财务,需要大量的协调和管理。尽管在一些行业,逆向物流已经成为取得竞争优势的关键因素,但是许多管理者仍然认为逆向物流在成本、资产价值和潜在收益方面没有正向物流那么重要,因此分配给逆向物流的各种资源往往不足。另外,相关领域专业技术和管理人员的匮乏,缺少相应逆向物流网络和强大的信息系统及运营管理系统的支持,都成为有效逆向物流实施的障碍。

▶六、逆向物流的重要性

1. 提高潜在事故的透明度

逆向物流在促使企业不断改善品质管理体系上,具有重要的地位。ISO9001:2000 版将企业的品质管理活动概括为一个闭环式活动——计划、实施、检查、改进,逆向物流恰好处于检查和改进两个环节上,承上启下,作用于两端。企业在退货中暴露出的品质问题,将透过逆向物流资讯系统不断传递到管理阶层,提高潜在事故的透明度,管理者可以在事前不断地改进品质管理,以预防产品的质量隐患。

2. 提高顾客价值

在当今买方市场的经济环境下,顾客价值是决定企业生存和发展的关键因素。众多企业通过逆向物流提高顾客对产品或服务的满意度,赢得顾客的信任,从而增加其竞争优势。对于最终顾客来说,逆向物流能够确保不符合订单要求的产品及时退货,有利于消除顾客的后顾之忧,增加其对企业的信任感及忠诚度,扩大企业的市场份额。如果一个公司想要赢得顾客,它必须保证顾客在整个交易过程中心情舒畅,而逆向物流战略是达到这一目标的有效手段。另一方面,对于供应链上的企业客户来说,上游企业采取宽松的退货策略,能够减少下游客户的经营风险,改善供需关系,促进企业间战略合作,强化整个供应链的竞争优势。特别对于过时性风险比较大的产品,退货策略所带来的竞争优势更加明显。

3. 降低物料成本

减少物料消耗,提高物料利用率是企业成本管理的重点,也是企业增效的重要手段。然而,传统管理模式的物料管理仅仅局限于企业内部物料,不重视企业外部废旧产品及其物料的有效回收利用,造成大量可再生资源的闲置和浪费。由于废旧产品的回购价格低、来源充足,对这些产品回收加工可以大幅度降低企业的物料成本。

4. 改善环境行为

随着人们生活水平和文化素质的提高,环境意识日益增强,消费观念发生了根本性的变化,顾客对保护环境的期望越来越高。另外,由于不可再生资源的稀缺以及对环境污染日益加重,各国都制定了许多环境保护法规,为企业的环境行为规定了一个约束性标准。企业的环境业绩已成为评价企业运营绩效的重要指标。为了改善企业的环境行为,提高企业在公众中的形象,许多企业纷纷采取逆向物流战略,以减少产品对环境的污染及资源的消耗。

第三节　绿色供应链管理

➤一、绿色供应链的概念

绿色供应链的概念最早由美国密歇根州立大学的制造研究协会在 1996 年进行一项"环境负责制造(ERM)"的研究中首次提出,又称为环境意识供应链(environmentally conscious supply chain, ECSC)或环境供应链(environmentally supply chain, ESC),它是一种在整个供应链中综合考虑环境影响和资源效率的现代管理模式,以绿色制造理论和供应链管理技术为基础,涉及供应商、生产商、销售商和用户,其目的是使产品从物料获取、运输、加工、包装、仓储、使用到报废处理的整个过程中,对环境的影响(负作用)最小,资源效率最高。

绿色供应链广义上指的是供应链对其产品与环境相关内容进行的管理,亦即将环保原则纳入供应链管理机制中,其目的是让本身的产品更具有环保概念,提升市场的竞争力。在做法上,有些企业提出以环境为诉求的采购方案、绩效原则或评估过程,让所有或大部分的供应链遵循。

➤ 二、影响绿色供应链的因素

绿色供应链管理所追求的是经济利益和绿色利益即环境利益双丰收,以达到社会的可持续发展。这里的绿色利益包括环境保护和资源优化利用。而要达到这样的目标首先要考虑的是各种影响因素。影响绿色供应链的主要因素是:驱动因素和障碍因素。

(一)驱动因素

1. 增强企业的竞争力

企业在激烈的市场竞争中寻找联盟来实施绿色供应链,因为在绿色供应链中可与上下游企业进行整合,优势互补、强强联合,增加企业在市场上的竞争力,为整个供应链带来更多效益。

2. 增加客户价值

绿色产品不仅保护环境,也为客户带来绿色收益,可赢得顾客的长远信任。

3. 提升企业绿色形象

实施绿色供应链的企业可以树立产品安全可靠、重视社会责任的信息,赢得顾客信任。

4. 规避绿色技术贸易壁垒

世界上很多国家尤其是发达国家都重视生态问题,并为此设立了相应的技术条款和环保法规。而企业要长久生存就必须使产品达到相应的绿色标准,实施绿色供应链是一条行之有效的途径。

(二)障碍因素

1. 财务产生负效应

绿色供应链虽能提高资源的利用效率,在一定程度上降低成本,但绿色回收和废弃物的处理却需要花费巨大的代价,两者相抵可能会使财政入不敷出。

2. 企业之间缺乏信任

企业在决策时总是从自身利益最大化出发,而非整个供应链或社会效益最大化原则来考虑。企业希望自己的上下游企业实施更多的绿色工艺,这样就可为自己的产品达到绿色标准花费最小的成本。因此,绿色供应链中的企业之间时常出现不信任危机。

3. 欠缺技术和知识

虽然绿色供应链在理论上可以建立,但相应的绿色产品的开发和废弃物的处理技术和手段有待研发和提高。

4. 环境标准与税费制度不完备

各个国家环境标准不同,尤其是我国环境制度不健全,执法监督不力。

5. 企业文化不同

企业文化是影响供应链企业间合作关系的首要因素。正所谓"道不同不相与谋",如果双方没有互相理解的文化理念,则很难合作,即使合作,也会因管理成本过高而失败。

➤ 三、实施绿色供应链的措施

由于企业的情况千差万别,绿色供应链管理的模式也是多种多样,因此企业在决定实施绿色供应链管理时,应仔细分析自身的状况,从承载能力和实际出发,从而在解决企业急需问题的同时,又能以较快见效的环节作为突破口,明确认识实施目标,确保成功。

1.加强企业内部管理

重新思考、设计和改变在旧的环境下形成的按职能部门进行运作和考核的机制,有效地建立跨越职能部门的业务流程,减少生产过程中的资源浪费、节约能源和环境污染。

2.强化环境意识

强化企业领导和员工的环境意识。企业高层领导应转变观念,积极地把经济目标、环境目标和社会目标同供应链联系在一起考虑,通过学习和培训,提高企业各个层次员工的环境认识,让员工了解企业本身对环保的重视。

3.实施绿色采购

尽量根据企业的需求采购原材料和零部件,减少原材料和零部件库存量,对有害材料,尽量寻找替代物,对企业的多余设备和材料要充分利用。

4.加强供应商的环境管理

绿色供应链对供应商提出了更高的要求。首先,要根据制造商本身的资源、能力、战略目标对评价指标加以适当调整,设置的指标要能充分反映制造商的战略构想;其次,强调供应商与制造商在企业文化与经营理念上对环境保护的认同,这是实现供应链成员间战略伙伴关系形成的基础;再次,供应链成员具有可持续的竞争力与创新能力;最后,在供应商之间具有可比性,这样有利于在多个潜在的供应商之间择优比较。

5.加强用户环境消费意识

从人均资源占有水平低、资源负荷重、压力大的角度出发,充分认识绿色消费对可持续发展的重要性。发展绿色消费可以从消费终端减少消费行为对环境的破坏,遏制生产者粗放式的经营,从而有利于实现社会经济可持续发展目标。同时,发展绿色消费不仅可以从优质无污染的消费对象来改善人们的消费质量和身体健康,而且在消费过程中通过观念的转化、行为的转变,提高消费者对环保、绿色消费和可持续发展的深层次理解。

6.加强管理部门环境执法

由于一个企业的技术水平和资金是相对有限的,企业的生产过程是否节约资源、能源和减少环境污染无法确定。企业为了节约成本,会对生产过程进行适当的修改,但由于经验、习惯、技术、设备和资金的影响,大多数企业生产方式的改变是有限的,效果怎样也不能很好地考察。即使有一些企业效益很好,想对生产过程进行改造,但也不愿冒风险。有些企业为了追求短期效益,甚至不顾环境污染。这时需要全社会的力量参与监督,执法部门应广泛深入地宣传环保,向各企业决策者宣传绿色市场营销观念,同时向广大消费者宣传生态环境的重要意义,针对不同对象,采取不同方式进行教育培训,使整个社会建立起正确的保护环境理念。

案例

联邦快递致力于节能和环保事业

世界快递巨头联邦快递(FedEx)在发展自身业务的同时,大力发展节能和环保事业,在多个国家和地区获得了环保奖项。FedEx在节能和环保领域的探索,不仅为FedEx节约大量的成本,也树立了FedEx为公众利益负责的良好形象。

目前,FedEx每天向世界220多个国家和地区发送850多万个包裹,飞行里程约50万公里,行驶近120万英里。假设在这一过程中忽略了节能和环保,那么这一系列高强度的物流活动将会对气候和环境造成严重的污染和破坏。

因此，FedEx在节能和环保领域进行了积极探索。大规模采用高效飞机、提倡建立轻型车辆运输系统，增加对电力的使用，减少对石油的依赖；开发新技术使系统、交通工具和线路效率更好；等等。

首先，FedEx注意到现代飞机技术发展日新月异、新型飞机层出不穷、飞机燃油效率不断提高的现实和趋势，开始引入一些节能机型，如波音777F和波音757。这些机型拥有较高的燃油效率和更大的载货量，能够显著降低货运燃料消耗。

其次，FedEx加大了电动汽车的采购力度。电动汽车是指以车载电源为动力，用电机驱动车轮行驶的车辆。混合动力电动汽车是指车上装有两个以上动力源，包括有电机驱动的汽车，车载动力源有多种：蓄电池、燃料电池、太阳能电池、内燃机车的发电机组。这两种汽车能显著降低汽油的使用，进而减少碳排放，经过FedEx的计算，365辆混合动力车或者43辆电动汽车的二氧化碳的排放量与10辆燃油卡车相当。FedEx在近几年加大了对电动汽车和混合动力电动汽车的购置力度，新能源汽车在车队中的比重也不断提高。

另外，FedEx在亚太地区推行一项名为节能驾驶（Eco—Driving）的项目，这个项目旨在通过改变日常驾驶习惯，减少对环境的影响。该项目使出行司机可以先浏览街道的堵塞情况后再出行，从而为车辆提供最佳的行车路线。

复习思考题

一、填空题

1. _____是指在物流过程中抑制物流对环境造成危害的同时，实现对物流环境的净化，使物流资源得到最充分利用。

2. 逆向物流是指在_____回收利用过程中产生的物流活动。

二、单项选择题

1. 绿色生产包括绿色原材料的供应、绿色设计与制造以及_____。

A. 绿色运输　　B. 绿色仓储　　C. 绿色搬运　　D. 绿色包装

2. 逆向物流按回收物品的特点可分为：退货逆向物流和_____。

A. 回收逆向物流　　B. 废弃物物流　　C. 供应物流　　D. 生产物流

3. 绿色供应链的概念最早由美国密歇根州立大学在_____年进行一项"环境负责制造（ERM）"的研究中首次提出。

A. 1995　　B. 1996　　C. 1997　　D. 1998

三、简答题

1. 简述绿色物流的起因。

2. 简述绿色物流管理的内容。

3. 简述绿色物流的策略。

4. 简述逆向物流的分类。

5. 简述逆向物流与正向物流的区别。

6. 简述掌握逆向物流的重要性。

7. 简述影响绿色供应链的因素。

8. 简述实施绿色供应链的措施。

第十五章

应急物流

应急物流的"应急"二字本身就带有一定的军事色彩,但应急物流并不等同于军事物流。

知识目标

1. 了解应急物流的概念
2. 掌握应急物流产生的原因
3. 掌握应急物流系统的设计原则
4. 掌握应急物流系统的体系构成
5. 掌握应急物流的特点

技能目标

1. 掌握应急物流的特点
2. 掌握应急物流系统的运行条件
3. 掌握应急物资的各种管理办法

关键概念

应急物流;应急物流系统;物资管理

第一节　应急物流概述

▷一、应急物流的概念

应急物流(emergency logistics),是指为应对严重自然灾害、突发性公共卫生事件、公共安全事件及军事冲突等突发事件而对物资、人员、资金的需求进行紧急保障的一种特殊物流活动。应急物流与普通物流一样,由流体、载体、流向、流程、流量等要素构成,具有时间效用和空间效用。应急物流多数情况下通过物流效率实现其物流效益,而普通物流既强调效率又强调效益。

▷二、应急物流产生的原因

应急物流的产生不仅来自"天灾",也来自"人祸"。主要原因可以归为以下几类:

1. 自然灾害

我国是世界上自然灾害发生较多的国家之一,经常发生地震、水灾、火灾、台风、滑坡、泥石流、交通事故、旱灾以及其他自然灾害,这些灾害一旦出现,必然会产生大量的应急物流需求。其实,我国的相关组织一直都有减灾防灾的预案,因此进行了大量的救灾物资储存。自然灾害产生的应急物流需求每年给社会造成的额外物流成本目前无法估计,是我国应急物流成本中最大的一部分。

2. 决策失误

由于决策所需的信息不完全以及决策者的素质限制等原因,任何决策者都无法确保所有决策均正确无误。一旦决策错误,就会造成物资上的损失,这些损失往往在物流系统中体现出来。

3. 国际环境复杂

随着中国的强大,中国的国际环境变得更加复杂,并且已经成为石油、钢铁等重要能源和原材料的主要进口国,以石油和钢铁为原材料的供应链变得非常复杂和冗长,中国与欧洲的进出口商品几乎 100% 都是通过海运,走苏伊士运河和马六甲海峡,而这些咽喉要道经常遭到武装劫匪和恐怖分子的袭击,从国外到中国的海上、陆上和空中物流通道常常受到战争的威胁和干扰,这些都对中国的国际物流形成了很大的威胁,至少延长了进口原料向中国境内的制造商、分销商的交货期,增加了交货成本和海上货物运输保险成本,给中国经济的发展增加了很多风险。因此,建立中国的石油、钢铁等重要能源和原材料的应急物流体系,具有非常重要的战略意义。

4. 消费者权益保护

为了保护消费者的权益,现在消费者向商家退货更加自由和方便,汽车、家电等产品如果有质量问题厂商必须召回。北京市从 2003 年 4 月 1 日起在全市实施《电子市场质量管理通用规范》,规范要求各商户应回收国家公示召回商品,并实行先行赔付制。但事实上,中国的本土企业在面临产品召回时,可能会不知所措,相当多的企业根本就没有建立处理这样的应急物流需求的应急物流处理机制。一旦发生召回事件,其应急物流成本必然会吞噬掉产品的销售利润。为了保护消费者权益,企业必须建立处理紧急退货、召回等事件的应急物流系统。

除了以上四个原因以外,还有来自第三方的原因,也可能导致企业出现应急物流需求,如因道路建设断路而绕行使在途时间延长、交货期延长,因信息传递错误而导致货到而不能及时提取等,影响工期和市场销售。

以上这些原因中,有的属于不可抗力,有的属于人为造成的应急物流,企业应该明确地认识到经营中可能出现的各种应急物流需求,及早制订预案,进行有效的防范,将应急物流成本降到最低。

三、应急物流的特点

应急物流是一般物流活动的一个特例,它具有区别于一般物流活动的特点:
(1)突发性和不可预知性。这是应急物流区别于一般物流的一个最明显的特征。
(2)应急物流需求的随机性。应急物流是针对突发事件的物流需求,应急物流需求的随机性主要是由于突发事件的不确定性。
(3)弱经济性。普通物流既强调物流的效率,又强调物流的效益,而应急物流在许多情况下是通过物流效率的实现来完成其物流效益的实现。
除此之外,应急物流还具有非常规性、峰值性、时间约束的紧迫性、政府与市场的共同参与性。

第二节 应急物流系统

一、应急物流系统的概念与特点

应急物流系统(emergency logistics system),是指为了完成突发性的物流需求,由各个物流元素、物流环节、物流实体组成的相互联系、相互协调、相互作用的有机整体。

应急物流的特点决定了应急物流系统与一般的企业内部物流系统或供应链物流系统具有以下几方面的不同特点:

1.时间性

应急物流系统具有特有的要素"时间"。由于应急物流的突发性特点,即应急物流需求发生的时间具有极大的不确定性和应急物流需求时间约束的紧迫性,决定了在应急物流系统中"时间"是一个重要的系统因素,即应急物流系统有七个要素:流体、载体、流向、流量、流程、流速和时间。

2.更具快速反应能力

应急物流的突发性和随机性,决定了应急物流系统更具快速反应能力,具有一次性和临时性的特点。这一特点决定了应急物流系统区别于一般的企业内部物流或供应链物流系统的经常性、稳定性和循环性。

3.开放性和可扩展性

应急物流需求的随机性和不确定性决定了在应急物流系统的设计上,应具有开放性和可扩展性。应急物流需求和供给在突发事件发生前是不确定的,但必须在突发事件发生之后将其纳入应急物流系统中。

应急物流系统与普通物流系统的区别如表 15－1 所示。

表 15－1　应急物流系统与普通物流系统的区别

比较项目	普通物流系统	应急物流系统
系统目标	成本最小、利润最大	速度、效率
系统单元	供应商、制造商、批发商、零售商、客户	物资转运点、物资需求点
设施特性	常设性	临时性、机动性
配送模式	往返式、巡回式	往返式

二、应急物流系统的设计原则

应急物流系统的目标是以最短的时间、尽可能低的成本获得所需要的应急物资,以适当的运输工具,把应急物资在适当的时间运送到适当的需求地,并以适当的方式分发到需求者手中。应急物流的特点决定了应急物流系统具有以下特殊的设计原则:

1.事前防范与事后应急相结合

应急物流需求的事后选择性,决定了一个高效率的应急物资信息系统和应急运输工具信息系统应该成为应急物流系统的组成部分。在突发事件发生前,建立全国范围的以应急物资和应急运输工具为主的信息系统或数据仓库,对于突发事件发生后,应急物流系统的高效运转具有非常重要的意义。

2.时间效率重于经济效益

应急物流的突发性、流量不均衡性和时间约束的紧迫性决定了在应急物流系统的设计中时间效率重于经济效益。应急物流系统要对应急物资的采购机制、运送机制进行设计,对各种运载工具的运输能力、运输路径和运送方案进行比较并给出满意方案。应急物流系统设计还应包括运用 GPS、GIS 等手段对运输过程进行控制调度。

3.市场机制与行政机制、法律机制并存

应急物流多是针对突发性、灾难性的自然或社会公共危害而进行的物流活动,是整个社会公众或社会公众的一部分,所以在应急物流系统的设计中不仅依靠市场机制,更要依靠行政机制和法律机制。

➤ 三、应急物流系统的体系构成

对应急物流系统的运作流程必须进行认真的思考,作必要的设计,才能在灾难到来的时候既保证人民生命财产的安全,又能把物流成本控制在最低的范围之内。根据上述对应急物流系统特性的分析,可以将应急物流系统设定以下几个环节:应急物流协调指挥中心、物资供应端、物流中心以及物资需求端。各个部门间实现信息的双向传递,实时回馈信息,将物资供给者所提供的物资加工分类后配送到受灾区。

1.应急物流指挥中心

应急物流系统首先必须成立应急协调指挥中心,统筹指挥做好救援物资的筹集、运输、调度、配送等工作,中心本身并不进行物资采购、储存、运输等具体的业务,它主要负责根据收集来的信息,对各加盟物流中心的物资采购、储备、运输等方面进行指导工作,使整个应急体系高效有序地运作。

2.物资供应端

企业物流的供应部门一般有固定的合作企业、固定的上游原料供货商,应急物流则不同,除了备用的应急物资储备,物资的供应端是多元且杂乱的。如果物资未加以整合分类就直接运往灾区,将造成物资的浪费,配送低效率与物资重复运送等问题均可能会发生。因此,如何对供应端进行统筹集结或直接指派,是应急物资供应端管理中的一个重要课题。

3.物流中心

物流中心的功能类似普通物流的配送中心,主要功能为将供应端送来的物资进行分拣、加工、包装等处理后分别送到各个需求点,减少物资再度转运、装卸的人力与时间成本,提高应急物资从物流中心到灾区灾民手中的输送效率。

应急物流中心应该是一个功能强大、适应性强、反应灵敏的信息网络中心。它由众多的普通商业物流中心、企业组合而成,可以根据灾情,灵活抽调各加盟物流中心组成一个保障体系,保障体系可大可小,如果遇上全国性的灾害,还可以将多个地区性的应急物流中心联网,组成一个区域性、全国性的应急物流体系,实施应急保障,使整个应急物流系统有序、高效、实时、精确。

4.物资需求端

灾害发生时造成的混乱让信息流通不畅,在第一时间内也许无法得到需求的详细信息,因而必须透过事前的资料收集,针对灾害发生区的地理特性、人口分布、人口结构等相关特性进

行分析,预测物资需求量。同时,随着救援活动的进行,物资需求端会逐渐地恢复本身应有的机能,对应急物资需求的急迫性以及需求量会不断地变化,应当及时进行信息反馈,关注需求的变化。

四、应急物流系统的运行条件

应急物流系统的运行条件是指为了保证在突发事件发生后,应急物流系统能够高效运转,完成系统的各项功能,实现系统的目标,整个社会的行政制度、公共政策、法律制度和技术支持设施所应具备的条件。

1. 监测预警机制

监测与预警是一切应急事件救援、处置、处理的基础,各级职能部门应根据国家有关法律法规认真收集、归纳、整理、分析相关信息,并将有关信息上传下达,形成联动。对早期发现的、影响可能较大的潜在隐患,以及可能发生的灾害性突发事件,应通过主管领导或管理部门会同卫生、防疫、气象、地质、消防、防洪、环保等有关专家进行风险预测评估,提供预警意见,及早采取应对措施。

2. 全民动员机制

应急物流中的全民动员机制可通过传媒和通信告知民众受灾时间、地点,受灾种类、范围,赈灾困难情况,工作进展,民众参与赈灾的方式、途径等。

3. 政府协调机制

紧急状态下处理突发性事件的关键在于政府职能的有效发挥,主要包括:对各种国际资源、国内资源的有效协调、组织和调用;及时提出解决应急事件的处理意见、措施或预案;组织筹措、调拨应急物资、应急救灾款项;根据需要紧急动员相关单位生产应急抢险救灾物资;采取一切措施和办法协调、疏导或消除不利于应急物资保障的人为因素和非人为障碍。

4. 法律保障机制

法律保障对应对处理重大自然灾害、突发性公共卫生事件及安全事件有着至关重要的作用,它可以规范个人、社团和政府部门在非常时期法律赋予的权利、职责和应尽的义务。

5. "绿色通道"机制

为了保证应急物资的顺利送达,可在重大灾害发生及救灾赈灾时期,建立地区间的、国家间的"绿色通道"机制,即建立并开通一条或者多条应急保障专用通道或程序,在必要时可以给予应急物资优先通过权,这样可有效简化作业周期和提高速度,从而提高应急物流效率,缩短应急物流作业时间,最大限度地减少生命财产损失。

6. 应急报告与信息公布机制

突发事件的应急报告是决策机关掌握突发事件发生、发展信息的重要渠道,而以实事求是、科学的态度公布突发事件的信息,是政府对社会、公众负责任的体现,有利于缓解社会的紧张氛围。信息的及时收集和传递是应急物流保障,也是有效救灾的重要手段。

7. 应急基金储备机制

应急物流活动中的资金流是不可忽视的管理环节,对于我国经济建设发展需求来说,突发事件的侵袭会对地区甚至全国造成各方面不利影响。应急基金的筹措和管理无论方式如何,法制化、规划化和经常化都是十分重要的。

8. 应急物流系统的技术支持平台

建立应急物资信息系统或数据仓库、应急物流运载工具信息系统或数据仓库、应急物流预案数据库，构筑应急运输方案自动生成的应急物资运输调度平台，以及基于 GPS、GIS 的应急物资运输监控平台。

应急物流在我国尚属一个新兴概念，我国应急物流系统还很不完善，需要加强对应急物流系统的理论与实践研究，不断完善应急物流系统理论。应急物流系统的建立，要求物流软硬件基础设施、法律法规的建立和完善作为保障。应积极学习先进国家的经验，尽早建立高效、快速的应急物流系统。

第三节　应急物流的物资管理

➤ 一、应急物流中的物资管理内容

在应急物流的实践中，应急物资的保障是核心环节。应急物流水平直接关系到能否有效对各种突发性事件进行控制，尽量使损失最小化，避免灾难扩大。因此，对应急物流中应急物资的管理，成为我国目前应急物流建设需要考虑的重要内容。

当重大自然灾害发生时，常常会伴随人员伤亡、建筑物倒塌、供水供电中断等情况。此时，应急物流的重点是及时为灾民提供医疗救助以及衣、食、住、治等生活必需品。应急物资是指在应急物流的实施和保障中所采用的物资，是实施紧急救助和解决灾民衣、食、住、治的物资基础。

一般情况下，主要救灾物品储备可分为 4 大类 33 个小类：第一类是生活类物品，包括救灾食物、饮用水、洁水设施、救灾粮油、照明器材等；第二类是救生类物品，包括救生舟、救生船、救生艇、救生圈、救生衣、探生仪器、破拆工具、顶升设备、起重机等；第三类为医用物品，包括医疗用品、急救药品、净水机械及净水剂、消毒液、防疫药物等；第四类为取暖御寒类物品，包括棉衣被、单(棉)帐篷、毛毯、燃料和燃具、防寒毡等。在突发性自然灾害和突发性公共卫生事件中，应急物资是应急物流管理的重要内容。应急物资的主要来源是各地政府的救灾储备物资和社会各界的捐赠物资。

➤ 二、应急物资的特点

与普通物资相比，应急物资具有以下特点：

1. 不确定性

由于灾情发生的时间、强度和影响范围具有不可预测性，这就决定了应急物资的数量、发放范围、运输方式等不能确定。

2. 不可替代性

应急物资的用途非常特殊，它是在特定环境下启用的特殊物资，如疫情发生后使用的疫苗、战场救护用的血液等都不能用其他物资代替。

3. 时效性

应急物资要发挥其本身的使用价值就必须在一定的时间内送达需求者手中，这样才能发挥其效用和价值。超过时限就意味着失去了应急的意义，也就不再称为应急物资了。

4. 滞后性

应急物资的启用是在灾情发生后，根据灾害的强度、波及范围而使用，时间上滞后于灾情

的发生。

三、应急物资的管理

应急物资的管理是应急管理中一个重要的问题。在应急管理中,向事故地点及时提供充足的应急物资是应急管理的一项重要的职能。应急物资及时快速地到达是有效应对的重要保障,没有应急物资的投入,应急活动往往便会成为一句空话。

应急物资的管理是对应急物资在需求分析、筹措、储存、运输、配送和使用直至消耗全过程的管理,主要包括应急物资的筹措、储备、运输、配送、分配和发放。对应急物资进行妥善的管理能够最大限度地减少自然因素和人为因素对物资的影响,保证其价值的充分发挥,保证在应急情况下各种物资的合理配发和使用,是实现应急物流快速保障的重要物质基础,也是衡量应急物流保障水平的显著标志。

1. 应急物资的筹措

应急物资的筹措是应急物资保障的基础和首要环节,筹措工作的优劣直接关系应急物资保障水平和应急物流目标的实现。及时快速、质优价廉、品目齐全、足量适用是对应急物资筹措的基本要求。一般而言,应急物资的筹措主要有以下几种渠道:动用储备、社会各界的捐赠、应急采购、直接征用。

虽然政府有一定的物资储备,但遇到大面积自然灾害时,储备物资可能无法满足灾民需求,需要社会各界捐赠。在灾害紧急救援期,应急物资实行定向募捐,重点面向有关生产企业,募集救灾食品、药品等急需物资;在救援中后期,可实行全社会募捐,面向所有企业及家庭募集衣服、生活用具等。

应急物资采购通常是在救灾抢险、战时动员等紧急状态下,为完成急迫任务而进行的采购活动,不仅时间要求比较高,而且应急物资采购量一般相当大,而对于那些数量不足或不易长期保存的应急物资,要建立紧急采购程序。县(市)以上灾害管理部门要在灾害发生前,与提供主要应急物资的供应商签订采购合同,一旦灾害发生,供应商以最快的速度,提供价廉优质的应急物资,既可以减少物资储备的成本,又能满足灾后紧急救助的需要。对突发事件的管理和控制活动往往需要在不同地区间对数量巨大、种类繁多的应急物资进行采购调拨。只有对应急物资的特性需求、供应商、地理分布等非常了解,才能保证在灾情发生时,迅速、可靠地筹措到必需的物资。

2. 应急物资的储备

物资储备一般是为保证国民经济按比例协调发展和应付战争、自然灾害等可能遭到的意外困难而进行的物资储存。实践证明,灾害应急物资的准备工作越充分,防灾、减灾、救灾的效果就越好。加强应急物资储备,可以为灾害救助提供物质保障,做到有备无患。

针对常见的各种公共突发事故及自然灾害,各地区应当建立突发事件应急处理物资储备机制,以便拥有充足的物资储备,确保发生突发公共事件时能及时高效地供应,有效应对各种紧急情况,将各种突发事件造成的危害降到最低限度。因为大量的有效物资储备可以大大压缩从灾害发生到救灾完成的间隔时间,减少采购和运输量,减少相关成本。

应急物资的战略储备是应急物资筹措的首选方式。为了应急需要,缩短物资供应时间的最佳途径是使用储备物资。政府救灾储备应实行实物储备与合同储备相结合的方式。合同储备是指由有关部门提前与提供主要应急物资如粮食、纯净水、方便食品、临时帐篷等企业签订采购供应合同,一旦灾害发生,供应企业可迅速提供价廉、优质的应急物资。这样既减少因储备物资产生的资金占用和保管费用，又能满足灾后紧急救援需求。

对于国家级应急物资储备仓库及储备中心的建设要统筹规划，合理布局。在交通方便、物资丰富、灾害多发区应多设一些，其他偏远地区也要适当建设一批。为增强紧急救援期的应急物资供应，发挥中央救灾储备库的快速供应职能，应调整中央储备库布局，重点加强西北等灾害易发区的储备库建设。县（市）也要储备必要的应急物资。灾害发生后，应急物资由民政部门统一调拨，在24小时以内送达灾区。物资的出入库清单要输入专门的物资管理系统，通过计算机联网，使各级相关部门可以随时掌握储备物资的品种、数量，便于应急物资的及时调拨和严格管理，防止挪用、滥用现象的发生。

3. 应急物资的运输

应急物资的运输解决了物资与用户之间的空间距离，使得物流得以真正实现。铁路、公路、航空及水路运输构成了运输的主要方式。应急物资的需求往往是突发性的、局部的需求，在运输方式和运输路径的决策中，成本最低的原则已不重要，有效压缩应急物资的运输时间才是关键目标。我国现有应急物流的运输往往不仅运用民用的运输力量，而且还动用军队、武警和民兵预备役部队的运输力量，这对于应急物流系统来说是个很好的机动保障体系，应根据物资的价值、数量和对运输条件的要求，选择合适的运输方式，尽量实现直达运输和联合运输。

在灾难发生时，可以考虑开辟一定的绿色通道，保证物资的畅通，如简化检验检疫的手续和实行优先运输等。如果时间允许，可以采取相关的辅助或优化措施，以节约物流成本，保障应急物流的畅通、高效运作。

4. 应急物资的配送

灾害应急物流系统的特性有别于一般企业物流，灾害应急物流的配送过程中充满了不确定因素，且往往是在非常困难的条件下。同时由于应急物资的配送问题直接关系到灾区居民的生死存亡，不存在订货和交货之间的提前期，因此灾害应急物流的最基本问题是如何在有限的时间内，在不过度浪费成本的情况下，将各种应急物资从不同的供应端物资储备中心配送到一个或多个需求端灾区。

5. 应急物资的分配发放

在救灾紧急期，应急物资的发放应以政府组织为主，到中后期，可借鉴国外和企业物流运作经验，委托专业社会团体或企业开展。应急物资分配应遵循"先急后缓，突出重点"的原则，统筹安排，合理使用。通过引入专业社会团体或第三方物流企业，根据物资供应和灾民实际需要，分级分类进行物资的合理分配，一方面可以提高应急物资分配效率，满足灾民需求，提高救灾效果，另一方面也可以有效避免应急物资发放过程中的人为不公及腐败现象。同时也可以减轻政府负担，实现指挥管理与物流分离，使政府更早地将工作重点转向生产恢复和生活重建的组织管理。

应急物资发放应严格按照国家有关部门的规定进行，如粮、食品、食油等应急物资，优先发给缺粮而又生活困难的灾民；饮料、营养品等应急物资，主要保证灾区儿童、病人的补养；对于数量较少的毛毯等物资应主要发给灾区的光荣院、敬老院、福利院等。

➤ 四、应急物资的网络结构

突发性的自然灾害一般扩展比较迅速，通常是区域性的。为了使各类物资能够在最短的时间送达灾区和相关的救灾机构，应该充分做好物资的有效调配工作。因此，合理设置灾害应急物流物资网络结构就显得尤为必要。

根据我国目前的救灾预案,在发生重大灾害时,灾区当地政府将迅速成立救灾指挥中心,同时在灾区设立灾民救助点,为提高应急物资的救灾效率,提高灾民救助点和社会捐赠之间的系统效益,根据现代物流管理共同配送、混合配送思想,在未受灾地区的救灾捐助集中区设立灾害应急物资收集中心,负责收集社会捐助应急物资,将社会团体和民众捐助的各类物资集中分类、分级、包装,实行整车运输、专列运输来提高效率,控制应急物资运输成本。应急物资收集中心根据灾区需求实际情况,按灾区需要物资发送,而将灾区不需要物资转交应急物资储存库备用,将救灾不适宜物资及时处理。通过收集中心的作业,可以有效提高应急物资收集效率,避免夏季救灾运送棉衣等重复作业和无效作业。

同时,在近灾区设立灾害应急物资配送中心,集中管理到达的各类应急物资,并负责应急物资的发放。应急物资配送中心还担负信息中枢职能,及时收集灾民需求,清点到达应急物资的种类、数量,通过应急物资收集中心及时将需求信息反馈给各捐助组织单位,提高社会捐助的针对性。配送中心主要承担从各地运送来的捐赠物资的短暂存放、理货(药品、食品等的组合搭配)、再包装(加贴救助点编号)功能。

配送中心宜设置在灾区外围、交通运输比较便利的地点,且空间具有可扩展性。设置数量视灾区规模而定,各个配送中心可以通过运输网络互相支援和联系。中心具体形式可采用通过式仓库的形式,有专门装卸台,仓库进出通道互不干扰。物资配送中心同时负责一些可重复使用应急物资的回收、清理工作,在救灾结束后移交各级应急物资储备仓库。配送中心除承担应急物资管理功能外,还可以成为救灾需求和救灾供应的信息交换枢纽,及时准确地收集灾民对应急物资的种类、数量需求,并根据轻重缓急,迅速、准确地反馈给救灾指挥部和捐赠地政府的有关部门,以协调应急物资的供需平衡。根据配送中心提供的信息,未受灾地区政府可以有针对性地开展募捐,同时根据运输能力,合理安排已接受应急物资的运输。

难民救助点是应急物资的发放点,可设置在有大型空地的广场、学校或体育场,它必须将难民居住活动场所和应急物资存放点隔离。应急物资发放点应规划出合适的应急物资领取进出通道,避免应急物资发放混乱。通过在救灾系统中增设应急物资汇集点和配送中心,可以很好地将物流、信息流集合到一起,组成灾害应急物流系统。

案例
汶川地震应急物流管理分析

2008年5月12日14时28分04秒,我国四川省汶川县发生里氏8.0级大地震。地震震中位置为汶川映秀镇,地震涉及范围之大,实属罕见。汶川特大地震灾害发生后,在政府和广大人民群众的共同努力下,救援工作迅速展开,救援人员克服重重困难,极大限度地挽回受灾群众的生命和财产损失。

地震发生后,相关部门快速启动了应急物流预案,第一时间将物资运往灾区。并且合理利用各项物流资源,充分体现出应急物流的高效性,同时也反映出应急物流管理的一些不足,主要包括:

1. 应急物资数量不足

由于自然灾害有不确定性,导致应急物资需求的不确定性,储备的应急物资很难与应急物资的需求相匹配。汶川地震发生后两天,民政部调空了在哈尔滨、沈阳等10个城市的中央级紧急物资储备库灾前库存的约18万顶帐篷。然而,为安置川、陕、甘三省的灾民,共需300多万顶帐篷。

2.应急物资种类不足

我国目前的应急生活必需品储备有食糖、肉类、边销茶、粮食、食用油等。但灾后的防疫、医疗器械、救生器械不足。在汶川地震中医疗卫生应急所需的消毒、全麻、抗生素等药品和器材物资匮乏。由于灾区居民居住分散，转送接诊困难较大，野战手术车也严重紧缺。而且水比血缺，灾后的生活必需品也较为短缺。

3.物流运输受阻

灾害造成了四川全省21条高速公路、15条干线、2756条农村公路的路基路面桥梁结构受损，损毁的里程超过2万公里。震中汶川县海拔1325米，地形复杂、交通不便，震后道路、通信中断。加之常常阴雨天气，给物资运输造成很大困难。

汶川地震对我国的应急物流管理提出了更高的要求，在今后的应急物流管理中，应努力做好应急物资的筹措与采购工作；加强应急资源的储备与管理；健全灾区交通运输网，增强运输装备力量；建设通信应急系统，清除灾时通信盲点；完善法律保障机制，制定相关规范制度。

复习思考题

一、填空题

1._____是指为应对严重自然灾害、突发性公共卫生事件、公共安全事件及军事冲突等突发事件而对物资、人员、资金的需求进行紧急保障的一种特殊物流活动。

2.应急物流系统是指为了完成突发性的物流需求，由各个_____、物流环节、物流实体组成的相互联系、相互协调、相互作用的有机整体。

二、单项选择题

1.应急物流系统的运行条件是指为了保证在突发事件发生后，应急物流系统能够高效运转，完成系统的各项功能，实现系统的目标，整个社会的行政制度、公共政策、_____和技术支持设施所应具备的条件。

A.经济制度　　　　B.法律制度　　　　C.文化制度　　　　D.军事制度

2.应急物资的特点有：不确定性、不可替代性、时效性和_____。

A.时间性　　　　B.不可模仿性　　　　C.智能性　　　　D.滞后性

3.应急物资的管理是对应急物资在需求分析、筹措、储存、运输、配送和使用直至消耗全过程的管理，主要包括_____、储备、运输、配送、分配和发放。

A.应急物资的筹措　　　　　　　　B.应急物资的包装

C.应急物资的加工　　　　　　　　D.应急物资的搬运

三、简答题

1.简述应急物流产生的原因。

2.简述应急物流的特点。

3.简述应急物流系统的设计原则。

4.简述应急物流系统的体系构成。

5.简述应急物流系统的运行条件。

6.简述应急物资的特点。

7.简述应急物资的管理。

第十六章

物流金融

不管是世界最大的船运公司马士基,还是世界最大的快递物流公司 UPS,其第一位的利润来源都已经是物流金融服务。

知识目标

1.了解物流金融的概念
2.掌握物流金融与供应链金融的区别
3.掌握物流金融的实施方式
4.掌握物流金融的作用
5.掌握物流金融的分类

技能目标

1.掌握物流金融的主要业务及其特点
2.掌握物流金融各种风险类型之间的区别
3.熟悉物流金融的风险防范措施

关键概念

物流金融;供应链金融;物流结算金融;物流仓单金融;物流授信金融

第一节 物流金融概述

一、物流金融的概念

物流金融(logistics finance),是指在面向物流业的运营过程中,通过应用和开发各种金融产品,有效地组织和协调物流领域中货币资金的流转。这些货币资金的流转包括在物流过程中发生的各种存款、贷款、投资、信托、租赁、抵押、贴现、保险、有价证券发行与交易,以及金融机构所办理的各类涉及物流业的中间业务等。

基于供应链的角度,可以从广义和狭义两个方面来理解物流金融。广义的物流金融是指在整个供应链管理过程中,通过应用和开发各种金融产品,有效地组织和调剂物流领域中货币资金的运动,实现商品流、实物流、资金流和信息流的有机统一,提高供应链运作效率的融资经营活动,最终实现物流业与金融业融合发展的状态。狭义的物流金融是指在供应链管理过程中,第三方物流供应商和金融机构向客户提供商品和货币,完成结算和实现融资的活动,实现共生发展的一种状态。

物流金融是为物流产业提供资金融通、结算、保险等服务的金融业务,它伴随着物流产业的发展而产生。在物流金融中涉及三个主体:物流企业、客户和金融机构,物流企业与金融机构联合起来为资金需求方企业提供融资,物流金融的开展对三方都有非常迫切的现实需要。物流和金融的紧密融合能有力支持社会商品的流通,促使流通体制改革顺利进行。

➤ 二、物流金融与供应链金融

供应链金融(supply chain finance, SCF),是商业银行信贷业务的一个专业领域(银行层面),也是企业尤其是中小企业的一种融资渠道(企业层面),是指银行向客户(核心企业)提供融资和其他结算、理财服务,同时向这些客户的供应商提供贷款及时收达的便利,或者向其分销商提供预付款代付及存活融资服务。

供应链金融为某条供应链中的一个或多个企业提供融资服务,从而避免供应链因资金短缺造成断裂。在融资过程中,物流企业辅助金融机构完成整条供应链的融资活动,供应链金融模式不同其参与程度也不同。由于金融机构面对整条供应链提供服务,更加容易掌握资金的流向和使用情况。

供应链金融主要涉及三个主体:金融机构、核心企业和上下游企业。其中核心企业和上下游企业是融资服务的需求方,金融机构为融资服务的供给方;物流企业仅作为金融机构的代理人或服务供给方为需求方提供仓储、配送、监管等业务。

物流金融与供应链金融在具体的融资活动中既有共同点也有差别,主要有以下几个方面:

1. 服务对象

物流金融是面向所有符合其准入条件的中小企业,不限规模、种类和地域等;供应链金融则是为某条供应链上核心企业和上下游中小企业提供融资服务。

2. 融资担保

物流金融中的担保以符合条件的中小企业自有资源为主,融资活动的风险由贷款企业产生。供应链金融的担保以核心企业为主,或由核心企业负连带责任,风险由核心企业或上下游中小企业产生,供应链中的任何一个环节出现问题,都将会影响整个供应链的安全和还款,因此风险较大。同时,高风险带来高收益,金融机构贷款收益面对的是整个供应链,收入也会随之增加。

3. 物流企业的作用

在物流金融的具体操作中,物流企业是融资活动的主要运作方,为贷款企业提供融资服务;供应链金融则以金融机构为主,物流企业仅仅作为金融机构的辅助部门提供物流运作服务。

4. 异地金融机构的合作程度

在融资活动中,物流金融一般仅仅涉及贷款企业所在地的金融机构;而在供应链金融中,由于核心企业和上下游企业的经营和生产异地化程度加强,涉及多个金融机构间的业务协作和信息共享,也在一定程度上加大了监管难度。

第二节　物流金融的方式与作用

➤ 一、物流金融的主要业务

物流金融起源于物资融资业务。金融和物流的结合可以追溯到公元前 2400 年,当时的美索布达米亚地区就出现了谷物仓单。而英国最早出现的流通纸币就是可兑付的银矿仓单。

📖 知识链接

仓单(warehouse receipt)是保管人收到仓储物后给存货人开付的提取仓储物的凭证。仓单除作为已收取仓储物的凭证和提取仓储物的凭证外,还可以通过背书,转让仓单项下货物的所有权,或者用于出质。存货人在仓单上背书并经保管人签字或者盖章,转让仓单始生效力。存货人以仓单出质应当与质权人签订质押合同,在仓单上背书并经保管人签字或者盖章,将仓单交付质权人后,质押权始生效力。

1. 发达国家的业务

在国际上,最全面的物流金融规范体系在北美(美国和加拿大)等地。以美国为例,其物流金融的主要业务模式之一是面向农产品的仓单质押。仓单既可以作为向银行贷款的抵押,也可以在贸易中作为支付手段进行流通。美国的物流金融体系是以政府为基础的。早在 1916 年,美国就颁布了《美国仓库存贮法案》(US Warehousing Act of 1916),并以此建立起一整套关于仓单质押的系统规则。这一体系的诞生,不仅成为家庭式农场融资的主要手段之一,同时也提高了整个农业营销系统的效率,降低了运作成本。

2. 发展中国家的服务

相对于发达国家,发展中国家的物流金融业务开始较晚,业务制度也不够完善。非洲贸易的自由化很早就吸引了众多外国企业作为审查公司进入当地。这些公司以银行、借款人和质押经理为主体,设立三方质押管理协议(CMA),审查公司往往作为仓储运营商兼任质押经理的职位。通过该协议,存货人,即借款人在银行方面获得一定信用而得到融资机会。此类仓单直接开具给提供资金的银行而非借款人,并且这种仓单不能流通转移。

在非洲各国中较为成功的例子是赞比亚的物流金融体系。赞比亚没有采用北美以政府为基础的体系模式,而是在自然资源协会(Natural Resource Institute)的帮助下,创立了与政府保持一定距离、不受政府监管的自营机构——赞比亚农业产品代理公司(The Zambian Agricultural Commodity Agency Ltd)。该公司参照发达国家的体系担负物流金融系统的开发和管理,同时避免了政府的干预,从而更能适应非洲国家的政治经济环境。

3. 中国物流金融

国外物流金融服务的推动者更多是金融机构,而我国物流金融服务的推动者主要是第三方物流公司。物流金融服务伴随着现代第三方物流企业而生。在物流金融服务中,现代第三方物流企业业务更加复杂,除了要提供现代物流服务外,还要跟金融机构合作一起提供部分金融服务。

➤二、物流金融的实施方式

物流金融的服务和实施方式不仅局限于货物质押,其实施方式主要有以下四种:

1. 仓单质押

由于仓单质押业务涉及仓储企业、货主和银行三方的利益,因此要有一套严谨、完善的操作程序。

首先货主(借款人)与银行签订《银企合作协议》《账户监管协议》;仓储企业、货主和银行签订《仓储协议》;同时仓储企业与银行签订《不可撤销的协助行使质押权保证书》。

货主按照约定数量送货到指定的仓库,仓储企业接到通知后,经验货确认后开立专用仓单;货主当场对专用仓单作质押背书,由仓库签章后,货主交付银行提出仓单质押贷款申请。

银行审核后,签署贷款合同和仓单质押合同,按照仓单价值的一定比例放款至货主在银行开立的监管账户。

贷款期内实现正常销售时,货款全额划入监管账户,银行按约定根据到账金额开具分提单给货主,仓库按约定要求核实后发货;贷款到期归还后,余款可由货主(借款人)自行支配。

2. 动产质押

动产质押是指债务人或者第三人将其动产移交债权人占有,将该动产作为债权的担保。债务人不履行债务时,债权人有权依照法律规定以该动产折价或者以拍卖、变卖该动产的价款优先受偿。债务人或者第三人为出质人,债权人为质权人,移交的动产为质物。

3. 保兑仓

"保兑仓"是指以银行信用为载体,以银行承兑汇票为结算工具,由银行控制货权,卖方(或仓储方)受托保管货物并对承兑汇票保证金以外金额部分由卖方以货物回购作为担保措施,由银行向生产商(卖方)及其经销商(买方)提供的以银行承兑汇票为结算工具的一种金融服务。

一般来讲,企业向合作银行交纳一定的保证金后开出承兑汇票,且由合作银行承兑,收款人为企业的上游生产商,生产商在收到银行承兑汇票前开始向物流公司或仓储公司的仓库发货,货到仓库后转为仓单质押,若融资企业无法到期偿还银行贷款,则上游生产商负责回购质押货物。

4. 开证监管

开证监管是指银行为进口商开具立信,进口商利用信用证向国外的生产商或出口商购买货物,进口商会向银行缴纳一定比例的保证金,其余部分则以进口货物的货权提供质押担保,货物的承运、监管及保管作业由物流企业完成。

➤三、物流金融的作用

未来的物流企业,谁能够提供金融产品和金融服务,谁就能成为市场的主导者,物流金融已经成为某些国际物流巨头的第一利润来源。物流金融成为获得客户资源以及垄断资源的重要手段,在目前物流金融刚刚兴起的过程中,谁能够领先介入物流金融,谁就能够率先抢占先机。

(1)物流金融在宏观经济结构中有着至关重要的功能与作用,它对于在国民经济核算体系中,提高流通服务质量减低物资积压与消耗、加快宏观货币回笼周转起着不可取代的杠杆作用。

（2）物流金融在微观经济结构中的功能突出表现为物流金融服务,特别是在供应链中第三方物流企业提供的一种金融与物流集成式的创新服务,其主要服务内容包括:物流、流通加工、融资、评估、监管、资产处理、金融咨询等。物流金融不仅能为客户提供高质量、高附加值的物流与加工服务,还为客户提供间接或直接的金融服务,以提高供应链整体绩效和客户的经营和资本运作效率等。物流金融也是供应链的金融服务创新产品,物流金融的提供商可以通过自身或自身与金融机构的紧密协作关系,为供应链的企业提供物流和金融的集成式服务。

（3）在第四方物流出现后,物流金融才真正地进入"金融家族"的概念,在这里物流被看成一种特殊的"货币",伴随着物流的流转一起发生在金融交易活动中,物流金融利用它特殊的身份将物流活动同时演化成一种金融交易的衍生活动,而物流金融这时变成一种特有的金融业务工具,一种特有的金融与物流的交叉学科。

物流与金融业务的相互需求与作用,在交易的过程中产生了互为前提、互为条件的物流金融圈。从供应链的角度看,厂商在发展的过程中面临的最大威胁是流动资金不足,而存货占用的大量资金使得厂商可能处于流动资金不足的困境。开展物流金融服务是各方互利的选择,但是,不可回避的是风险问题。实现风险管理的现代化,首先必须使物流金融业树立全面风险管理的理念。根据新巴塞尔资本协议,风险管理要覆盖信用风险、市场风险、操作风险等三方面。

在传统的物流金融活动中,物流金融组织被视为是进行资金融通的组织和机构。现代物流金融理论则强调,物流金融组织就是生产金融产品、提供金融服务、帮助客户分担风险同时能够有效管理自身风险以获利的机构,物流金融组织盈利的来源就是承担风险的风险溢价。

第三节　物流金融的分类

随着现代金融和现代物流的不断发展,物流金融的形式也越来越多,按照金融在现代物流中的业务内容,物流金融分为物流结算金融、物流仓单金融、物流授信金融。

一、物流结算金融

物流结算金融是指利用各种结算方式为物流企业及其客户融资的金融活动。目前主要有代收货款、垫付货款、承兑汇票等业务形式。

1. 代收货款

代收货款业务是物流公司为企业（大多为各类邮购公司、电子商务公司、商贸企业、金融机构等）提供传递实物的同时,帮助供方向买方收取现款,然后将货款转交投递企业并从中收取一定比例的费用。代收货款模式是物流金融的初级阶段,从盈利来看,它直接带来的利益属于物流公司,同时厂家和消费者获得的是方便快捷的服务。

2. 垫付货款

垫付货款业务是指当物流公司为发货人承运一批货物时,物流公司首先代提货人预付一半货款,当提货人取货时则交付给物流公司全部货款。为消除垫付货款对物流公司的资金占用,垫付货款还有另一种模式:发货人将货权转移给银行,银行根据市场情况按一定比例提供融资,当提货人向银行偿还货款后,银行向第三方物流企业发出放货指示,将货权还给提货人。此种模式下,物流公司的角色发生了变化,由原来商业信用主体变成了为银行提供货物信息、承担货物运送,协助控制风险的配角。从盈利来看,厂商获得了融资,银行获得了利息收入,而物流企业也因为提供了物流信息、物流监管等服务而获得了利润。

3. 承兑汇票

承兑汇票业务也称保兑仓业务,其业务模式为:开始实施前,买方企业、卖方企业、物流企业、银行要先签订《保兑仓协议书》,物流公司提供承兑担保,买方企业以货物对物流公司进行反担保,并已承诺回购货物;需要采购材料的借款企业,向银行申请开出承兑汇票并交纳一定比率的保证金;银行先开出银行承兑汇票;借款企业凭银行承兑汇票向供应商采购货品,并交由物流公司评估入库作为质押物;金融机构在承兑汇票到期时兑现,将款项划拨到供应商账户;物流公司根据金融机构的要求,在借款企业履行了还款义务后释放质押物。如果借款企业违约,则质押物可由供应商或物流公司回购。从盈利来看,买方企业通过向银行申请承兑汇票,实际上是获得了间接融资,缓解了企业流动资金的紧张状况。供方企业在承兑汇票到期兑现即可获得银行的支付,不必等买方是否向银行付款。银行通过为买方企业开出承兑汇票而获取了业务收入。物流企业的收益来自两个方面:第一,存放与管理货物向买方企业收取费用;第二,为银行提供价值评估与质押监管中介服务收取一定比例的费用。

➤ 二、物流仓单金融

物流仓单金融主要是指融通仓融资,其基本原理是:生产经营企业先以其采购的原材料或产成品作为质押物或反担保品存入融通仓并据此获得协作银行的贷款,然后在其后续生产经营过程中或质押产品销售过程中分阶段还款。第三方物流企业提供质押物品的保管、价值评估、去向监管、信用担保等服务,从而架起银企间资金融通的桥梁。其实质就是将银行不太愿意接受的动产(如原材料、产成品)转变成其乐意接受的动产质押产品,以此作为质押担保品或反担保品进行信贷融资。从盈利来看,供方企业可以通过原材料和产成品等流动资产实现融资。银行可以拓展流动资产贷款业务,既减少了存贷差产生的费用,也增加了贷款的利息收入。物流企业的收益来自两个方面:第一,存放与管理货物向供方企业收取费用;第二,为供方企业和银行提供价值评估与质押监管中介服务收取一定比例的费用。

另外,随着现代物流和金融的发展,物流仓单金融也在不断创新,出现了多物流中心仓单模式和反向担保模式等新仓单金融模式。多物流中心仓单模式是在仓单模式的基础上,对地理位置的一种拓展。第三方物流企业根据客户不同,整合社会仓库资源甚至是客户自身的仓库,就近进行质押监管,极大地降低了客户的质押成本。反向担保模式对质押主体进行了拓展;不是直接以流动资产交付银行作抵押物而是由物流企业控制质押物,这样极大地简化了程序,提高了灵活性,降低了交易成本。

➤ 三、物流授信金融

物流授信金融是指金融机构根据物流企业的规模、经营业绩、运营现状、资产负债比例以及信用程度,授予物流企业一定的信贷额度,物流企业直接利用这些信贷额度向相关企业提供灵活的质押贷款业务,由物流企业直接监控质押贷款业务的全过程,金融机构则基本上不参与该质押贷款项目的具体运作。该模式有利于企业更加便捷地获得融资,减少原先质押贷款中一些繁琐的环节;也有利于银行提高对质押贷款的全过程监控能力,更加灵活地开展质押贷款服务,优化其质押贷款的业务流程和工作环节,降低贷款风险。

从盈利来看,授信金融模式和仓单金融模式的各方收益基本相似,但是由于银行不参与质押贷款项目的具体运作,质押贷款由物流公司发放,因此程序更加简单,形式更加灵活。同时,也大大节省了银行与供方企业的相关交易费用。

第四节 物流金融的风险

➢一、物流金融的风险类型

物流企业由于组织机构、管理体制和监督机制不健全,工作人员素质不高,管理层决策发生错误,运输、存储不当造成质押物损毁、灭失,并且由于监管企业资质差、监守自盗,以及对质物的定价评估不够公正、准确等,都会造成质物不足或落空的风险。金融机构由于介入物流金融业务的时间不长,在贷款工具设计、资金筹集、风险管理方法和内部监控方面经验不足,同时受到各种制度、法律的瓶颈制约,操作疏漏和失误也难以避免,因此,物流金融工作中存在着很大的风险。

发展物流金融业务虽然能给物流金融提供商、供应链节点企业和金融机构带来"共赢"效果,但提供商却面对各种各样的风险。有效地分析和控制这些风险是物流金融成功的关键之一。物流金融提供商主要的风险可以为以下几点:

1.管理风险

管理风险是企业中普遍存在的风险之一,包括组织机构陈旧松散,管理体制和监督机制不健全,工作人员素质不高,管理层决策发生错误等。在我国,企业内部管理风险往往较大。

2.运营风险

物流企业都会面临运营方面的风险,但从事金融业务的物流公司,由于要深入客户产销供应链中提供多元化的服务,相对地扩大了运营范围,也就增加了风险。从运输、仓储到与银企之间的往来以及和客户供销商的接触,运营风险无处不在。我国的物流运输业还处在粗放型的发展阶段,因此运营风险不容忽视。

3.技术风险

技术风险是指物流金融提供商因缺乏足够的技术支持而引起的风险。比如价值评估系统不完善或评估技术不高,网络信息技术的落后造成信息不完整、业务不畅等。

4.市场风险

市场风险主要是指库存质物保值上的风险,包括质物市场价格的波动、金融汇率造成的变现能力改变等。

5.安全风险

质物在库期间物流金融提供商必须对其发生的各种损失负责,因此仓库的安全、员工的诚信以及提单的可信度都要加以考虑,另外还包括对质物保存的设施能否有效防止损坏、变质等问题。

6.环境风险

环境风险是指政策制度和经济环境的改变,包括相关政策的适用性、新政策的出台、国内外经济的稳定性等。一般情况下,我国的政治和经济环境对物流金融造成的风险不大。但国际环境的变化会通过贸易、汇率等方面产生作用。

7. 法律风险

法律风险主要是合同的条款规定和对质物的所有权问题。因为业务涉及多方主体,质物的所有权在各主体间进行流动,很可能产生所有权纠纷。另一方面,我国的《担保法》和《合同法》中与金融物流相关的条款并不完善,也没有其他指导性文件可以依据,因此业务合同出现法律问题的机率也较高。

8. 信用风险

信用风险包括货物的合法性、客户的诚信度等,同时信用风险还与上述财务风险、运营风险、安全风险和法律风险等联系密切。在具体实施物流金融业务时,应该结合上述的主要风险问题进行相应的风险管理。

➢ 二、物流金融的风险分析

1. 法律体系不健全

由于我国现行经济体制以及法律体系的限制(国有商业银行不能收购物流公司,非金融机构不能提供金融服务),物流金融在我国虽然有着很大的发展空间,但目前我国仅有中远、中海等大型物流企业在以"物流银行"的形式与各大商业银行合作开展物流金融业务。并且这项业务涉及众多市场主体,物流业务和金融业务自身的风险在物流金融业务中同时存在,目前在分担风险方面还尚未建立互惠、互利、互相制约的协议,金融机构、出质人、物流公司之间的风险划分关系不一致,各主体之间片面强调、规避和转嫁风险,造成风险与收益之间不对等,一定程度可能会放大物流金融的风险。

2. 融资来源单一

目前,我国的物流产业还处在粗放型的发展阶段,经营风险不容忽视。由于要深入产销供应链中提供多元化的服务,相对地扩大了运营范围,物流金融业务所面临的经营风险也就随之增加。

由于我国物流金融业务的可靠资金来源主要是银行贷款,这种单一的外部融资行为除了受到法律、政策的限制和影响外,也给物流金融业务本身增加了诸多不确定性。

3. 从业人员素质参差不齐

物流金融业务从业人员不仅要熟悉相关金融业务,还要谙熟质押物及其所属的行业(如钢铁、汽车)情况,对市场走势要有准确的判断,并具备敏捷的思维判断能力和应变能力。在操作实务中,由于各运作主体内的员工素质参差不齐,对工作岗位相关要求的理解有着不同程度的偏差,因而存在道德风险,出现内部、外部欺诈行为。

4. 制度安排存在缺陷

物流金融业务的风险主要来自于制度安排方面的一些缺陷。由于尚未建立流动资产评估体系,各种评估方法和标准的不统一使得质物的价值难以和融资金额相一致,融资回收的隐性风险加大;质押制度也存在标准仓单设置难、质物处置难等问题;传统保险各环节的投保相对独立,未能提供包括包装、装卸搬运、流通加工、配送等诸多物流环节在内的全程保险服务;现代物流的制度设计在实际运行中与准时制和快速响应运行机制不相适应等等。这些制度安排自身的缺陷会弱化信用制度、质押制度、担保保险制度和运行制度作为风险转移手段的效果,甚至可能增大风险。

5.信用体系尚未形成

目前,我国完整的信用体系尚未形成,金融机构无法利用自身的专业优势全面对企业的发展前景作出正确的判断;中小企业在采购数据、生产数据、销售数据等方面,也可能对金融机构采取虚假或不实信息的行为,使金融机构因无法获得真实数据,而不能采取相应的管理措施来降低资金的使用风险;物流企业作为第三方介入融资过程,一方面可能会为拉拢自己的客户而向金融机构提供虚假数据,这种粉饰可能会给金融机构造成误导;另一方面由于物流企业所搜集的信用风险管理数据信息只是原始数据,在制造企业和物流企业间存在信息不对称的情况下,信用风险管理决策的正确性就存在着很大的风险。

三、物流金融的风险防范

1.推行授信额度业务

金融机构(如商业银行)可以将经营管理和市场前景较好,但由于资本金不足而陷入困境的物流企业及第三方物流服务供应商超过一定年限的部分贷款转为对该类企业的授信额度,由物流企业根据客户的需求和条件进行质押融资和最终结算。物流企业向金融机构按企业信用担保管理的有关规定和要求开展信用担保,并直接利用这些信贷额度向相关企业提供灵活、便捷的质押融资业务,金融机构则基本上不参与融资项目的具体运作。

2.拓展物流金融业务

运用资本营销手段,以资产重组、参股控股、资产并购、产权置换、发行股票或债券、发起或借壳上市、票据性融资等多种方式扩大自身的规模,增强实力和扩大市场份额;开拓实物型、技术型融资业务,特别是在与物流经营相关的大型耐用设备租赁和关键技术领域展开合作;开发商业贷款以外的适合现代物流企业发展的其他金融授信业务(银行承兑汇票、支票、信用证、保函等);拓展物流发展基金和风险基金(可以是已经上市的投资基金,也可以是未上市的投资基金,其资金来源主要由财政补贴和企业的多元化投资组成);争取境外资金和政府财政的战略投资。

3.建立大型物流公司集团

利用大型物流公司集团的实力优势,通过购买股权,直接控股地区性股份制商业银行,将地区性股份制商业银行、生产企业以及多家经销商的资金流、物流、商品流、信息流有机结合,服务与融资捆绑,封闭运作,为整个供应链提供全程性、个性化的服务。建立符合物流金融业务实施要求的企业组织结构;控制信用风险;控制操作风险;加大物流金融人才培养的针对性和力度;完善现有法规体系,提高可操作性,加大执行力度,严查违法违规行为。

4.完善财税制度

根据相关财税制度,计提一定比例的风险损失准备,在质物的市场价值低于融资额时,除通知融资企业增加质物外,以损失准备金抵补质物损失。

5.预交风险保证金

根据融资期限的长短及质押融资的比例,预交风险保证金,以承担质物市场价格波动的风险。当市场价格下跌到预警线时,按协议规定通知融资企业增加质物和保证金;如果出质人超过融资期间,则以风险保证金抵充融资额或质物变现的差额;如果出质人按期归还,则退还保证金。

6. 整合保险公司险种

建议保险公司整合相关险种，为物流金融业务提供一个能够涵盖供应链各个环节的、完整的保险解决方案。通过在综合责任险中对投保人、被保险人、保险责任、保险金额(赔偿限额)、保险期限、保险费等各项保险要素进行明确约定，保险公司在创新自身和增加利润的同时，也帮助物流公司防范金融风险。

7. 成立物流风险基金

物流企业面向出质人，对每笔融资业务按照合适的比例，收取"风险补偿金"，形成物流风险基金，对于物流业务中发生的风险损失，由物流风险基金承担赔偿责任。与由物流企业向保险公司投保相比，由物流企业自我保险，物流风险基金能更好地避免物流企业因投保而在物流作业中不负责任的道德风险。

案例

中储物流金融业务的探索之路

中国诚通集团(CCT)所属成员企业中国物资储运总公司(CMST)是国内最大的仓储企业，在中国开展物流金融业务最早、规模最大。良好的市场品牌、规范的管理经验，尤其是遍布国内各主要城市的仓库网络，是中国物资储运总公司开展仓单质押融资监管业务独有的优势。

早在20世纪90年代初，中国物资储运总公司就提出了与银行合作，开展仓单质押融资监管业务的建议，为此做了大量的调查研究工作，并在1996年开发出中国第一个具有物资银行功能的质押管理软件，但由于银行认识不统一，未取得突破性的进展。

1999年公司开始了仓单质押业务，并且逐渐探索出了多种仓单质押融资监管业务模式，并不断创新，业务量逐年扩大。目前与中信银行、广发银行、招商银行、光大银行、浦发银行、交通银行、华夏银行、工商银行、农业银行、建设银行、中国银行、平安银行等20余家金融机构建立了合作关系。为500多家企业提供质押融资监管服务，质押融资规模累计达1000亿元。抵押产品涉及黑色金属材料、有色金属材料、建材、食品、家电、汽车、纸张、煤炭、化工等诸多种类。

经过不断探索和实践，公司探索出了多种物流金融业务运作模式，并在实践中得到了进一步修正和完善。

1. 主要质押品种

质押货物前期多选择质地稳定、市场价格波动小、大宗货物变现能力强的工业原料、农产品和大量消费产品，如：黑色金属、有色金属、建材、化工原料(化工粒子、化肥)、木材等，后来在业务逐步成熟的基础上，新开发了汽车、纸张、家电、食品等品种。

2. 主要质押模式

仓单质押模式在实践中不断探索、完善，具有广阔的探索空间。在多年实践中探索出了静态和动态等多种质押模式。

3. 主要监管方式

与多种质押模式相配套，实践了相应的监管方式，包括库内质押监管、库外(外租库)质押监管、多库质押监管。

4. 质押赢利模式

目前系统开展的仓单质押业务从赢利模式上分类主要有三种：一是纯监管业务模式，仓库只承担货物监管责任,可从客户处另外收取一定的监管费;二是仓库代替银行向客户融资,开展质押业务,获取利差;三是买方信贷(也称保兑仓),目前上海大场公司、沈阳物流中心等公司在开展。

复习思考题

一、填空题

1._____是指在面向物流业的运营过程中,通过应用和开发各种金融产品,有效地组织和协调物流领域中货币资金的流转。

2.物流金融的实施方式主要有:仓单质押、_____、保兑仓和开证监管。

二、单项选择题

1.按照金融在现代物流中的业务内容,物流金融分为物流结算金融、物流仓单金融、_____
_____。

A.物流授权金融　　B.物流信用金融　C.物流保险金融　D.物流授信金融

2._____是指物流金融提供商因缺乏足够的技术支持而引起的风险。

A.环境风险　　B.技术风险　　C.法律风险　　D.信用风险

三、简答题

1.简述物流金融与供应链金融的区别。

2.简述物流金融的主要业务。

3.简述物流金融的实施方式。

4.简述物流金融的作用。

5.简述物流金融的分类。

6.简述物流金融的风险类型。

7.简述物流金融的风险防范措施。

参 考 文 献

[1]黄中鼎.现代物流管理[M].上海:复旦大学出版社,2009.

[2]张余华.现代物流管理[M].北京:清华大学出版社,2010.

[3]王金研.现代物流管理概论[M].北京:清华大学出版社,2013.

[4]程艳霞.现代物流管理概论[M].武汉:华中科技大学出版社,2009.

[5]马士华,林勇.供应链管理[M].北京:机械工业出版社,2010.

[6]王道平,杨岑.供应链管理[M].北京:北京大学出版社,2012.

[7]武剑,笪薇.仓储与运输管理[M].北京:中国人民大学出版社,2010.

[8]蔡改成.仓储与库存管理[M].武汉:武汉理工大学出版社,2007.

[9]关善勇.流通加工与配送实务[M].北京:北京师范大学出版社,2011.

[10]谭利其.配送与流通加工作业实务[M].北京:科学出版社,2011.

[11]陈雅萍.第三方物流[M].北京:清华大学出版社,2013.

[12]张旭辉,杨勇攀.第三方物流[M].北京:北京大学出版社,2010.

[13]周晓晔,柴伟莉.第三方物流[M].北京:电子工业出版社,2010.

[14]王任祥.国际物流[M].杭州:浙江大学出版社,2013.

[15]乐美龙.国际物流[M].上海:上海交通大学出版社,2012.

[16]王能民,孙林岩,汪应洛,等.绿色供应链管理[M].北京:清华大学出版社,2005.

[17]左小德.应急物流管理[M].广州:暨南大学出版社,2011.

[18]韩松,谢慧.应急物流理论与实务[M].北京:化学工业出版社,2010.

[19]李蔚田,谭恒,杨丽娜.物流金融[M].北京:北京大学出版社,2013.

[20]夏露,李严锋.物流金融[M].北京:科学出版社,2008.

[21]何娟,等.物流金融理论与实务[M].北京:清华大学出版社,2014.